陶语瓷渊

Chinese Ancient Pottery and Porcelain

罗宏杰　王芬　施佩　李强　编著

科学出版社

北京

内 容 简 介

本书内容涉及不同类别陶器和瓷器的基本概念、制备工艺技术与方法、特征与区别，以及鉴定测试与分析研究方法等，并对各个历史时期代表性的著名窑口和典型制品作了概要性的介绍，试图以 100 个问答的形式，重点从科学技术的角度通过深入浅出、通俗易懂的语言解读中国古陶瓷，以适用广大古陶瓷爱好者、收藏者和本专业的学生与青少年，对中国古陶瓷的发展过程、工艺技术演变、窑口和器物价值特点分析与解析技术等有所了解。

图书在版编目（CIP）数据

陶语瓷渊 / 罗宏杰等编著. —北京：科学出版社，2020.6

ISBN 978-7-03-065513-4

Ⅰ．①陶…　Ⅱ．①罗…　Ⅲ．①古代陶瓷－中国－通俗读物

Ⅳ．① K876.3-49

中国版本图书馆 CIP 数据核字（2020）第101373号

责任编辑：孙　莉　董　苗 / 责任校对：邹慧卿
责任印制：肖　兴 / 封面设计：金舵手世纪

科 学 出 版 社 出版

北京东黄城根北街16号
邮政编码：100717
http://www.sciencep.com

北京汇瑞嘉合文化发展有限公司 印刷
科学出版社发行　各地新华书店经销

*

2020年6月第 一 版　开本：720×1000　1/16
2020年6月第一次印刷　印张：19
字数：383 000
定价：128.00 元
（如有印装质量问题，我社负责调换）

前　言

陶瓷是最早的人工合成材料，它孕育了人类的历史文明与文化。"陶"的发明，方便和巩固了人类的定居生活，促进了农业产生对于人类社会进步的意义，也大大地改善了人类的生活条件。更有，"瓷"是我们中华民族的伟大创造，它引领了世界文明数千年。时至今日，中国依然是国际领域中陶瓷生产规模最大、产量最高的国家。陶瓷作为最古老且不可或缺的器具、作为强大且活力无限的新型材料，依然在人类的日常生活、当代科学，甚至尖端技术领域，扮演着日益重要的角色。

古陶瓷是人类文明文化发展的活化石，从其工艺、技术、纹饰、造型等的演变与进步，即可获得珍贵的逝去时代人类社会与文化生活方方面面的信息，也带给人们无尽的美学与艺术享受。它从泥土里生长，在烈火中绽放，或于深厚里挺拔，或在曼妙中婀娜。即使是那些沉埋地下的碎片，也能让人领略到什么是天工奇迹，不由地让人激荡起深深的民族自豪感。

当今，越来越多的人们，深深受到陶瓷文化的吸引，对于其基础知识求解若渴。我们编撰此篇《陶语瓷渊》，内容涉及不同类别陶器和瓷器的基本概念、制备工艺技术与方法、特征与区别，以及鉴定测试与分析研究方法等，并对各个历史时期代表性的著名窑口和典型制品作了概要性的介绍，试图以问答的形式，重点从科学技术的角度通过深入浅出、通俗易懂的语言解读中国古陶瓷，以适用广大古陶瓷爱好者、收藏者和本专业的学生与青少年，对中国古陶瓷的发展过程、工艺技术演变、窑口和器物价值特点分析与解析技术等有所了解。

本书出版受到了国家自然科学基金重点项目"脆弱性硅酸盐质文物盐害形成与预防物理化学基础研究"（51732008）的经费资助。全书编写过程中，施佩、李强博士，贺鹏、薛雨、冯篱等硕士生在资料的收集整理等方面做了大量辛苦的工作，在此一并表示感谢！

罗宏杰

2019 年 9 月 28 日

i

目 录

「1」 什么是陶器?

人们把黏土加水混合后，制成各种器物，干燥后经火焙烧，产生了质的变化，形成具有一定强度的物品，即陶器。今天看来这一简单、粗糙又笨重的器物，在石器时代是非常的难能可贵。陶器的出现，方便和巩固了人类的定居生活，也大大地改善了人类的生活条件，与人类从游猎生活逐步过渡到定居生活并从事农业生产有着密切的关系，标志着新石器时代的开端。从其形制，花纹与器类的组合创造中，便能探知那时人类的社会生活与文化生活。陶器的发明，揭开了人类利用自然、改造自然的新篇章，在人类发展史上开辟了新纪元，具有重大的划时代的意义[1]。

传统意义上的"陶瓷"，是"陶器"和"瓷器"的统称，它是人类创造的最早的人工材料，主要指以黏土为主要原料与其他矿物原料经过粉碎混炼—成型—煅烧等过程而制成的各种制品。现在，人们按照坯体的物理性能可以把所有的陶瓷制品进行两大类区分陶器和瓷器（瓷器将在第18问作以介绍）：陶器是指一种坯体结构较疏松、致密度较差的陶瓷制品，通常有一定的吸水率（一般大于3%），断面粗糙无光，没有半透明性，敲之声音粗哑。按吸水率，可将陶器分为粗陶器、普通陶器、细陶器，其中吸水率大于15%，不施釉，制作粗糙，谓之粗陶器；吸水率在6%~14%，断面颗粒较粗，气孔较大，表面施釉或不施釉，制作不够精细，谓之普通陶器；吸水率一般为3%~12%，断面颗粒细，气孔小，结构均匀，施釉或者不施釉，制作精细，谓之细陶器。陶器亦根据其颜色，可分为黑陶、灰陶、红陶、黄陶、白陶等；也可以根据有无装饰，分为彩绘陶器和素面陶器。

除以上分类外，更详细的分类如下表所示。

---

[1] 冯先铭. 中国陶瓷. 上海：上海古籍出版社，1994：11.

陶器制品的详细分类[1]

种类	详细分类	制备原料	配料/份					烧成温度/℃	特征、性质		
			黏土或高岭土	石英	长石	CaCO₃	熟料		颜色	吸水率/%	相对密度
粗陶器	石灰质硅石质	易熔黏土	100	—	—	—	0~20	850~1100	黄、红、青、黑	11~20	1.5~2.0
普通陶器		可塑性高的难熔黏土、石英、熟料	0~100	0~20	—	—	0~20	900~1200	黄、红、灰	6~14	2.0~2.4
细陶器	黏土质石灰质长石质熟料质其他	可塑性高的难熔黏土、石英、熟料等，镁质黏土、硅灰石、透辉石、其他熔剂	80~85 55~50 40~45 45~80	15~20 35~45 35~55 —	— — 3~12 —	— — 5~10 —	— — — 2~55	素烧1100~1300 釉烧1000~1200	白色或浅色	4~12	2.1~2.4

[1] 李家驹. 陶瓷工艺学. 北京：中国轻工业出版社，2003：1-6.

「2」 中国从何时开始生产陶器？中国陶器有几个起源中心？

对于"中国从何时开始生产陶器"这个问题，随着考古新发现，问题答案不断刷新。到目前为止，中国最早的陶器在北方和南方的新石器时代遗址中都有发现，出土了一定数量的距今超过1万年或1万年左右的早期陶器遗存[1]。其中淮河以北出土早期陶器的重要遗址有河北阳原于家沟、北京怀柔转年、北京门头沟东胡林、河北徐水南庄头、河南新密李家沟等遗址；淮河以南有浙江浦江上山和嵊州小黄山、江西万年仙人洞与吊桶环、湖南道县玉蟾岩、广东英德牛栏洞以及广西境内的桂林大岩、桂林庙岩、桂林甑皮岩、柳州鲤鱼嘴、邕宁顶蛳山等遗址。而以淮河为界也形成了中国早期陶器南、北两个独立的起源中心。

南方早期陶器均发现于长江以南及雪峰山以东的丘陵地区，这一地区石灰岩洞穴密布，仅湖南道县1983年对其中四个区的普查就发现各类石灰岩洞穴130余处，其中5处发现了与玉蟾岩相类似的新石器时代早期遗存。这些洞穴不仅为早期人类提供了十分理想的栖居之地，而且这一地区作为发明陶器、驯化水稻、孕育新石器时代早期文化的摇篮具有十分广泛的文化与环境基础。在中国南方地区，凡可以确定器形的，基本上都是陶釜或类似的器形。代表性遗址主要包括南岭以北的江南丘陵区，如：江西万年仙人洞与吊桶环、湖南道县玉蟾岩；武夷山以东的浙闽丘陵，如浙江浦江上山、嵊州小黄山；和南岭以南的两广丘陵区，如广东英德牛栏洞和广西境内的桂林大岩、桂林庙岩、桂林甑皮岩、柳州鲤鱼嘴、邕宁顶蛳山。

江西万年仙人洞与吊桶环遗址位于赣东北鄱阳湖东岸。仙人洞遗址20世纪60年代和90年代经历多次发掘，共出土282片早期陶片。吊桶环遗址的早期陶片有60余片，特征与仙人洞陶器较一致，陶片的年代为距今20000～19000年。下图为出土于万年洞被誉为"天下第一罐"的陶罐。

---

[1] 陈宥成，曲彤丽. 中国早期陶器的起源及相关问题. 考古，2017（6）：82-92.

"天下第一罐"[1]

湖南道县玉蟾岩遗址位于湘西南，在南岭以北，发现于20世纪80年代初，1993年、1995年、2004~2005年经多次发掘，早期陶片出自洞穴下部堆积，陶片的年代为距今18000~17000年。是目前我国考古发现最早的陶器之一，出土陶片复原器如下图所示。

甑皮岩遗址位于桂林市南郊独山西南麓，发现于1965年，1973~1975年、2001年进行了发掘。大岩遗址位于桂林市临桂县境内，2000~2001年进行了发掘，其中早期陶片属第三期遗存。庙岩遗址位于桂林市雁山区的一座孤峰南麓，发现于1965年，1988年进行了发掘，共有6层堆积，早期陶片都处在洞穴堆积的第5层。这些遗址中早期陶片的绝对年代在距今17000~12000年左右。

南方地区的早期陶器表现出很强的原始性。除去时代相对较晚的上山遗址和小黄山遗址之外，距今超过1万年的陶器都不丰富，且均为破碎陶片，说明当时陶器的使用不频繁。发现的陶片都较厚，烧成温度较低，结构疏松；均为夹砂陶，

湖南道县玉蟾岩遗址陶器[2]

羼和料为石英、长石等矿物颗粒；陶器颜色多为褐色基调，器形为圜底釜类；制法为手制，常见泥片贴塑法和泥条盘筑法。除了这些共性之外，也有两个常常误导大众的问题必须指出：第一，早期陶片虽胎体较厚，但不能以胎体的薄厚断定陶片时代的早晚，比如仙人洞的陶片厚度为7~12毫米，不及甑皮岩的36毫米，也不及大岩的20~30毫米，但仙人洞陶片的年代早于甑皮岩与大岩，可见早期陶器的厚度具有不稳定性[3]。第二，早期陶片虽多素面，但有纹饰的不一定比素面者晚，例如仙人洞与吊桶环的条形纹陶片、玉蟾岩的似绳纹陶片就早于甑皮

［1］ 中国古陶瓷学会主编. 中国陶瓷史. 北京：文物出版社，1982：3-46.
［2］ 曹兵武. 中国早期陶器与陶器起源. 中国文物报纸，2001-12-07（BFB）.
［3］ 廖国良. 稻作之源 江西万年仙人洞与吊桶环遗址. 世界遗产，2015（5）：110-115.

岩、大岩和庙岩的素面陶片。早期陶器在传播过程中，最具稳定性的文化因素是器形，而厚度、纹饰等因素则具有多变性。

北方陶器源起以北京附近为中心，已发现的三个遗址中，于家沟最早，其次是南庄头，再次是转年。除了南庄头可能是一处湖边堆积外，另两处都为河岸台地遗址。三个遗址都以平底的罐形炊器为特色，在最晚的转年还发现了可用于进食的盂形器等，表现出不断发展的进步过程，这几个遗址在空间上相距不远，年代上紧密衔接，文化内涵和占据的生态位也具有一定的相似性，特别是这一地区有着十分发达的前仰韶和仰韶时期的新石器时代文化，暗示了它作为北方地区陶器起源中心所具有的必然性。北方地区早期陶片均为夹砂陶，烧成温度较低，结构疏松。陶器颜色以褐色为基本色调，厚度常在10毫米左右，羼和料有石英、云母、方解石、蚌屑颗粒等，多素面，或施有压印纹，器形为盂类或罐类等平底器，与南方的圜底器有明显区别，制作技术为泥片贴塑或泥条筑成[1]。

两个中心分居中国南北，在地理上相距较远，从石器等工具组合、生态环境、遗址的生态位、开发利用动植物资源等方面观察，它们的文化背景不尽相同。因此，两地的陶器应该是各自独立起源的。从年代上来说，南方地区又可能略早于北方。

---

[1]　魏继印. 考古所见盆盆罐罐的背后. 大众考古，2017（5）：19-26.

「3」 陶器是如何产生的？

"水火既济而土合"是宋应星在其所著《天工开物·陶诞》篇中对陶器工艺基础的高度科学概括。土无水，则无黏性和可塑性，不能成形为器物。器物不经火烧，则不能成为经久耐用的陶器。因而自从人类掌握了火，水、火、土即为人类所利用，而将一种天然物质（泥土）转变为另一种有用材料即陶器是最早的创造性活动之一。陶器的出现和它的工艺的发展使人类早期生活发生过重要的变化。它标志着一个新的时代——新石器时代的开始，也反映着人类从采集、渔猎向以农业为基础的生活和生产过渡的变化[1]。因此，也可以说是定居生活催生了陶器的出现[2]。

有关陶器的出现，还有一种较流行的说法是：在枝条编成的篮子上或木制的容器上涂层泥土，某个纯粹的偶然事故，枝条被烧去而留下篮子状的经过烧烤的泥土制品，即是陶器的原形和它的发明过程。恩格斯也在其《家庭、私有制和国家的起源》一文中指出："陶器的起源都是由于在编制的或木制的容器上涂黏土使之能够耐火而产生的。在这样做时，人们不久便发现，成型的黏土不要内部的容器，也可以用于这个目的。"

另外，有关的陶器的发明也流传有许多美丽的神话传说。陶器与人类生活息息相关。越是古老的时代，人们对它的依赖性也越强。陶器的发明年代久远而神秘，其起源的真实历史早已被时间遗忘却也因此引发了人类的诸多猜想。在上古时代，便产生了许多关于陶器发明的神话传说，一直流传到古代，其中有的被古代文献据实记载下来，也有的被古人加以附会。人们耳熟能详的传说，有"神农耕而作陶"或"神农作瓦器""舜陶于河滨""宁封子为黄帝陶正"等，另外，

---

[1] 李家治，张志刚，邓泽群，梁宝鎏. 石器时代早期陶器的研究－兼论中国陶器起源. 考古，1996（5）：83-91，103-104.

[2] 王俊. 中国古代陶器. 北京：中国商业出版社，2015：2-4.

"女娲抟土造人"也可看作是制陶的传说[1]。

神农氏，是中国古史传说中的著名神话人物。他是农神和医药神，同时也是一位陶神。传说他教民播种，又教民作陶，还尝百草治病于民。这在《周书》中有所记载。

舜，亦是古史传说中的神话人物，是上古五帝之一。他"耕于历山渔雷泽，陶河滨，作什器于寿丘，就时于负夏"。这则记载见于《史记》。还有类似的文字见于先秦诸子的文献中。亦有《考工记》中载"有虞氏上陶"。据研究，舜属于原始社会末期的部族首领，故绝不可能是发明陶器的人。但因为舜在古人心目中有很高的威望，所以古人极为赞美他的功德，将发明陶器的功劳归于舜。从前的陶工一般都供奉舜为窑神。

宁封子，是道教中的一位神话人物，位列仙班。传说他是黄帝时期的人，曾于黄帝手下为官，主管制陶。在《吕氏春秋》中有"黄帝有陶正昆吾作陶"的说法。

传说有一次，宁封子在洞中烧烤野兽，忽然发现火坑部的硬泥块非常结实坚硬，他眼前一亮，即悟出了一个道理。宁封子开始用火来烧制陶器，获得了成功，也成了制陶专家，被黄帝封为"陶正"。一天，宁封子在窑中架火烧陶。他爬上窑顶去加柴，不料窑顶忽然坍塌，宁封子不幸葬身在火海中。大家急忙跑出来，却看见宁封子的影像，随着烟气上升，一会儿就无影无踪了。大家都说宁封子得道成仙升天了。从此宁封子就成了"陶神"，又叫"宁封真人"[2]。

女娲抟土造人的传说，并没有说到烧制，因而与陶器的发明关联不大，而且这个传说反映的历史代表了较早的年代。

以上这些传说，都没有涉及发明陶器的具体事情，并且多为古代人们对远古历史的一些追忆和附会。如此看来，陶器的历史之古老久远，亦是古代人类就早已追溯不清的，于是便联想把作陶的始祖归附于神话传说中的神或圣人身上，以表示人们对制陶历史的好奇及对制陶第一人的敬仰和感激之情[2-3]。要完整说明陶器的起源，目前资料还不充分，有待继续补充。

[1]　安志宏. 关于陶器起源的补充意见. 天水师范学报，1991（2）：105-107.

[2]　龙红，王玲娟. 行业保护神——论中国古代造物设计神话传说中的行业模式与主题. 南京艺术学院学报（美术与设计版），2011（1）：75-81.

[3]　程金城. 远古神韵：中国彩陶艺术论纲. 上海：上海文化出版社，2001.

「4」 世界范围内有哪些遗址出土了万年以上的陶器？

从世界范围来说，由于人类活动地域的差异，以及环境的不同，发明陶器的起始和途径可能也不尽相同。在各古代文明中心，古代人们都拥有他们自己烧制的陶器。诸如中国的黄河、长江流域以及华南很多地区，埃及的尼罗河两岸，印度的印度河流域，西亚地区以及意大利、墨西哥、秘鲁等地区。世界范围内目前可以确定的有出土万年陶器的地区主要是中国、日本和俄罗斯远东地区这三个区域。而且这三个地区陶器的测年数据大体相当，均在距今1.7万～1.3万左右[1]。

中国目前发现了相当数量的距今超过1万年或1万年左右的早期陶器遗存，以淮河分为南北两个独立中心。淮河以北出土早期陶器的重要遗址有河北阳原于家沟、北京怀柔转年、北京门头沟东胡林、河北徐水南庄头、河南新密李家沟等遗址；淮河以南有浙江浦江上山和嵊州小黄山、江西万年仙人洞与吊桶环、湖南道县玉蟾岩、广东英德牛栏洞以及广西境内的桂林大岩、桂林庙岩、桂林甑皮岩、柳州鲤鱼嘴、邕宁顶蛳山等遗址[2]。其中，最早的陶片发现在长江中游南岭以北的江南丘陵区，以万年仙人洞和道县玉蟾岩所出者为最早，并且测年序列清晰，绝对年代已超过距今20000年。

日本列岛的早期陶器发现较早，至少始自1960年夏岛（Natsushima）贝丘遗址^{14}C年代数据的发表。根据目前的发现，在日本列岛年代最早的陶器是无纹陶器。在青森县大平元山Ⅰ遗址、神奈川县上野遗址第一地点第2文化层、茨城县后野遗址等地发现有无纹陶器出土，其均为较小的陶片，从陶片的形态观察，其器型应为直口、腹略鼓、平底的钵或深腹钵。陶片的内、外两面多附着有碳化物，分析表明这是作为煮沸器使用时的残留物。

[1] 陈宥成, 曲彤丽. 中国早期陶器的起源及相关问题. 考古, 2017 (6): 82-92.

[2] 李家治, 张志刚, 邓泽群, 梁宝鎏. 石器时代早期陶器的研究－兼论中国陶器起源. 考古, 1996
    (5): 83-91, 103-104.

　　大平元山Ⅰ遗址出土陶片上附着的碳化物加速器质谱法（AMS）碳-14测年的结果表明，这些陶器距今12680±140年至13780±170年前左右。上野遗址第一地点第2文化层的热释光法测定的年代为距今12800±630年前左右。青森县长者久保遗中，由于神子柴系石器群的文化层被距今12660±150年前的八户火山灰层所覆盖，可以推定，与神子柴系石器群共生的无纹陶器的年代为距今13000年前至距今14000年前左右。此外，在神奈川县寺尾遗址，相模野149号遗址等地点，在与上野遗址第一地点第2文化层相当地堆积层中发现有押压纹陶器，这些陶器器壁较厚，在口缘部用细棒或篦状工具施划纹饰，有学者认为具有厚重口缘的押压纹陶器是后来的隆线纹陶器的祖型[1]。

　　在无纹陶器之后出现的是豆粒纹陶器和隆线纹陶器。在上野遗址第一地点第2文化层之上的第1文化层发现有隆线纹陶器，明确的地层证据表明，隆线纹陶器晚于无纹陶器。豆粒纹、隆线纹陶器的碳-14测定年代一般在距今12000年前至距今13000年前。豆粒纹陶器是依据长崎县泉福寺遗址调查发掘的成果而提出的命名。它多为圜底的深钵形，在口缘附近有长椭圆形的黏土粒纵向或斜向等距离贴附分布，在上腹部可见横向贴附的同样的黏土粒。豆粒纹陶器主要分布在九州西北部，在一些豆粒纹陶器上也可见到施划有隆线纹。隆线纹陶器也多为深钵形器，器表的隆线纹或为贴附的黏土纽或为用篦状工具移动刻划形成的隆突。从早到晚其形态的变化大体是由粗的隆线（隆带）向细隆线、微隆线演变，同时，横向的隆线的条数也逐渐增加。关于隆线纹陶器的起源和谱系，一般认为最初的豆粒纹陶器、豆粒纹附加隆线纹的陶器仅存在于九州西北部地区，此后的隆线纹陶器和细隆线纹陶器从九州向本州的东北地区扩张，最后的微隆线纹陶器只在东北地区可见。也就是说隆线纹陶器群起源于九州，然后向东日本地区传播，逐步取代了无纹陶器，最后到达本州最北的青森与豆粒纹、隆线纹陶器共存的石器是以分布于九州西北部的西海技法的福井型细石核为特征的。

　　在隆线纹陶器群之后进入到爪形纹陶器群的时代。爪形纹陶器群的分布从九州的南部一直延伸到本州的东北地区北部，甚至在北海道的带广市大正3遗址也发现有爪形纹陶器。碳-14年代测定的结果表明，爪形纹陶器群在距今12500年前左右开始出现，在距今10000年前左右成为日本列岛史前文化的主体。爪形

[1]　陈明远. 修正"史前史三分期学说"——在"石器时代"和"青铜器时代"之间须划出一个"陶器时代". 社会科学论坛, 2011（4）: 4-14.

长崎县泉福寺遗址出土的豆粒纹陶器

上野遗址第一地点第 1 文化层出土的隆线纹陶器[1]

东京都川岛谷遗址出土
的爪形纹陶器[1]

纹陶器的器型多为深腹钵，常见器型有口缘略为内敛，腹部较鼓，圜底或敞口、直腹、乳状尖底。纹饰的类型有细或稍粗的半月形斜向排列的，呈"八"字形的，呈羽毛状的等等，在器表全体均有施划，多为横向排列。

在爪形纹陶器群之后是多绳纹陶器群时代。多绳文陶器是指施划有压印绳纹、回转绳纹等的陶器。多绳纹陶器群中即有多绳纹与爪形纹施划于同一件器物上的，也有与爪形纹陶器共存的。它的分布仅限于近畿地区以东的本州东部地区。

根据碳 -14 年代测定，多绳文陶器大约在距今 11500 年前左右开始出现，一直延续到距今 9500 年前左右的绳文时代草创期末。这一时期近畿以西的西日本地区，在泉福寺洞穴遗址爪形纹陶器群的文化层之上的堆积层发现有压印纹陶器。

俄罗斯远东地区有关早期陶器的发现主要在阿穆尔河（即黑龙江）中下游和滨海地区。涉及两个文化：奥西波夫卡（Oispvoka）文化和格罗马图哈（Gomiaukha）文化。这两个文化所出陶器均为平底，陶胎中有夹杂物，大多都没有表面装饰。在奥西波夫卡（Osivovka）、加夏（Gasya）和富米（Khummi）遗址发现的陶片仅有几十片；贡恰尔卡（Goncharka）1 号遗址则发现数百片陶

---

[1] 王小庆. 关于东亚地区的陶器起源. 四川文物，2015（5）：40-47.

片。滨海地区的乌斯季诺夫卡（Usitonvka）3 号遗址也有早期陶器的发现。它们的年代大体上距今 13200～10000 年。

其中最为典型的当属加夏遗址，加夏遗址位于阿穆尔河南岸、哈巴罗夫斯克市妙（Kabaorvsk）80 千米处的萨卡奇·阿梁村附近。从 1975 年到 1989 年共进行了 6 次发掘。遗址包含多个时期的文化堆积。其最下层有两个测年数据 10875±90（下层顶部，AA-13393）和 12960±120（下层底部，LE-1781）。陶器发现于最下层距地表 210～224 厘米处。陶土中羼有石英、长石和植物纤维，羼入的植物纤维可从陶片表面的印痕和断面观察到，一些羼杂的植物还未被烧透而炭化。陶片质地疏散易碎，器壁厚而不均。器形简单，为平底器。1980 年发掘中获得一件接近复原的陶器，为厚壁侈口平底器。高 25～26 厘米，腹径 25 厘米，底厚 1.5～1.7 厘米。表面有纵向的细沟纹，内壁也有类似的沟纹，沟纹宽约 0.15～0.2 厘米。发掘者认为沟纹可能是用贝壳的齿边划刮表面形成的。陶质疏松，可见分层剥落，端口成黑色，两面均有烟熏层覆盖。另有一件，胎较薄，外壁黄褐色，内壁黑色。外壁有竖向的浅沟纹，内壁有斜向的浅沟纹。沟纹成组分布，应是制作中留下的痕迹。这从羼杂的植物纤维的情况可以看出陶器烧制温度比较低，研究者推测不超过 400～500℃。

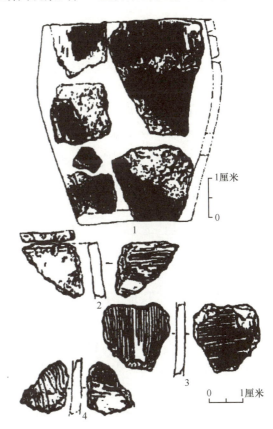

加夏遗址出土陶器[1]

[1]　王涛. 国外早期陶器的发现与研究. 中原文物，2007（2）：50-58.

「5」 中国陶器发展分为几个阶段？每个阶段的特点是什么？

中国陶器的发展大致可分为：新石器时代早期陶器，夏代陶器，商代陶器，周代陶器，春秋时期陶器，战国时期陶器，秦汉陶器，隋代陶器，唐代陶器，宋元明清陶器[1-3]。

（1）新石器时代早期陶器

1975～1977 年，我国河北武安县（现为武安市）磁山和河南新郑县（现为新郑市）裴李岗相继发现了新石器时代早期遗存，经科学发掘，出土了较为原始的新石器时代陶器。根据遗存的文化特征，这两大遗址被命名为磁山文化和裴李岗文化或磁山—裴李岗文化。同时代或同一类型的文化遗存，在陕西、甘肃和山东等省也有发现，这说明新石器时代早期居民在黄河流域的分布十分广泛。据碳-14 测定，这些遗址的年代约为公元前 6000～前 5000 年，是我国目前为止黄河流域已发现的新石器时代遗址中年代较早的文化遗存。

这类文化遗址出土的陶器有以下一些特点：陶泥未经细致淘洗，陶片断面还发现有泥片贴敷的层理结构；胎质粗糙，手制；胎壁厚薄不匀，烧制温度较低，易破碎，陶器多呈红色或橙红色；陶器表面以素面为多，或有少量少见的河姆渡文化组纹、管纹、指甲纹、划纹等。这时期的陶器器类少，形制比较单一，常见的陶器中，以砂质的深腹罐、泥质的小口壶、圜（huán）底或三足钵碗类器为多，并有一些鼎、瓮（wèng）、盘、豆、盂（yú）等。各地出土的陶器中，除有早、晚之时期上的划分外，陶器的形制与花纹装饰还有地区差别。磁山文化的陶器，以敞口、深腹罐，小口、双耳罐，敞口、圜底钵或三足钵为主，也有一些平

---

[1] 中国硅酸盐学会. 中国陶瓷史. 北京：文物出版社，1997：95-125.

[2] 李家治. 中国科学技术史（陶瓷卷）. 北京：科学出版社，1998：259.

[3] 王俊. 中国古代陶器. 北京：中国商业出版社，2015：5-120.

底盘、椭圆形盂、三足鼎、杯和靴形支架等异形陶器。陶器表面多饰绳纹与篦纹，或有划纹与波折纹。这其中也有一些简单的彩陶，如下图所示。

裴李岗文化的陶器也以直口或敛口深腹罐，小口、双耳壶，敞口、圜底钵、三足钵、碗为主，部分双耳壶的底部为圈足，也有三锥状足的，并有一些足鼎和瓢形器。这类器表纹饰以篦纹和划纹，少见绳纹，如下图所示。

磁山文化灰陶深腹双耳罐（故宫博物院藏）　　裴李岗文化泥质红陶钵[1]

（2）夏代陶器

夏代（主要指二里头文化早期）的陶器型制、类别和纹饰，基本上是承袭了河南龙山文化晚期的陶器发展而来。以泥质灰陶和夹砂灰陶为主，黑陶（包括黑皮陶）和棕色陶较少，红陶更为少见。陶器成型技术基本为轮制，兼有一些模制和手制。装饰工艺除部分食用器和盛器为素面磨光外，或在磨光器面上拍印一些回纹、叶脉纹、旋涡纹、云雷纹、圆圈纹、花瓣纹和人字纹等图案纹饰外，大多数陶器的表面还以篮纹、方格纹和绳纹等作为装饰花纹，并且还流行在陶器表面加饰数周附加堆纹和一些划纹及弦纹。不难看出其中篮纹和方格纹是承袭当地龙山文化晚期的陶器上常见的编织物纹饰发展而来的，但数量已大为减少，逐渐被细绳纹所替代。很显然，当时陶器上大多数花纹是为装饰美观而印的，但也有一些所谓纹饰是为了加固陶器或搬动方便而特意添加的。如一些陶器上所见的附加

---

[1] 鲍颖建. 郑州市朱寨遗址裴李岗文化遗存. 考古，2017（5）：14-24.

堆纹，大多是添加在器型较大和陶胎较厚的腹部，这就能说明这些附加堆纹除了作为花纹装饰使用外，还能起到加固陶器的实用效果。另外在河南二里头文化早期遗址中，还发现一些制作精致的陶器表面浅刻有龙纹、蛇纹、兔纹和蝌蚪纹等形象生动、雕工精细的动物形象图案，并有一件陶器表面还刻有饕餮（tāo tiè）纹和裸体人像的图案。

夏代陶鼎（中国国家博物馆藏）

夏代陶器的型制和纹饰，虽然是直接承袭河南龙山文化晚期的陶器发展而来，但是在早期的饮器中出现了腹部满饰附加堆纹的高足陶鼎，如二里头出土的夏代陶鼎。出现了陶爵（jué）和陶盉（hé）等器皿。陶盉有可能是就是从前期陶鬶（guī）发展而来的。在食器中新发现了陶簋（guǐ）和三足盘。陶簋有可能是从前期陶圈足盘演变而来的。在盛器中陶瓮、陶罐、陶盆的口沿和底部较龙山文化晚期相比也有一些变化并开始出现了圜底器。在器表纹饰的工艺上，篮纹和方格纹相比前期减少，绳纹逐渐增多，并开始出现了拍印的图案纹饰。

夏代的二里头文化遗址中，也曾经发现有白陶斝（jiǎ）和白陶盉。斝为椭圆形口、前有流、长颈内收、弧形望、袋状足、口部饰锯齿纹和乳钉纹的装饰纹。盉为圆口、前有管状流、弧形鋬（pàn）、袋状足、鋬面饰刻有三角形纹。

（3）商代陶器

商代早期的陶器，以二里头文化晚期（三、四期）的遗存为例。其出土的陶器以砂质和泥质灰陶为主，黑陶（包括黑皮陶）、棕灰陶和红陶比较少，另还出现一些白陶和含铁量较高的硬陶器。陶器制作一般为轮制，兼有模制和手制工艺。陶器表面的花纹装饰除少量素面或在磨光的陶器表面上施用一些凸弦纹和云雷纹、双钩纹、圆圈纹等带条状图案的装饰外，绝大多数陶器表面满饰印痕较深的绳纹，兼饰一些附加堆纹和凹弦纹。绳纹约占整个陶器表面纹饰总数的一大半，而附加堆纹的施用数量已较前大为减少。器表满饰方格纹的仅在个别粗砂质厚胎缸上有用，个别陶盆上还发现了篮纹的装饰。

在商代早期的陶质炊器中，陶鬲逐渐代替了陶鼎，并出现了陶甗（yǎn）。陶鼎是夏代的主要炊器之一，到了商代陶鼎的数量大为减少。有些盆形陶鼎逐渐成了食器、用的是细泥质磨光器皿。同时，陶觚、陶斝和陶爵等酒器数量比夏代明显增多。盛器中的大口尊开始出现，并逐渐成为重要的盛器之一。而且在这些大口尊的口沿上大多刻有陶文记号，这对于了解大口尊这类盛器的用途可能有着一些意义。食器中新出现了圈足陶豆和陶簋，浅盘高柄陶豆逐渐减少。其他类型的陶器也有不同程度的变化，反映了商与夏文化在陶器上有着显著的不同。

商中期的陶器是直接承袭早期（即二里头文化晚期）的陶器发展而来的。以泥质和砂质灰陶为主，还有一些夹砂粗质红陶和少量的黑皮泥质陶及泥质红陶。表面除素面磨光外，大多数陶器的腹部、底部都使用绳纹并加饰一些划纹、附加堆纹和镂刻。部分细泥质盆、簋、壶、豆、瓮等陶器的腹部、颈部还印有方格纹、人字纹、曲折纹、饕餮纹、花瓣纹、云雷纹、旋涡纹、连环纹、乳钉纹、蝌蚪文、圆圈纹等图案组成的带条装饰，其中以饕餮纹组成的带条纹数量为多，是当时装饰图案中最美的一种。其中有些施用饕餮纹的陶器和同期的青铜器型制完全相同，如图所示为商代白陶雕刻饕餮纹双耳壶。

商代白陶雕刻饕餮纹双耳壶（故宫博物院藏）

在商代中期的各种灰陶器中，口部的折沿基本不见，而多为卷沿口部，底部主要以圆底和袋状足为主，圈足器也显著增多，平底器则大为减少。饮器中陶盉和爵的数量较前明显增多，陶斝则很少发现；食器中陶簋和豆相继取代了三瓦状足的平底盘；盛器中陶盆、大口尊和粗砂质红陶缸的数量增多，并由前期口部略小于肩部，发展为口部略大于肩部直至成为大敞口的大口尊。商代中期陶器品种增多，用途明确，胎壁减薄，工艺精致，为商代陶器生产的鼎盛时期。

商代后期的遗址以河南安阳殷墟为中心，遍布河南、河北、山东、陕西、湖北、山西、江西、安徽和江苏等地，说明随着商人活动的扩大，其制陶工艺技术和文化范围也不断地扩大。各地的陶器中共性较为明显，但地方特色也显著存在。商晚期的日用陶器品种较中期略有减少，而且一般灰陶的制作工艺也不如中期，原因是商晚期青铜器、原始瓷、白陶器、硬陶器和木漆器等不同质地的器皿在日常生活中已较为普及的缘故，如图所示为商代白陶瓿。从陶器的器型观察，袋状足的陶器数量仍然不少，但平底器和圈足器较前明显增多，而圜底陶器则相对减少。炊器中鬲的数量最多，陶鬲的口沿都有折棱，但腹部形状由深变浅，裆部由高变矮，足尖逐渐消失。陶甗的变化也与鬲基本相似。早

商代白陶刻几何纹瓿（故宫博物院藏）

中期常见的夹砂陶罐到了商后期数量大为减少。食器中陶簋和豆的数量大增，但陶簋的器型由敛口变为大敞口，陶豆的高圈足也逐渐变矮。到了商代晚期，真正用于日常生活的陶器仅有鬲（lì）、簋、豆、罐、瓮和器盖等十余种。实用陶器数量的减少，是和商代后期青铜器、印纹硬陶等胎质坚硬的器皿有了新的发展并得到广泛使用有着密不可分的关系。

（4）周代陶器

周代制陶业是在吸收融合了商代晚期制陶工艺的基础上发展起来的。陶器以泥质灰陶、夹砂灰陶为主，也有少量泥质红陶和夹砂红陶。泥质黑陶较少见，至西周后期基本消失。生活用陶器品种又比商代时有所减少，主要器型只有十余种，如炊器主要是鬲、瓶、甗（zèng），西周时期陶鬲仍然是炊器中使用最多的，后来随着灶的出现和发展，鬲的形制也渐渐发生了变化。这时的鬲多为敛口卷沿、深腹圆鼓、矮袋状足，甗为敞口深腹、平底带镂孔的盆形。食器主要是豆和簋，簋基本是折沿大敞口、喇叭口形圈足；豆多为敞口浅盘、平底喇叭座。盛器主要是盂、盆、罐、罍（léi）、瓮，盂为敞口折沿、折腹平底；盆分为敞口沿外卷、深腹略鼓、瓶底盆和敞口沿外折、浅腹平底盆两种；罐分为小口沿外卷、深腹平底罐和敛口短颈、深腹圜底罐两种；罍为小口卷沿、双鼻短颈圆肩、深腹平底。周代陶器花纹很少，主要是在成形过程中拍打上的，起成形稳固的作用，同时有装饰效果。以纹理较粗的绳纹为多，也有一些刻划的篦纹、弦纹、三角纹，以及云雷纹、回纹、重圈纹、S形纹、席纹、方格纹和曲折纹等，这个时期附加堆纹已经很少在装饰中使用。

西周专门设置了陶正、车正、工正等官职，以加强对各个手工行业的管理，并集中全国各地的精工巧匠到国都，称为"百工"，专门为朝廷制造精美的生活用品。陕西扶风、岐山一带出土了大量的陶器、原始瓷器。陶器主要以砂质和泥质灰陶为主，不仅有日用器皿，还有建筑用品等材料。从一些陶器作坊遗址中得知当时烧制日用陶器和建筑材料的作坊已有分

西周板瓦（中国国家博物馆藏）

工。从出土的大量板瓦、筒瓦来看，西周时期的制陶业已开始生产建筑材料，这是我国制陶史上一个新的进展，也是我国建筑史上房顶盖瓦的新纪元，上图为二里头出土的西周时期板瓦。

（5）春秋时期陶器

春秋灰褐色夹砂陶双耳罐（中国国家博物馆藏）

春秋时期共 295 年，可分三期，每期约 100 年。早期的材料较少，与中期的区别不是很明显。从陶器的墓葬组合来说，中原地区春秋早、中期为盆、鬲、罐，晚期则为豆、鼎、罐。南方地区楚墓的情况有所不同，春秋早、中期为钵、鬲、罐，晚期则为钵、鬲、长颈壶。两地所出土的同类器物，在形式上各不相同。

春秋时期的陶器制作方法多为轮制，大型厚胎陶器多以泥条盘筑法制成。陶质仍以夹砂灰陶和泥质灰陶为主，夹砂红陶和棕色陶器较少，另有少量灰皮陶和黑皮陶。基本特征仍以平底器和袋足形器为主，也有一些圈足器和喇叭形座。炊器有鬲、釜、甑、盂等，其中鬲是数量最多的，早期袋状足比较肥大，晚期底部近似圜底，仅在底部有三个略微鼓起的象征性袋状足，后来发展为圜底陶釜。

17

夏至春秋夹砂灰陶双底耳罐
（中国国家博物馆藏）

春秋时期的陶器表面纹饰更加简单，主要是印绳纹和瓦旋纹。陶鬲（lì）、釜、罐、盆、甑和瓮的腹部多饰绳纹。陶鬲、釜的肩部多饰瓦旋纹。陶豆、盂多为素面或磨光。另外还有少量压痕印暗纹、附加堆纹、席纹、方格纹等。

相对西周时期，春秋时期的建筑用陶制作水平有了很大的发展和提高。这个时期常见的建筑用陶仍以板瓦和筒瓦为主，还有瓦当和陶制水管，并且出现了长方形或方形薄砖。春秋时期在筒瓦的制造和使用上有了一些改革，反映了当时在烧制陶制建筑材料方面的新发展。

（6）战国时期陶器

战国时期秦、齐、楚、燕、韩、赵、魏七国和少数民族地区的陶器还是以灰陶为主并广泛应用，即使在当时已盛行印纹硬陶和原始瓷的百越地区，也同时使用大量的灰陶和夹砂陶器。日用陶器主要是泥质灰陶，只有一些陶釜之类的炊器用夹砂陶土制作。当时陶器的制作以轮制为主，也采用模制和手制工艺。陶罐、陶瓮等大件器型均采用泥条盘筑或圈筑做成器身，再粘接底部。大型器物出现表明战国时期制陶技术又有了很大的进步，为秦代高大的陶俑和陶马等高质量的陶器烧造奠定了基础。

战国时期的灰陶含有一定的砂粒，烧成温度高，陶质较坚硬，大多呈浅灰色和黑灰色。夹砂陶羼加粗砂，质地粗糙，陶质较疏松。当时日用陶器的形制和春秋晚期的陶器形制基本相近，只是到了战国中期陶的形制才有明显的变化。常见的炊器有釜和甑，盛器有罐、壶、盆、钵和瓮，饮食用器有碗、豆和杯等。陶釜为半球形圜底，底部饰有绳纹或麻布纹，以利于受热。其口沿外折或卷沿，是为了便于平稳地搁在灶眼上。由此推想，战国时期土灶已经被普遍应用了。其中秦国所用的釜、甑、盆等炊器的设计十分实用。如陶釜的腹上有短颈，以加强口部的承受力；陶甑形如折腹盆，下腹略收，在大小不同的釜口上均可使用，甑口唇面平宽，使覆盖在口上的折腹盆放置平稳牢固且不易滑脱。日常使用时，盆作为甑的盖，瓶置于釜上，构成一套大小相配、盖合紧密的完整炊器。而盛装菜肴的陶豆，形制上豆盘可深可浅，下装高高的喇叭形把，适合于当时席地而坐的饮食习惯。陶碗则大小适中，敞口平底，腹微鼓，形制与现代的碗基本相似。盛物用的瓮与罐都作小口鼓腹，不仅线条美观而且容量大，较实用，口部又便于加盖或封闭收藏。实为一些既实用又经济的生活日用陶器。在少数民族地区也发现了大量具有民族传统的日用陶器，其中位于四川巴蜀地区常见的有陶杯、陶觚、陶壶、陶罐等类型。陶杯多数为喇叭口，有的亚腰凹底，有的束颈、球腹、喇叭形圈足；也有的为圆筒腹、平底，腹部环装三个不同等高的器耳，形式多样，大小各异。陶觚和陶罐形似中原商周时期的铜觚和铜觯（zhì），式样精美别致。陶壶为喇叭口、椭圆腹、平底，肩部装一个斜直的管状流，既实用又美观。这些少数民族的器物造型优美，装饰盛行指甲纹和弦纹，极具强烈的民族色彩。

　　战国时期由于丧葬制度发生了变化，在一些地区的贵族墓葬中自早中期起逐渐出现用陶礼器代替铜礼器随葬的现象，而且在小型墓葬中也发现了这类现象。陶礼器的制造得到迅速发展，仿照青铜器样式的陶鼎、陶豆、陶壶、陶簠、陶甗等成套成组地生产，而且磨光、暗花、朱绘、线刻等装饰手法应用广泛，把陶器的制作水平推进到了一个新的阶段，下图所示为仿青铜礼器所制的陶质朱绘兽耳陶壶。由于战国时期各国经济发展的不平衡和文化传统各异，各国生产陶器的组合、形制、工艺等方面也存在着很大差别。在战国早、中期一些地区的墓葬中常见陶鼎、陶豆、陶壶等基本组合。而在楚国则盛行陶鼎、陶簠（fǔ）和陶壶或陶鼎、陶敦和陶壶组合，很少见陶鼎、陶豆和陶壶为一组的。在秦国更多的是用日用陶器及陶质仿铜礼器作为随葬品。而器物的形状各国也不尽相同，如陶壶，秦国的陶壶多为平底，带圈足的较少；韩国的陶壶颈很长，底和圈足都很小，各部分的比例不太协调；楚国的陶壶器型修长，底部为圈足或假圈足较高；燕国的壶圜底矮圈足，器盖上的钮高高竖起；赵国的壶盖沿常见外翻的莲花瓣；齐国的壶敛口、鼓腹或椭圆腰，器型大方，肩部装有可活动的环圈耳。其他的陶明器如陶豆、陶坛、陶罐、陶碗、陶钵和陶鼎等在形制上也都各有不同，具有较显著的地方特色。陶明器与日常使用的陶器有着很

战国（燕国）朱绘兽耳陶壶（中国国家博物馆藏）

大的差别。陶明器的胎质粗细不匀，一般陶土不经淘洗，烧制火候较低，胎质疏松。但一些贵族的墓葬陶明器质地相对较好，陶土经过淘洗，器型比较规整，而且经轮制、磨光或上陶衣、彩绘、线刻或暗花等复杂的制陶工艺而成。

战国时期的印纹硬陶坚固耐用，但是由于质地粗糙，不适宜作为炊食器皿，而多数为容器盛物。制作印纹硬陶的坯泥大多含有少量杂质和砂粒，烧成的温度较高，胎体已经烧结，故敲击时常发出悦耳的铿锵声，有的器表还呈现一层薄薄的透明体。由于其胎土中含铁量较高，烧成后常呈紫褐色或砖红色。前者因烧成温度高，胎壁坚硬；后者烧成温度较低，胎骨疏松。印纹陶的成形基本与前期一样，仍采用泥条盘筑或圈筑法。而陶器的种类却不多，有陶瓮、陶坛、陶瓿（bù）、陶罐、陶钵和陶盂一类的贮盛器，其中以陶罐的式样最多。陶罐有大有小，大的多数为直口圆腹平底，也有口沿外翻的器型。小的多数为直口圆腹平底，这种罐及钵、盂等小件器型规整，胎壁较薄，印有细麻布纹，整洁美观，有的在肩部还附贴有旋涡纹或 S 形堆纹，成形和装饰工艺比春秋时期有了很大的提高。由于战国时期印纹硬陶分布地区较广，为此在产品的种类和造型方面各有特色。在江浙一带以陶罐、陶坛为最多，还出现陶钵和陶盂等；而在两广一带则有陶瓮、陶瓿、陶罐、陶坛、陶缸和陶壶等，其中广东的小口四耳平底大匏（páo）壶、双鋬三足坛和三足盖盆等陶器具有明显的地方特色。

战国时期印纹硬陶的纹饰在吴越一带常见的有米字纹、方格纹、麻布纹、回纹、米筛纹等，西周春秋时期常用的曲尺纹、云雷纹已是少见了。此外，还常见在陶器的肩部加饰弦纹和水波纹，在两广地区还发现饰有栉齿纹、圆珠纹和箆纹，而箆纹常为点线状装饰。

战国印纹硬陶罐（浙江博物馆藏）

（7）秦汉陶器

秦的统一，使陶器的发展也呈现出较为一致的趋势。汉代的发展和强盛使汉文化的影响所及，达到了相当广阔的范围，在陶器上也有显著的反映。当然，这种统一性的加强，在汉武帝以后更加明显。

在陶器的发展历史中，秦汉时期一个最突出的表现是陶俑的发展和陶俑艺术的成熟。如果说秦始皇陵兵马俑以其博大精深的成就，充分显示了秦代陶俑艺术的风范，体现了最高统治者集权的威武气概，那么汉代被广泛发现的大量各式陶俑，则以其丰富多彩、生动活泼的艺术形象，达到了传神入化的高度，显露了汉代陶俑艺术的深刻表现力及其灵性，代表了广阔而深厚的民间基础。由此我国陶塑艺术已形成了经典的、以现实主义为传统的、浪漫格调相结合的民族风格。

秦代秦俑（秦始皇帝陵博物院）[1]

秦汉时期在陶器发展中的另一个杰出成就是低温釉陶的发明。从此釉陶登上了陶器艺术的历史舞台，随后各种色釉陶器演绎了一幕幕精彩纷呈的节目。考古发现表明，绿釉陶在汉代迅速地发展起来，尤其在北方地区，成为与南方青瓷相抗衡的品种。

其次，砖瓦艺术在秦汉时期也有了长足的发展，特别是在京都宫殿建筑中，以其优异的制作工艺，显露了空前绝后、非同一般的匠心，长期以来，人们以"秦砖汉瓦"言其精到。古代有以砖瓦为砚的，也仅限于秦与汉魏间的宫殿砖瓦才适于制作砚台，这是因为这些砖瓦乃用澄泥

秦代空心砖（中国国家博物博藏）

烧成，如图所示为出土于咸阳秦宫遗址的龙纹空心砖。

但秦汉时期陶器仍然是以泥质灰陶为主，同时也有一些其他陶，如泥质红陶、夹砂红陶、夹砂灰陶、泥质黑陶等。各种器皿一般都是以泥质灰陶制成。主

---

[1]　图片来源于网络：http://www.bmy.com.cn/2014new/2014jbcl/zxzl.htm#branch=416&collection=8.

要器皿有罐、壶、鼎、豆、盆、盒等，另外各地还有一些带有地方特色的器物。陶建筑模型主要有：仓、灶、井、屋。陶俑则包括各种人物形象。属于模型明器的，还有各式动物形象，一般是家畜家禽。随着釉陶技术的推广，有许多制品是由釉陶加工而成的，其中不仅有器皿，也包括陶塑品。

随着砖瓦的发展，在墓葬中出现了画像砖，它不仅仅是花纹，而是一幅幅绘画图像，多具有故事情节或叙事表现，有的带有象征意义。画像砖产生于西汉，

东汉比较盛行，有线刻或浅浮雕的形式，一般在表面再绘以彩色，不过发现时颜色往往已经脱落。画像砖不仅有很高的艺术价值，而且蕴含相当丰富的历史材料，是当时社会生活的真实写照，极其富有研究价值。秦汉的砖瓦艺术中，瓦当的艺术水平也达到相当高的程度，尤其是文字瓦当，很有特色，也承载了书法艺术。图案瓦当也有许多非凡脱俗的，有的气势雄伟，有的优美绝伦，体现出统一强大的时代精神。

东汉盘鼓舞画像砖（河南博物院藏）

（8）隋代陶器

隋代陶器以白土陶胎敷青白色釉的作品为多，彩绘陶器已很普遍，男女乐俑及驼、马等的造型十分生动，建筑模型也十分逼真，如"安阳窑彩绘陶房"，1931 年于河南省洛阳市出土，现藏河南博物院。器高 76 厘米、面阔 53.3 厘米、进深 65.3厘米。面阔三间，九脊翠檐，歇山顶，施红、黄、蓝彩绘。正面明间辟门，次间开直棂窗，窗上有对称的木刻佛像，跏趺坐于菩提树下。其他三面为实榻大门，门扉上均有门钉、铺首和鱼形拉手。有檐柱、角柱、斗拱，楣上置阑额、挑拱以承房顶。房顶正脊两端置鸱尾，垂脊与敛脊前端饰虎

隋代安阳窑彩绘陶房
（河南博物院藏）[1]

［1］　图片来源于网络：http://m.sohu.com/a/234545937_167352/?pvid=000115_3w_a.

头。房顶有叠瓦脊。此房为佛教殿堂，与日本同时代的法隆寺金堂大殿、五重塔等建筑相似，反映了隋代建筑的风貌，也是中日文化交流的物证。

（9）唐代陶器——"唐三彩"

唐朝是铅釉陶器的集大成时期，铅釉陶器的制造发展到唐代已形成了多彩铅釉体系，其中黄、绿、赭各色釉都可烧制，而且可以制成不同深浅的色调，另外白、蓝色釉也烧制成功，铅釉陶器形成了称著于世的"唐三彩"。所谓三彩是指以黄、绿、白为主色的三种以上色彩的多色彩釉陶。

唐三彩是以黏土制胎，经素烧后，用多种色彩的低温铅釉装饰的陶器制品。在唐代多盛行作为皇室墓中的随葬明器，据考古资料，唐三彩在长安和洛阳地区绝大多数的皇室贵族及官僚的墓葬中出现，可见即使是瓶、罐、盘、壶等日用品的造型亦属明器，有可能当时人民已经认识到三彩铅釉有毒性，所以很少制成实用的日用品，由于釉彩绚丽，易于装饰和烧制，故产品种类多，其中有武士、文官、男僮、女仆、侍从、乐俑、舞俑等人物，以及房屋、亭院、楼阁、仓房、厕所等建筑物，牛马、猪羊、鸡鸭、狗兔等的动物以及怪兽，反映着唐代的社会生活，特别是各种神姿的马和骆驼及千姿百态的骑士，其雕塑技术的高超更为世人所赞叹，各类雕塑都需要艳丽多彩的釉的衬托方能呈现出其艺术魅力。

唐三彩釉的呈色取决于釉中所含着色剂的种类和含量。唐三彩中所含着色剂主要是 Fe、Cu、Co 和 Mn 等过渡金属的氧化物，这些氧化物着色剂在唐三彩以 $PbO-Al_2O_3-SiO_2$ 为主要成分的低温铅质玻璃釉中一般呈离子着色，黄色釉的着色剂为 Fe_2O_3，绿色釉的着色剂为 CuO，蓝色釉的着色剂为 CoO，

唐代三彩胡人牵骆驼（故宫博物院藏）

23

而白色釉则不用着色剂，而是配以含低铁的黏土即可制作。色釉的深浅尚可依釉中所含着色剂的量适当调节。

唐三彩釉陶的造型和色彩装饰丰富多样。根据器形的样式，唐三彩器物的成形则有轮制、模制、雕塑和粘接等工艺方法。其釉彩装饰则有画彩、点彩、贴花、印花、刻花、划花、填彩等釉彩装饰工艺及制胎的绞胎工艺。唐三彩烧成中的胎体素烧和釉烧均为氧化焰烧成。不使用匣钵，多用垫饼、垫圈、平板及支钉等窑具支垫烧成。支钉的承托主要是防止在烧成过程中釉汁流淌下来粘结后不易脱取。

（10）宋元明清陶器

宋元明清陶器以其特色显著而发展起来，异军突起的陶器代表要数江苏的宜兴紫砂陶、广东佛山的石湾陶器和山西的琉璃及珐花陶器。它们的影响不仅在当

清代陈鸣远款紫砂方斗杯（苏州博物馆藏）

地，而且远及全国，甚至海外；也不仅在民间，而是雅俗共赏，乃至登上大雅之堂；不仅是在当时，而且到近代以至今日，都长盛不衰。这些从地方特色的民间陶器一跃而成、脱颖而出的具有时代代表性的陶器工艺成就，它们所凝聚的创造性和艺术造诣，远远要高于一般的瓷器，因此是这个时代引以为傲的陶器艺术的代表。

宋元明清的陶器除了民间日用器皿外，主要转向了瓷器所无法企及的领域，如砖瓦艺术。建筑用陶方面，建筑琉璃从宋代已逐渐开始有较大的发展，《营造法式》专门介绍了琉璃制作技术，可见它已成为建筑用材中的一个重要部分。宋代保存下来的琉璃制品或建筑物，考古出土的资料更多一些，但也有一些重要的存留，例如著名的开封铁塔。元明清时就很普遍了，尤以明清为盛，遗留下无数辉煌的琉璃建筑，展现了陶器的光彩。宋代以来，在原有画像砖艺术的基础上，出现了砖雕艺术，又称雕砖。它主要盛行于宋元时期，多流行于北方。明清时期仍然有所延续发展。在建筑砖瓦艺术发展的同时，陶塑艺术也渗入进来，在琉璃制品中，有不少立体的装饰构件，还有些贴面构件，也采用了浮雕形式。在一些

清代山西李家大院一字影壁[1]

讲究的宗教建筑或民居之中，也广泛加进了陶塑装饰，这方面最出色的是石湾陶塑在建筑中的配置。它不单是一种简单的建筑装饰和美化，而且简直就是一种表现和发挥艺术的方式，充分体现了民间艺术的极大创造力和进取精神，展示了横溢的激情与非凡的艺术魅力。在唐三彩艺术的强烈影响下，宋、辽、金、元各代皆有三彩制品，各有其特点。尽管它们在才华上不及唐三彩的富丽和雍容，但仍有其美学价值，体现了时代的格调。

　　一般认为，宋辽金元明清，是中国陶俑艺术的衰落时期。宋元时期陶器便已远不能同唐代相比，然而此间墓葬随葬陶俑的出土也还比较普遍，只是数量大减。这时所见还有相当多的有很高艺术性的陶俑，而且各有其特点。不过，这期间也不是没有比较好的陶俑出土，而且可以说各朝代中均有出色的作品发现。比如，清代吴六奇墓的陶俑等，就是清墓罕见的陶俑资料，更可贵的是，这批陶俑数量较多，而且还精彩生动，有相当的艺术价值。明墓的陶俑已经比较少了，但还是不时有些出土，有的还十分有规模，这时盛行仆侍俑，一些大墓有讲究排场的仪仗俑群，例如四川明蜀王朱悦燫墓，随葬庞大的仪仗俑，多达500余件，排列有序，声势浩大，这些釉陶制作的群俑，已经表现出一定的衰退势头，缺乏

[1]　王帅. 山西晋南与晋中地区砖雕装饰艺术对比研究. 中北大学硕士学位论文，2018.

细致的表现力，有失生动感。但它以规模取胜，加工制作也还工整，比较讲究，反映出对较大场面的群塑的整体感的把握，因而仍是具有艺术价值和时代特征的重要陶塑。

元代陶俑一般为黑灰色陶，人物塑造和雕刻都较一般，但往往服饰着装上能够体现出元代风貌，和宋朝陶俑明显不同的是，多见骑马、牵马、牵骆驼一类题材，还有色目人的形象。宋代陶俑以釉陶为多，主要有仆侍俑、神煞俑、武士俑等，制作多显粗劣，比较随便，在意上身和面部的雕刻，而忽略身体其他部位，比例往往失调，不过人物性格则比较突出，人物造型为纤秀修长的造型风格，表现了宋代审美的情趣。金代陶俑也很具自身特点，较显著的是戏曲杂剧俑，各种演奏人物形象多表现金人风俗，惟妙惟肖，表情丰富，砖雕陶俑与众不同。

再如辽代陶器，不仅在造型上很有民族特色，而且有些从工艺角度看，也具有较高的观赏价值，特别是好多釉陶制品，都比较精美可爱。西夏陶器发现得虽然不多，但也颇有特色。宋以后的墓葬中，偶尔也出土一些比较精致、造型不错的陶制器皿。尤其是表面附加堆塑装饰的罐、瓶、坛等器型，大约是从谷仓罐演变而来，有的一直延续到明清时期，在有的地方它成为一种置放骨灰的容器。不论它的用途如何，其上的雕塑总是带有一定的艺术性，其中有的相当细腻巧致，是很好的工艺品。

还要说明一点，晚近代，随着社会的发展，用于陈设的陶器已经比较普遍，在许多具有古老传统的家庭里，往往都有传世的古代陶器保存下来，和瓷器相类，这些陶器上也带有铭款识记。陈设陶器或以釉色感人，或以工艺精湛出奇，或以造型雕刻塑像取长，总之都具备很浓的艺术气氛和欣赏价值。同时要指出，晚期陶器中，各地都可能还有一些未被人们发现和认识的具有地方特色的传统陶器，由于未识庐山真面目，它们至今仍沉默于民间或偏远地隅，也可能还有无数陶器珍宝仍沉睡地下。不断发现和揭示这些陶器遗存，丰富古代陶器历史知识和文化，是我们的责任。更重要的是，我们要发扬光大祖国灿烂辉煌的陶器文化，让陶器历史谱写时代的新篇章。

「6」 白陶器是专门给贵族使用的吗？白陶与一般的红陶、灰陶等的本质区别是什么？

　　所谓"白陶"是指在我国新石器时代晚期出现并取得初步发展，一种以含铁量较低的高岭土为原料，经高温烧制而成，一般胎质表里都呈白色且坚硬细腻的一类较为特殊的陶器。有时因其胎质所含化学成分的细微不同，有的纯白，有的灰白或略泛橙红、黄色。安金槐先生将其称之为"始素烧瓷"。由于其产量及出土数量少，因而显得较为珍贵。白陶在殷商时期达到顶峰，目前发现的古代白陶分布区域主要集中在海岱地区、中原地区以及南方的长江中下游和珠海地区。

　　由于白陶瓷比一般灰陶有着陶质坚硬和洁净美观的特点，所以在夏、商时期，白陶瓷多被统治阶级所占有，生前享用，死后随葬在墓内。因此，在夏和商的早期，白陶器的主要形制是供统治阶级享用的鬶、盉、爵等酒器，以及豆、钵等食器，如图所示为二里头遗址陶盉。到了商代后期更是这样，白陶器的形制有罍、壶、卣、觯等。而到了西周，由于印硬纹陶器和原始瓷器的出现，白陶已经很少再见到[1]。白陶从出现到终结，走过了2000余年的漫长历程。

夏代陶盉（中国国家博物馆藏）

　　白陶的命名规则与红陶、灰陶、黑陶等一样，主要是根据其外观颜色而定。但是，考古发掘表明，并非所有的白陶样品都呈白色。比如，偃师二里头遗址出土有不少的白陶器，以酒器为大宗，器形主要为爵、鬶、盉等，但是器物外观颜色却可分为白、黄、红、灰四类。研究证实，虽然这些非白色的产品外观上不同于普通意义上的白陶，但它们的原料特征却又明显区别于一般日用陶器中的红

［1］中国硅酸盐学会编. 中国陶瓷史. 北京：文物出版社，1997.

陶、灰陶，而是与外观为白色的白陶相近[1]。由此可见，原料类型是白陶区别于其他一般日用陶器的本质特征，目前考古研究表明，白陶基本都采用两种原料烧制：一种是以氧化硅和氧化铝为主的白黏土；另一种是以氧化硅和氧化镁为主的白黏土；也有少量高钙的原料[2-3]。

白陶自大汶口文化的中期产生，经大汶口文化晚期及龙山文化得到了初步发展，同时以文化交流的方式流传到中原大地，为中原仰韶晚期及龙山时代的先民们所接受。夏人继承了这种白陶制作技术，并在继承的基础上有所创新，烧出了属于本文化的白陶制品。如图所示为偃师二里头遗址出土"斗笠形"白陶器，表

夏代"斗笠形"白陶器[2]

其面有红色朱砂颜料，朱砂在古代是一种非常重要的物资，这是目前国内发现时代最早的在白陶表面使用朱砂涂红作为装饰的陶器。而且"斗笠形"白陶器胎体的成分比较接近理想高岭土的组成，所以这种白陶有可能使用了纯度较高而略含杂质的高岭土。原料的精选和用朱砂涂红都应该是这个墓主人身份和地位的体现。

作为夏人之后新的统治者的商人依然沿袭了夏文化中的先进成分，使白陶在商文化中得到继续和发展并在中商晚期创制了刻纹白陶。以刻纹白陶为代表的白陶制作在商晚期达到了最高的境界，各种白陶制品精美绝伦。到了殷商末及西周时，由于原始瓷器及硬陶的发展，白陶基本上不见了。白陶虽然走到了尽头，但由于白陶的产生和发展过程中人们对其原料高岭土的性能认识的不断提高，对原始瓷器的发展产生了不可估量的影响，可以说白陶对瓷器的出现亦是功不可没[3]。

［1］鲁晓珂，李伟东，罗宏杰，许宏，赵海涛，袁靖. 二里头遗址出土白陶、印纹硬陶和原始瓷的研究. 考古，2012（10）：89-96.

［2］鲁晓珂，方燕明，李伟东. 瓦店遗址龙山文化白陶的科技研究. 华夏考古，2015（4）：118-124.

［3］王俊. 中国古代陶器. 北京：中国商业出版社，2015：2-4.

「7」 彩陶是什么，彩绘陶是什么，两者有什么区别？

彩陶即施有彩绘花纹的陶器。彩陶代表着中国古代艺术创作的高峰，始于新石器时代早期，而盛行于新石器时代中期。彩陶不同于其他一般陶器的重要之处在于它的纹饰和色彩。之所以称之为彩陶，是因为在制作陶器的过程中，必须要绘上浓烈艳丽、对比鲜明的各种色彩，使陶器不再仅仅是实用品，而且还具备了艺术品的审美功能。因此，它既是当时人们日常使用的一种生活器皿，也是当时一种精美的艺术品[1]。一般来说，彩陶是繁荣的新石器文化的标志之一。因为它不仅是发达的制陶工艺的产品，而且也是成熟的定居农耕文化的产物。

彩陶的制作，是将各种天然矿物颜料绘制到成型好的陶器上，形成各类图案。较为常见的一种制作，是利用铁矿粉和氧化锰作为颜料，使用工具，在橙红色陶坯表面上彩绘各种图案后，经一定温度的窑烧后，所呈现出黑、红、白等颜色的图案[2-3]。或是在陶器坯胎表面涂上一层细泥陶衣，再以几种天然的矿物质颜料，如赭石和氧化锰等描绘出各种图案纹饰，如带条或动植物纹等，然后入窑烧制，结果会在橙红色胚胎上呈现出赭红、黑、白诸种颜色的美丽纹饰，成为彩绘纹饰不容易脱落的彩陶。

彩陶纹饰，又称纹样，是在陶器表面装饰花纹的总称，这种纹饰是按照一定图案结构经过变化、抽象化等手法，从而使之规则化、定型化的图形，主要分为写实和几何图案两大类[4]。彩陶纹样如按照现代艺术手法来分析，一般分为单独纹样、适合纹样、偶式纹样、边饰纹样、散点纹样、连续纹样包括二方连续、四方连续等等。这些图案所用的绘制方法有对比法、分割法、开光法、双关法、多效装饰法等等。新石器时代陶器的纹样，常见的施纹方法主要有镂刻、附加堆

［1］ 张孝光. 彩陶与彩绘陶器. 上海：人民美术出版社，1985：1-6.

［2］ 张福康. 中国古陶瓷的科学. 上海：上海人民美术出版社，2000.

［3］ 鲁晓珂，方燕明，李伟东. 瓦店遗址龙山文化白陶的科技研究. 华夏考古，2015（4）：118-124.

［4］ 王俊. 中国古代陶器. 北京：中国商业出版社，2015：2-4.

贴、捏塑、旋、刻、划、彩绘等。这些方式，有的可以形成各式图案或复杂的组合，有的可以产生独特的纹饰，如早期纹饰制作方法以拍印、压印、戳印、锥刺、模印、刻、划等为主，产生的多是绳纹、旋纹、蓖纹、暗纹、划纹、刻纹、雷纹、印纹等，其风格古朴、浑厚、爽朗。纹样以表现手法和内容可以分为两大类，一类是自然纹样或象生纹样，包括动物、植物、人物、自然景物，一类是几何纹样，如方形、圆形、菱形、三角形、多边形等等。单从数量来看，彩陶中几何纹饰要多于自然纹饰。

目前已经发现的新石器时代彩陶遗址已近二千处左右，属于不同的新石器文化[1]。即黄河上游的马家窑文化，中游的仰韶文化，渭水流域的老官台文化，中原地区的庙底沟二期文化，黄河下游包括黄淮地区的北辛文化和大汶口文化，长江中上游江汉地区的大溪文化和屈家岭文化，长江下游江浙地区的河姆渡文化、马

新石器时期人面鱼纹彩陶盆（中国国家博物馆藏）

家滨文化和良渚文化，江淮地区的青莲岗文化，东北辽西地区的红山文化和小河沿文化，辽东半岛的小珠山中层文化，东南沿海地区的昙石山文化，西藏地区的卡诺文化，以及岭南和新疆地区的一些彩陶遗存。在这些包含有彩陶的新石器时代文化中，以仰韶文化和马家窑文化的彩陶最为丰富，这两种文化的彩陶遗址发现得也最多。如图所示为新石器时代前期仰韶文化人面鱼纹彩陶盆。

提到彩绘陶，很多人可能第一个会想到新石器时代绚丽的彩陶，也有人会想到汉代的彩绘陶器或者唐代的彩绘陶俑，然而彩陶与彩绘陶是不一样的。彩绘陶是在烧好的陶器表面用色料进行彩绘而成。因此，彩绘陶有别于彩陶，它是在陶器坯胎入窑烧制成陶器之后，才在陶器的表面用不同颜色绘制各种纹饰[2]。我国的彩绘陶始于新石器时代中期，盛行于新石器时代晚期。学者认为中国的彩绘陶是以江南一带为中心发展起来的[3]，目前最早的彩绘陶片为两片彩绘有鸟羽翅纹

[1] 吴耀利. 略论我国新石器时代彩陶的起源. 史前研究，1987（2）：22-31.

[2] 姜涛，周小兵. 古代的彩绘陶. 中原文物，2012（4）：105-107.

[3] 中国陶瓷全集编辑委员会编. 中国陶瓷全集1 新石器时代. 上海：上海人民美术出版社，2000：38-43.

的陶片，发现于长江流域新石器时代中期的河姆渡遗址，在黄河流域最早的彩绘花瓣纹的陶片则在距今5000多年的甘肃秦安大地湾四期遗址的大房址中出土。而彩陶则是以黄河流域为中心发展起来，最早发现于新石器时代早期遗址，如大地湾文化和裴李岗文化已有发现。

可见，彩绘陶与彩陶在出现的时间上和兴起地域上有明显区别，二者的发展情况也不尽相同。此外，从烧制工艺来看，二者区别更为明显，彩陶系先在制好的陶坯上绘制图案再入窑烧制，所以色彩的敷着力比较强，不易脱落。而彩绘陶器则是先入窑烧制成器，再在器物上施彩绘制，由于未经高温处理，色料不会因分解、氧化而变色，故可供选择用的色料品种比较多，色料比彩陶更为丰富。但是也正是由于彩绘是贴附在器物表层，流传过程容易损害脱落，我们今天很难见到彩绘完整且色彩鲜亮的古代彩绘陶。这种彩绘陶，主要在青铜时代早期直到汉代流行，并且多用于随葬明器。秦汉时期是彩绘陶器发展的一个高峰，秦始皇兵马俑就是目前为止发掘出土的最为著名的彩绘陶器之一，这一时期彩绘陶器多为灰陶器表彩绘花纹，也有器表或里髹漆或涂朱着墨，系仿漆器的做法。彩绘陶器所用色彩有红、赭、黑、黄、白、绿、紫等，图案有几何花纹、四灵（青龙、白虎、朱雀、玄武）、云气、动植物纹（凤）、反映升仙和天界等图案，有具象图案也有抽象图案，这也是当时崇尚道教思想的反映。汉代彩绘陶器上的彩绘图案一般分为多层，每一层内容不尽相同。人物俑则以彩色来绘画面部五官、衣帽的色彩和图案、铠甲、靴等，手法主要是平涂和勾勒。

秦始皇兵马俑（秦始皇帝陵博物院藏）

「8」 蛋壳黑陶是如何制造的？

蛋壳陶器，顾名思义，就是指那些器壁薄如蛋壳的陶器，其厚度一般仅有 1 毫米左右。这种蛋壳陶器具有"黑如漆、亮如镜、薄如纸、硬如瓷"的特点。残片最先于 20 世纪 30 年代初发掘出土于山东城子崖遗址，其后在 1936 年发掘日照县两城镇龙山文化遗址时又有发现相对完整的蛋壳陶杯，1960 年在山东潍坊姚官庄遗址出土了 5 件蛋壳陶杯，其中 2 件陶杯是首次发现的可以完整复原的蛋壳陶器，距今 4600～4000 年，是山东史前时代最具特点的器物之一，代表了当时中国制陶技术的最高水平[1]。

新石器时期蛋壳黑陶杯（山东博物馆藏）

左图为山东博物馆收藏的姚官庄遗址出土的蛋壳陶杯，杯胆套在杯柄内，高 17.5 厘米，口径 11.2 厘米，器壁厚约 0.5 毫米，以其轻薄的器壁、素洁的色泽，雅致的造型，2011 年度被观众和专家评为山东博物馆十大"镇馆之宝"之一，可谓实至名归。

自那时起，"蛋壳陶杯"便成了山东龙山文化的代名词。虽然 1956 年发掘湖北京山县屈家岭遗址时，也发现了蛋壳陶杯和蛋壳陶碗，但是形态各异的高柄杯蛋壳陶器只为山东龙山文化特有，因此，考古学上蛋壳陶器一般专指山东龙山文化时期的薄壁黑陶杯，有时也泛指陶罐等其他薄壁陶器。蛋壳黑陶高柄杯是龙山文化时期最不容忽视的随葬奢侈品，其制作工艺之复杂决定了不可能任意的制陶工匠都能生产。

当然，蛋壳黑陶高柄杯烧造技术的局限性也是导致其消亡的重要因素。蛋壳

---

[1] 纪东. 蛋壳陶黑陶杯. 走向世界，2011（13）：54-56.

黑陶高柄杯的制作工艺十分繁复，不具有工艺普遍性，掌握这项精巧技术的工匠很少，技术的接触和传播途径相当局限。在龙山文化晚期由于社会复杂化程度日趋加深，部落间频繁地进行着融合和战争，能够制作蛋壳黑陶高柄杯的工匠不断流失，技艺慢慢萎缩，蛋壳黑陶高柄杯就此淡出了历史的舞台[1]。

近年来，我国古陶瓷研究者通过对陶器理化性质科技检测，以及民族学原始制陶工艺的调查，结合对龙山文化蛋壳黑陶高柄杯制作工艺的实验室考古研究，全面总结了龙山文化蛋壳黑陶高柄杯的制作工艺。制作蛋壳黑陶高柄杯分为多个成型步骤，包括：制泥—成型—打磨—烧制—渗碳。

（1）精选制泥

蛋壳黑陶高柄杯胎体极薄、造型复杂，对陶泥的可塑性、延展性和成坯以后的稳定性要求极高，因此制作蛋壳黑陶高柄杯的坯泥必须是细腻纯净，其细度需达 300 目上下，且制备成的坯料非常均一几乎无任何有机物烧失缺陷。

山东龙山文化时期，蛋壳黑陶高柄杯的原料全部是细泥质陶土，取材于黄河冲积下来的纯净且细腻的红胶土。这些黏土都属于漂积土，是经过风力或水力作用，将原矿床的细颗粒黏土矿物质搬到远地而沉积下来的。由于原矿床源地属于花岗岩沉积地区，是碳酸盐岩石经过数万年风华堆积而成，土质细腻，可塑性好，是自然界中多种矿物的混合体，常由两部分组成，一为黏土矿物是黏土主体，主要包含物为石英、长石和云母，一为杂质矿物，多是未风化的岩石碎屑。所以是大自然已经帮助龙山先民完成这一工序，大自然的力量已经把原料加工得相当精细，并不需要经过淘洗与粉碎这样的工序。

泥料和好后再放置一段时间，使黏土陈腐。在陈腐过程中黏土的水分分布更均匀，并由于细菌的作用，可促使有机物的腐烂，产生有机酸，提高黏土的成型性能。待到要成型时，再将泥料揉炼，使之成为符合成型要求的坯料。

（2）拉坯车制成型

首先利用拉坯成型的方法制作出陶坯的雏形，当陶坯的含水量降低到一定程

[1] 吴汝祚. 薄如蛋壳的古陶器. 科技潮，2000（1）：57-59.

度之后，再用架在刀架子上的刀具来车薄和修整陶坯，这种龙山人发明的成型法被称之为拉坯与车制相结合的成型法。这种成型法可避免陶坯在成型中因强度不足造成的损害，保证了刀具行刀的准确性，能利用最好的成型时机，突破黏土可塑性变形的局限，可以干脆利索地将陶坯成型得相当薄、相当均匀、相当规整，也决定了陶器的器形由挺拔的线条和锐利的边角所组成，而不再是柔和的线条和圆钝的边角组成。

这种新的成型方法最重要的是陶轮的转速、旋转方向和精密程度。经快轮加工的痕迹是有细密的同心圆轮纹出现在蛋壳黑陶高柄杯的盘口、杯部和底足。显然越精密、稳定的快轮轮盘设备对完成薄胎的小型器皿越为重要，要求也越严格，坯体越小，陶轮的转速要求越高。陶轮的转速可在200转/分上下，但其波动、跳动和摆动幅度应控制在0.2～0.3毫米。制作蛋壳黑陶高柄杯的陶轮不仅仅是快速陶轮，而且是高精度的惯性快速陶轮[1]。

蛋壳黑陶高柄杯的陶坯制作是由快轮先做出2至3个部件，待其稍微阴干到一定程度时移放倒陶轮上，使用陶轮旋转对陶坯仔细刮削修整至极薄。然后用柔软的物品在器内塞实，不断磨光、捏薄、摸实，再开始进行镂孔、划纹等，最后经过细致的粘接成为一件完整的陶坯，这个制作过程十分的耗时[2]。

（3）打磨装饰

蛋壳黑陶高柄杯的磨光手法不尽相同，有的在陶坯成型后用很稀的泥浆刷一遍，然后直接用手掌摩擦光亮。有的是在陶坯含水量降低之后，用水刷一遍让精细的黏土颗粒泛出坯面后，再用手或软皮毛之类物品轻轻摩擦出光泽来摩擦，还有的是等陶坯烧成之后再磨光。其中，用精致的泥浆刷在刚成型的陶坯表面，再用手或软皮毛之类轻轻摩擦，就可以擦出光泽。这种方法虽然可以烧出光彩夺目的黑陶，可是往往由于刷泥浆时陶坯各部分的含水量不一致，含水量高处吸泥浆能力差，该处泥浆的黏着能力差，在用手或软皮毛摩擦时就往往容易被擦掉，出现痕迹。如果所致的泥浆原料与坯体不同，或刷浆时机有误，或刷浆过厚，都会

［1］ 杜在忠. 试论龙山文化的"蛋壳陶". 考古，1982（2）：176-181.

［2］ 钟华南. 大汶口——龙山文化黑陶高柄杯的模拟实验，考古学文化论集（二）. 北京：文物出版社，1989：255-273.

出现因膨胀系数不同而产生的剥落现象[1]。

一般在蛋壳黑陶高柄杯上多会出现几何形圆孔，这除了它富有装饰性之外，主要还是因为食用禽类的骨管在软的陶坯上最容易进行钻孔。蛋壳黑陶多以镂空手法装饰，坯的镂刻，是在陶坯干燥以后进行的，因为陶坯成型出来时相当脆弱和纤薄，并不能承受原先湿坯镂孔的各种刀具的压力。镂刻所用的是薄刃尖锐而锋利的刀具，在陶坯完

新石器时期黑陶高柄杯（旧金山亚洲艺术博物馆藏）[2]

全干燥的时候，用尖刀蘸水润湿需要镂孔的部分，待局部失去强度时，再用刀具把这部分镂刻掉，未经镂刻的部分仍保持干坯的强度，这样避免刀具压力造成坯体变形，自然可以把陶坯镂刻得相当精细而纤巧。

（4）烧制[3]

蛋壳黑陶高柄杯不仅在陶坯成型的过程，在烧制的阶段仍然需要制陶工匠具备非常丰富的经验和高超的技术。但是山东地区目前发现的龙山文化时期陶窑十分罕见，几乎无完整的陶窑遗址，因此，目前的结论仅仅是模拟与推测。

烧造蛋壳陶的龙山时代早期陶窑处于由横穴式向竖穴式陶窑转变的阶段，到龙山时代晚期陶窑所见几乎都是横穴式陶窑。陶窑结构的改进可以推动陶器质量的提升，龙山时代硬质黑陶、灰陶以及典型蛋壳黑陶的出现极有可能是陶窑火力输送系统的改进和窑箅、火眼的设置以及陶窑的专业化有关。龙山时代陶窑烧成温度比较高，可以达到 900～1000℃，足以保证蛋壳陶坯完全烧熟。

［1］ Geoffrey E C. The production and use of stone tools at the longshan period site of Liangchengzhen, China. America: Yale University. 2007.

［2］ 赵超超. 山东龙山文化蛋壳黑陶高柄杯研究. 景德镇陶瓷大学硕士学位论文，2016.

［3］ 萤修. 文化龙山——龙山文化与龙山黑陶. 济南：济南出版社，2011：2-5.

由于蛋壳黑陶高柄杯的胎体重量非常轻，器身又多在 25 厘米左右，杯口宽广，因此从开始如何置入窑室到后来烧制的过程中难度都相当大。在升温的过程中，窑内温度的升高一般会造成冷空气的膨胀上升，产生较强的冲击力能够轻易推倒蛋壳黑陶高柄杯致使其破损，因此，对陶窑的升温过程控制十分严格。一种推测是很可能在当时烧制蛋壳黑陶高柄杯时也采取了窑炉预热的办法，先把陶窑烧热，再将坯体放入窑室以避免骤然膨胀的升温冲击；另一种推测是烧制蛋壳黑陶杯有专用匣钵，把陶坯装到特制的匣钵里以避免添加燃料时的气流打破陶坯。

龙山时期烧制陶器的燃料主要以农作物的秸秆或者粟米糠皮为主，用草本植物燃料作为陶器低温烧成阶段的升温燃料，逐步带入木本植物燃料，使烧成温度提高到临近陶器的烧成温度，再用草本之物燃料作为保温燃料。窑内的火焰性质，除了在升温阶段外，都是保持还原焰性质[1]。

（5）渗碳

蛋壳黑陶高柄杯烧成的最后一道工序是进行"渗碳"，当窑内温度为 400～600℃的时候，陶坯由于水分的排出和有机物的分解，产生了大量的气孔，同时有机物在还原气氛下产生含有游离碳离子的黑色浓烟，这些游离碳颗粒深入到坯体，使陶器表面形成致密的黑色。通过实验可以发现，温度达 950℃时，气孔率达到最大，温度再升高气孔率反而会迅速下降，因此烧成温度一般确定在850～1000℃之间。根据测算得到的龙山黑陶高柄杯中的含铁量和渗碳量，可知渗碳工艺是呈色发黑的主要原因的结论，渗碳过程利用黏土矿物的吸附作用和黏土有机复合体的碳化形成黑色的，并且陶坯的气孔率与陶器的渗碳量成正比的关系[2]。

[1] 钟华南. 大汶口——龙山文化黑陶高柄杯的模拟实验，考古文化论集（二）. 北京：文物出版社，1989：255-273.

[2] 沈建兴，翟纪伟，李传山，张雷. 龙山黑陶显微结构分析和渗碳工艺研究. 中国陶瓷，2008，44(3)：43-45.

「9」 黑陶制作中的渗碳工艺是什么？黑陶表面存在陶衣么？与渗碳工艺有什么区别？

渗碳工艺是黑陶烧制后期的一道工艺，具体是指当窑内温度在400～600℃的时候，陶坯由于水分的排出和有机物的分解，产生了大量的气孔，同时有机物在还原气氛下产生含有游离碳离子的黑色浓烟，这些游离碳颗粒深入到坯体，使陶器表面形成致密的黑色[1-2]。然而经过渗碳的陶器不单是黑陶，在红陶当中，有一部分器物外表呈红色，内表却呈黑色或灰色，也有些器物外表的上部呈红色，下部却呈黑色或灰色，还有些器物在红色的外表上有三条或四条距离相近的竖直黑道，这些器物上的黑色部分也是渗碳的结果，只是渗碳的方法与黑陶不同罢了[3-4]。

传统烧成法是我国历代烧制黑陶都普遍采用的一种方法，这种方法是将陶器坯体放入窑室中明火烧制。燃料用柴草、煤等，用氧化或还原都可，但一般多采用氧化焰，烧成速度快、温度高。烧至850～900℃后，添入足够量的柴草、煤炭（山东许多地方还有用松枝或沥青等的），使窑室内造成大量的烟。稍后封闭窑顶的抽烟孔或窑后的烟囱，同时用砖和泥封住炉口。窑室内由于缺氧，形成的烟雾又跑不掉，致使烟雾中的游离碳细小粒子渗入到陶器坯体中。窑内缺少空气，火会逐渐熄灭，待自然冷却到200℃以下，打开炉门及烟道用自然风或鼓风机快速冷却，直到适合人工出窑的温度[5]。

此外，目前在我国的边远地区，有部分少数民族依然在烧制传统的黑陶，延续另一种渗碳方法，即窑外渗碳法。最具代表性的为云南汤堆村藏族的黑陶烧制

［1］ 李文杰，黄素英．浅说大溪文化陶器的渗碳工艺．江汉考古，1985（4）：46-51.

［2］ 范梓浩．长江中下游泥质黑陶的起源与发展．中山大学，2015.

［3］ 李家治，张志刚，邓泽群，梁宝鎏．新石器时代早期陶器的研究——兼论中国陶器起源．考古，1996（5）：83-91，103-104.

［4］ 沈建兴，翟纪伟，李传山，张雷．龙山黑陶显微结构分析和渗碳工艺研究．中国陶瓷，2008,44(3)：43-45.

［5］ 鲁晓珂，李伟东，罗宏杰，方燕明，何驽，李新伟．陶寺遗址龙山时代黑色陶衣的研究．中国科学：科学技术，2011，41（7）：906-912.

方法，即首先把经过一系列工艺制作好的陶器置于木材堆架烧制，待木材燃尽陶器烧好后，用长棍把陶器戳挑到事先准备好的锯木灰中，并完全埋入其中，约 10 分钟后，戳扒开灰堆，把陶器一一翻身，继续埋之，同时要不断以长木棍戳灰堆以透气，约 15 分钟后挑出起陶，渗碳步骤结束。其他民族，如傣族、佤族等都有运用窑外渗碳法所制成的黑陶[1]。

汤堆村黑陶渗碳[2]

目前在科学认知渗碳机理的基础上，衍生出了碳钵烧成法、电窑（炉）烧成法、推板窑－碳钵烧成法等若干种渗碳烧制黑陶的技艺[3]。

早期陶器除素面外，一般纹饰各种纹饰。多数陶器表里颜色不一，可能是烧成气氛造成的，如前述的渗碳工艺。但也确有部分陶器是由于在表面涂有一层薄泥料所引起。如青塘遗址陶片内部呈灰黑色，表面呈灰黄色，还可看到这一表层有剥落现象。经过化学分析发现表层的 SiO_2 和 Fe_2O_3，含量都要比内部高，特别是 Fe_2O_3 差不多要高出一倍。说明这是有意识涂抹上去的一层涂层，考古界称之

[1] 郭强. 黑陶呈色原理与烧制工艺. 山东陶瓷，1996，19（3）：35-37.

[2] 图片来源于网络：http://www.sohu.com/a/213152497_100007546.

[3] 鲁晓珂，李伟东，罗宏杰，方燕明，何驽，李新伟. 陶寺遗址龙山时代黑色陶衣的研究. 中国科学：科学技术，2011，41（7）：906-912.

9　黑陶制作中的渗碳工艺是什么？黑陶表面存在陶衣么？与渗碳工艺有什么区别？

为"陶衣"[1]。陶衣是古代陶器表面的一种修饰工艺，这种现象在新石器时代早期的陶器表面已经出现，到了仰韶文化及其他文化彩陶上所出现的陶衣已经不仅是为了改善陶器表面的平整性，而更多的是为了美观或者宗教信仰的需要。特别是在龙山文化的陶寺遗址出土了一定数量装饰有"陶衣"的黑陶，电子探针技术为我们揭示了陶衣的神秘面纱，如下图所示，表面很明显有一层陶衣存在，这层陶衣非常薄，厚度在10～20微米，并且陶衣涂层的颗粒度很细，基本没有大颗粒物的残留，说明古人对这层陶衣原料的选择和处理较为精细[2]。

 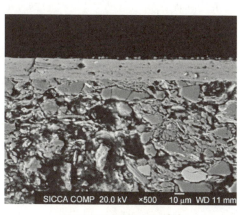

断面结构（100倍）[2]　　　　　　断面结构（500倍）[2]

　　这层涂层所用的泥土无论从显微结构上或是外观上都可看出它所含的颗粒度要比内部的颗粒细得多。尽管现在还说不清楚这种泥土是如何得到的。但可以设想，这层陶衣的原料可能是取自制陶原料形成的泥浆的上层。因为经过沉淀，上层较下层含有更多的细颗粒，而且二者化学组成也会有所不同。这或许就是后世用于处理原料所用淘洗方法的最原始状态。也可以认为陶衣、磨光、压印和刻划纹样等都是早期人们为改善陶器表面粗糙不平而作的最早的和原始的装饰尝试，而陶衣则更是后世在陶或瓷器上所用釉的萌芽[1]。

　　所以二者最本质的区别在于，渗碳只是烧制工艺的一个步骤，主要功能是装饰；而陶衣是一种采用专门的原料制作的兼有装饰与使用功能的"涂层"。

[1]　范梓浩. 长江中下游泥质黑陶的起源与发展. 中山大学，2015.

[2]　鲁晓珂，李伟东，罗宏杰，方燕明，何弩，李新伟. 陶寺遗址龙山时代黑色陶衣的研究. 中国科学：科学技术，2011，41（7）：906-912.

「10」 陶器有几种成型方式？

古代陶器成型方法一般为手制、模制和轮制。其中手制又包括捏塑法、泥片贴筑法、泥条筑成法等。其中泥片贴筑法和捏塑法主要适用于早期陶器、小型器物和器物附件的制作，泥条筑成法又分为泥条盘筑和泥圈套接两种。新石器时代晚期已普遍采用快轮拉还成型的工艺，此后轮制陶器成为陶器制作方法的主流。但是在大型器物的制作上，泥条盘筑技术直至近代在全国各地仍在使用。模制陶器则主要盛行于黄河中游地区，最早出现于庙底沟文化二期，盛行于中原龙山文化时期，它是随着龙山时代袋足器的兴起而流行的。模制法一般应用于器物的下部袋足的制作，同时也是与手制中泥条盘筑法相配套的制作手法[1]。

新石器时期人头壶[2]

捏塑工艺是指直接用泥料捏塑成型而不经过制泥片或泥条过程的成型工艺。采用此种工艺制作的器物通常可以很容易通过肉眼分辨，比如小型动物塑像，小型杯碗及器物的耳、足、鼻和一些附加纹饰等。完全采用此种工艺制作的器物通常器型不太规整，胎体多残留明显的指痕。如图所示西安半坡遗址出土的盛水器。

泥片贴筑技术主要应用于新石器时代早期陶器的制作，所谓的泥片贴筑法就是将泥料先搓成泥球，再按成泥片，然后经过手捏、拍打或滚压使泥片之间相互粘贴在一起筑成还体的方法[3]。具体又分为大泥片贴筑法和小泥片贴筑法，前者主要用于制作粗放的圜底器，后者则常用于制作早期的小型精致器。总之，这种方法制作的陶器一般胎体较厚重、粗糙，如果不加修整或者修整不完全，则从器物内壁或断面处一般能看到泥片交错

[1] 李家治. 中国科学技术史（陶瓷卷）北京：科学出版社，1998：17-109.

[2] 肖越. 陶艺创作中捏塑与综合材料结合的运用研究. 湖北美术学院，2019.

[3] 李文杰. 中国古代制陶工艺研究. 北京：科学出版社，1996.

叠压的痕迹。

泥条筑成工艺是将泥料搓成泥条筑成坯体的成型方法，具体又分为泥条盘筑和泥条圈筑。泥条盘筑是由搓成的泥条螺旋形盘叠而成型的工艺，而泥条圈筑则是由一层层的泥圈叠压而成型的制作手法。部分器物出现的由数层泥圈套接而成的制作工艺，或许是泥条圈筑法的变体。如下图所示为西安鱼化寨出土仰韶早期泥条筑成法制备的陶器残片。

从筑成器体各部分的先后顺序上来看，泥条筑成法又分为正筑与倒筑。正筑法是先做器底再筑器壁，常用于平底器的制作；倒筑法则是先筑器壁再做器底。另外，关于泥条筑成工艺中器物器底的做法，有自器底至口沿全用泥条盘筑而成的，也有先拍打出器底，然后在器底边缘上侧或外侧盘器器壁的。泥条筑成工艺在新石器时代中期以前的陶器制作中占主流地位，新石器时代中期以后，其与轮制技术相结合应用，至今仍在大型器物的制作中广泛应用。

仰韶早期泥条筑成法制备的陶器残片[1]

轮制成型在中国陶瓷史中称为轮制法，《辞海》也专有条目，其定义是：采用陶轮制作陶瓷器的方法。陶轮为木制圆形平盘，水平地固定在直立的短轴上。制陶时，把泥料放在转动的陶轮上，利用陶轮旋转之力，以手指掏料制成所需要的器形。轮制成形在我国传统制瓷科学技术史上占有重要地位，远在四五千年前的仰韶文化时期就有了初级形式的陶轮，新石器时代末的龙山文化时期和殷代，轮制陶取得了极大的发展，即由"慢轮"制陶发展到"快轮"制陶[2]。

[1]　翟扶文. 西安鱼化寨遗址仰韶早期制陶工艺的观察和分析. 西北大学硕士学位论文，2015.

[2]　龙光灿，谢瑞清. 传统制瓷工艺的轮制成型研究. 景德镇陶瓷，1989（2）：32-38.

轮制法拉坯[1]

快轮拉坯工艺，最初出现于新石器时代中期，普遍应用于新石器时代晚期及以后，且主要流行与黄河、长江流域的中下游地区。所谓的快轮拉还是指利用陶轮快速旋转产生的惯性力，并借助于人手的提拉、捧托、挤压而将泥料直接拉制成型的制作工艺。

快轮是从慢轮继承发展而来，但对慢轮制陶技术却又有质的提高，主要表现为由于其构造和操作上的差别，导致其转速相对于慢轮来说有极大的提高。由学者对传统制陶中快轮的转速测定知道，轮制陶器有三个阶段，拉坯阶段、修整阶段和慢速修整口沿阶段，其平均转速分别为：97 周 / 分、88 周 / 分和 62 周 / 分，当轮速低于 88 周 / 分时，则不能成功拉坯，由此可见，转速是拉坯成形的先决条件。

快轮制陶的主要特征是器壁留有螺旋状拉坯指痕、器底有割坯时形成的偏心祸纹，有些器物内壁还会因为受力不均而出现有麻花状的扭曲皱纹，也可作为拉坯工艺的证据。另外，从器壁的厚度也能大致判断器物的成型工艺，如形态规整且体积较大的器物常为泥条盘筑外加慢轮修整而成，而器型不大且器壁较薄且规整的陶器非快轮拉坯不能成型。由于大多数陶器成型后都经过一系列的修整和装饰过程，后期的使用及废弃过程也会对残留的原始制作痕迹产生磨损，因此在考察陶器成型工艺时，我们要全面观察器物残留的各类细微痕迹，做到具体问题具体分析。

除去以上手制和轮制工艺外，还存在一种介于手制和轮制之间的过渡型成型工艺，即泥条盘筑拉坯成型。此种工艺的显著特点就是"接底法"和"轮制法"同时用于一个器物的制作。随着近些年对陶器制作工艺的研究深入，有学者通过民族学调查发现我国云南边境傣族的制陶技术，迄今还处在泥条盘筑成型和慢轮修整阶段，这为研究我国古代制陶工艺技术提供了颇具说服力的例证。

---

[1] 图片来源于网络：http://blog.sina.com.cn/s/blog_62ea354d0102xy33.html.

「11」 博物馆有些陶器发生酥解，原因是什么？

陶器的组成中主要以易熔黏土为原料，烧制温度较低，所以质地疏松、多孔隙，吸水性强，抵御环境侵蚀能力较差。而博物馆馆藏陶器多为出土文物，且埋藏年代久远，在埋藏期间容易吸收雨水或者地下水，而地下水或者雨水在流动过程中会溶入各种酸、碱、盐、有机物等，这样大量带有可溶性盐的水溶液便浸入到多孔陶器的内部。当文物出土后的保存环境温湿度发生变化时，盐类便随之结晶—溶解交替变化，这种作用交替往复循环，加之出土文物的温湿度平衡被打破，以及大气污染、霉菌等多种因素的影响，导致出土的陶质文物出现了酥松甚至碎裂的状态。这是目前研究所能达到的认识，或许在不久的未来将会有更深刻的科学认知。下图所示为陕西陇县博物馆藏陶器的酥粉现象[1-5]。

彩绘陶器酥粉前后照片

[1] 赵静，罗宏杰，王丽琴，李伟东，容波，周铁. 唐代彩绘陶质文物的酥粉研究. 中国科学：技术科学，2014，44（9）：926-938.

[2] 赵静，罗宏杰，王丽琴，李伟东，容波，周铁. 高垅汉墓酥粉灰陶文物的病变机理. 硅酸盐学报，2014，42（9）：1152-1160.

[3] 赵静，罗宏杰，王丽琴，李伟东，容波，周铁. 陕西陇县东南镇汉墓酥粉釉陶文物的研究. 中国科学：技术科学，2014，44（4）：398-406.

[4] Zhao J, Luo H J, Wang L Q, Li W D, Zhou T, Rong B. Efflorescence on excavated pottery from the Han tomb in Dongnan Town, Shaanxi, China. Studies in Conservation, 2014, 59(sup1): 287-288.

[5] 赵静. 典型酥粉陶质文物的病变分析及其保护研究. 西北大学博士学位论文，2016.

「12」 中国古建筑琉璃瓦表面出现釉脱落现象，原因是什么？

"琉璃"一词，最早见于西汉桓宽所著《盐铁论》，其中有"琉璃为国之宝"的语句，琉璃实际上就是指低温铅质绿釉陶器，在当时属于珍贵而罕见的宫廷宝物。西汉末年王莽墓中，曾出土了翠绿色和金黄色的铅釉陶器，科学分析表明，这类器物是在黄丹、硝石和石英中加入铜、铁的金属氧化物着色烧制而成。经历了东汉、魏、晋、南北朝的发展，低温铅釉陶器的烧制技术有了长足的进步，琉璃制品的釉色品种逐渐增多，使用范围也从宫廷珍宝走向民间实用。特别是北魏时期，出现了琉璃瓦（据说是由西域大月氏传入），昔日的宫廷珍宝开始用于建筑装饰和防水，这是低温铅釉陶器使用历史性的突破[1-2]。从此，中国的土木建筑从单调的青砖灰瓦的沉闷中，焕然放射出耀眼的光彩。琉璃瓦建筑至明清达到顶峰。

琉璃坚固耐久，光彩夺目，具有鲜明的民族传统特色，深得国人喜爱。特别是琉璃构件在建筑上的使用，已经形成极富艺术魅力的民族建筑文化特色。近现代以来，琉璃建筑仍表现出蓬勃旺盛的生命力，如南京中山陵、广州中山堂等建筑均采用琉璃构建[3]。20世纪50年代的北京十大建筑，大多都采用琉璃瓦装饰，传神地表达了五千年东方文明古国的新生。

但是在传统工艺下烧制的琉璃构件，其釉层表面均分布着粗细不等的裂纹。然而琉璃构件表面釉层的裂纹，并非像南宋哥窑与官窑的釉面开片，是一种刻意追求的艺术效果，而是传统工艺条件下无法避免的釉面缺陷。釉层表面裂纹的形成，有原料和工艺两方面的原因。

[1] 张恒金，吴海涛. 河南省洛阳市山陕会馆琉璃照壁构件的保护修复. 内蒙古文物考古，2005（2）：98-103.

[2] 惠任，王丽琴，梁嘉放，韦春锋，李宏. 中国古建琉璃构件"粉状锈"之病变初探. 文物保护与考古科学，2007，19（2）：14-19，73.

[3] 叶喆民. 中国古陶瓷科学浅说. 北京：轻工业出版社，1982：16-17.

12　中国古建筑琉璃瓦表面出现釉脱落现象，原因是什么?

故宫养心殿建筑群（故宫博物院）

　　其一，在琉璃构件生产中，为了满足琉璃构件高光泽的装饰要求，釉中氧化铅的含量基本上都在 50% 以上，致使釉的热膨胀系数往往大于坯体的热膨胀系数，使釉呈张应力状态；其二，在琉璃构件烧成后的冷却过程中，由于琉璃构件从表至里存在着一定的温差，形成了一定的热应力。最终导致裂纹出现，特别是一些裂纹自釉层表面，穿过了坯釉结合层直至坯体，形成了外界水渗入坯体的一个途径，不仅在一定程度上影响了釉层对于坯体的防水作用，而且削弱了釉层表面作为一个整体与坯体的结合强度。这些都是后期釉层剥落的潜在隐患。所以说琉璃构件釉中高含量的铅的导致了它的后期病变趋势，其原始烧制温度也是病变形成的另一个重要内部因素[1]。

　　另外，可溶盐也是导致琉璃脱釉的一个重要因素。而琉璃建筑基本都处于一个开放环境中，且所有的琉璃构件釉面布满密密麻麻的裂纹，琉璃构件和支撑其存在的墙体，通过毛细吸湿作用和建筑上部雨水渗入带入可溶盐，以及光照升温产生的蒸发作用，琉璃受到了可溶盐不断的溶解—结晶—再溶解—再结晶的影响，内部可溶盐的溶解、结晶，导致了琉璃构件内部结构不规律的膨胀和收缩，

────────────

[1]　"古代琉璃构件保护与研究"课题组. 清代剥釉琉璃瓦件施釉重烧的再研究. 故宫博物院院刊，2008
　　（6）：106-124，163.

故宫博物院养心殿屋顶（2016 年作者摄）

这种反复出现的内部张力的不规则变化，致使琉璃构件出现严重的结构聚合力的丧失，材质的孔隙加大，并因此出现明显的釉层起翘、风化、结壳等病变现象。这些病变现象的进一步发展，就会导致琉璃构件表面釉层的迅速脱落[1]。如图所示为故宫博物院屋顶成片的琉璃瓦脱釉现象。特别是在一些古代建筑琉璃表面釉层尚未从胎体脱落的地方，可以观察到由于结晶作用，盐从釉层的裂纹中露出来的现象。

再者，由于琉璃胎与釉的吸水率是截然不同的，一般情况下，胎的吸水率为15%～20%，而釉的吸水率小于0.5%。降水过后，大量雨水会沿着琉璃构件的缝隙和釉面裂纹渗透到胎中，从而导致胎的体积膨胀率要远远大于釉面，所以极容易引起釉面开裂甚至脱落，而且如果加上冻融作用，这种影响则更大。

因此，琉璃剥釉是内部与外部因素双重作用的结果。

［1］李全庆，刘建业. 中国古建筑琉璃技术. 北京：中国建筑工业出版社，1987：1-9.

（1）泥釉陶

陶器向原始瓷过渡的产物。实物陶片主要发现于浙江江山市南区古遗址和墓葬，其延续年代从商前时期一直到西周。这一阶段也是釉的孕育阶段。古代制陶者为了克服陶器表面粗糙、吸水、易沾污的缺点，尝试过很多方法。有些彩陶常在红陶或黑陶上先涂一层白色涂层，然后在 1050～1200℃ 温度之间烧成。由于温度太低，所以不可能把这层涂层熔烧成釉，白色涂层显微结构中只有少量的玻璃相和大量云母、石英等亚微观颗粒，其组成和胎体相似，只是颗粒更细。因而可以说这层白色涂层应是一种颗粒比胎更细的黏土所制成。其釉和胎的化学成分极为相似。由于助熔剂含量低和 Fe_2O_3 含量高，烧成后便成黑色、粗糙、无光、吸水，且胎釉之间无反应层，极易剥落的涂层，显然与原始瓷釉还有区别，因而把它叫做泥釉。这种陶器则叫做泥釉黑陶。以示与黑陶、黑釉陶相区别。

泥釉的厚度一般为 0.2 毫米左右，其中布满大量磁铁矿晶体以及少量残留石英和相当多的气泡。特别是在这层涂层的表面布满一层磁铁矿小晶体，这可能就是它显得粗糙、无光、吸水的主要原因。泥釉黑陶最显著的特点是：一是胎呈灰白色、黄白色，胎料细腻。推测，制备胎的原料不是一般黏土，而是经过精选淘洗的接近于高岭土的泥料作胎。二是胎质坚硬、烧结。烧成温度经上海硅所测试为 1050～1200℃ 之间。三是器物表面黑色泥釉与胎体结合良好，且光洁，有亮光，可洗涤，吸水率很低几乎能达到不吸水，有类似瓷釉的效果[1]。

但是，泥釉黑陶的出现和成分及工艺上的逐步提高，促进了原始瓷的出现。上海硅酸盐研究所李家治等把浙江江山商前时期的泥釉黑陶标本，重新加热到 1250℃ 时，这层泥釉熔成光滑、黑褐色的釉，这时陶胎的吸水率也变小，同时

[1] 中国科学院上海硅酸盐所编. 中国古陶瓷研究. 北京：科学出版社，1987：56-63.

发生较大的收缩[1]。推断认为泥釉黑陶和原始瓷是一个承前启后的连续发展过程，原始瓷的釉是从泥釉黑陶的涂层发展而来的，因此，泥釉黑陶是原始青瓷的直接祖先。原始青釉是由泥釉发展而来的，泥釉黑陶可以认为是原始黑釉瓷[2]。

（2）印纹硬陶

和白陶器一样，印纹硬陶也是在烧制一般灰陶器的长期实践中，发现了含铁量较高的黏土为原料而烧制出来的。也有学者[3]认为印纹陶的产生可能是一种巧合。南方百越先民多住木构建干栏式房屋，家里盛粮、盛食、打水的器物，均是竹、绳编织的筐子，筐里抹上一层泥，用于防虫或储存，偶尔一场大火，木构建完全烧毁，火灭后，竹绳编织的筐子烧了，里面抹的泥，就成了一件件外带编织纹的陶罐，于是印纹陶（亦可称"印纹软陶"）就这样发明了。

根据我国已经发现的印纹硬陶的材料看，长江以南地区和东南沿海地区，印纹硬陶的出土数量比较多，而且延续的时期也较长；看来我国江南地区的印纹硬陶器，应是承袭当地用陶土烧制的一般印纹陶器（有称软陶）发展起来的[4]。新石器时代晚期，距今约4000年左右的广富林文化中（上海松江），已有少量烧成温度达到甚至超过1100℃、质地坚硬、拍印各种几何形纹饰的陶器出现，其烧成温度和物理性能等方面都达到了硬陶的水平。到了马桥文化早期，印纹硬陶数量明显增多，商代以后逐渐得到了发展和兴盛。印纹硬陶与一般陶器的差别，不仅表现为坯料的不同，同时由于坯料的耐火度高于一般黏土，其烧成温度也大大高于一般陶器，坯胎几乎达到烧结或接近烧结的程度。先民们在做好的陶坯上，趁未干前用印模将所需花纹在所定部位捺印上去后进行烧制[5]。而在黄河中下游地区，虽然也发现有印纹硬陶器，但数量还相当少，而且出现的时间比白陶器晚得多。

印纹硬陶的胎质比一般泥质或夹砂陶器细腻、坚硬，烧成温度也比一般陶器

［1］ 李家治. 浙江青瓷釉的形成和发展. 硅酸盐学报，1983，11（1）：1-18.

［2］ 毛兆廷. 瓷器起源新说. 东南文化，1991（z1）：193-195.

［3］ 刘芳. 浙江台州地区印纹硬陶与原始瓷. 东方收藏，2019（15）：54-57.

［4］ 中国硅酸盐学会编. 中国陶瓷史. 北京：文物出版社，1997.

［5］ 刘毅. 商周印纹硬陶与原始瓷器研究. 华夏考古，2003（3）：49-59，69.

高，而且在器表又拍印以几何形图案为主的纹饰。由于印纹硬陶所用的原料含铁量较高，所以印纹硬陶器的表里和胎质颜色多呈紫褐色、红褐色、灰褐色和黄褐色，如图所示为浙江台州地区出土的印纹硬陶。其中以紫褐色印纹硬陶的烧成温度最高，有的已达到烧结程度。少数印纹硬陶的器表还显有在窑内高温熔化而成的光泽，好像施有一层薄釉似的。击之可以发出和原始瓷器类同的金石声。灰褐色印纹硬陶的烧成温度较低，红色和黄褐色印纹硬陶的烧成温度又稍低些。

浙江台州地区出土的商菱形纹硬陶[1]

印纹硬陶的胎质原料，根据其化学组成分析，基本上和同期的原始瓷器相同，只是印纹硬陶的含 Fe_2O_3 量较原始瓷器多些。从考古发掘的材料看，商、周时期的印纹硬陶，往往又是和同时期的原始瓷器共同出土，而且两者器物表面的纹饰又多是类同或完全一样。特别是在浙江绍兴、萧山的春秋战国时期窑址中，还发现印纹硬陶和原始瓷器是在一个窑中烧制的事实，印纹硬陶器基本上是采用泥条盘筑的方法成型。而器鼻、器耳等附件，则是手捏成后再粘结在器体上的。关于印纹硬陶器表面的纹饰，是在盘筑成器后，一手拿蘑菇等形状的"抵手"抵住内壁，以防拍打时器壁受力变形，一手用刻印有花纹的拍子在外壁拍打，使上、下泥条紧密粘结，不致分离。因此，内壁往往留着一个个凹窝，外壁出现各种花纹。

（3）低温釉陶

釉陶就是在普通陶器上，施一层含铅量很高的釉，由于铅的助熔剂的作用，使得这种釉可以在相对较低的温度条件下烧成，因此也叫低温釉陶[2]。在铅釉中加入一定数量的铁、铜、钴、锰等呈色金属物质，烧成后釉面会呈现出美丽的颜色。中国古代釉陶是我们既很熟悉又存在大量未知面的一个古陶瓷品种。釉陶起

［1］ 刘芳. 浙江台州地区印纹硬陶与原始瓷. 东方收藏，2019（15）：54-57.

［2］ 刘成. 汉代低温釉陶的颜色演变规律初探. 西部考古，2006（00）：356-369.

东汉绿釉陶望楼（河南博物院藏）

源早、普及广，其巅峰作品即为唐三彩。至今釉陶还以建筑琉璃等形式传承并沁入我们的生活[1]。

关于我国铅釉陶的起源，较为普遍的学术观点认为铅釉陶在我国最早出现于西汉武帝后期，即公元前 2 世纪左右，且其刚一出现就呈现了繁荣的情况[2]。

多数学者认为汉代的铅釉陶是中国人自己发明的，商代开始到西周时期的早期青瓷是以氧化钙为助熔剂，而以氧化铁为呈色剂，加之战国时已经掌握了把铅变为碱性碳酸铅的技术用于制造妇女化妆用的白粉，因此认为汉代低温铅釉陶器是中国人独立发明的。

综观釉陶在世界范围内的产生历史，在陶器上施加低温釉并非最早出现在中国。叶喆民《中国古陶瓷科学浅说》一书认为："这种碱金属硅酸釉埃及早已发明，但长时期没有传到埃及国外。自从混入含铅物质变成容易熔化的釉后，再逐渐扩散到美索不达米亚、波斯和西亚一带"，并认为我国的铅釉是经西域传来的。日本三上次男认为："后汉时期，出现了和前期毫无关系的以铜和铁作为呈色料的铅绿釉、褐色釉陶器，这是与前面叙述过的产生于罗马领地东地中海沿岸的绿色、褐色罗马系陶器一样，当考虑到在中国制造出这一类的陶器时，那时以印度洋作为中继站的西方罗马领地和东方中国之间已经有了通商关系，中国绿褐釉的技术可能是由罗马领地传入的结果。"

埃及在公元前 3000 年就生产出碱釉釉陶，公元前 2000 年埃及新王朝时期烧造出着色元素为的锰紫色描绘花纹青釉下陶器，公元 2 世纪地中海沿岸开始流行在陶器上以铅为助熔剂的铅釉陶器，以铜绿、铅褐、锰紫色釉陶器深受罗马人喜爱。与海外不少学者认为中国的汉代铅釉由西亚传来不同，国内学者以往多倾向

［1］ 杜文. 中国古代釉陶发展脉络及馆藏举要. 收藏，2011（9）：78-87.

［2］ 郎剑锋，崔剑锋. 临淄战国齐墓出土釉陶罍的风格与产地——兼论我国铅釉陶的起源问题. 华夏考古，2017（2）：95-101.

釉陶工艺是我国在汉代自身产生的。"中国的铅釉是我们自己独立地创造出来的。正如陶器的发明一样，陶器不是由某一个地方首先发明而后再传往世界各地的，它是各地人民在长期的生活实践中各自独立地创造出来的。凡是有人类居住的地方，具备原料和燃料这些必要的条件，差不多都会制造陶器。铅釉的发明很可能也是这个样子。"其实在丝绸之路开通后，来自西亚和西域的文化对汉代也曾产生了一定影响，西汉时期突然出现的釉陶技艺与西亚釉陶工艺应该有某种程度上的关联。

唐代三彩袒胸胡俑（陕西历史博物馆藏）

如果把釉陶艺术比作一首乐曲，唐三彩无疑是釉陶历史上最绚丽的音符。丰富多彩的唐三彩是在汉代以来传统釉陶的基础上，在大唐王朝空前强大、中外交流频繁的历史背景下诞生的，其造型、釉彩吸取了大量外域元素营养，呈现出一派浓郁的胡风胡韵，使这种斑驳陆离的多彩釉陶艺术发展到极致。唐三彩不仅影响到中国陶瓷的发展，也把多色釉陶的艺术之风吹向了海外。随着大唐文化的强劲辐射，陆上、海上丝绸之路及东西洋航路所及之处，很多地方发现有唐代陶瓷碎片，因此日本陶瓷学者三上次男曾把中国外运瓷器的海上航路称为"陶瓷之路"。

至宋金时期，三彩釉陶继续烧造，部分宋代釉陶胎体为高岭土，也有不少为红陶胎，多加施有一层白色化妆土。辽国在宋朝的影响下，也学习烧造辽三彩和单色釉陶，并以皮囊壶和器皿为代表。元代的釉陶烧造，以实用性的建筑琉璃和作为供器的香炉较为常见。另外元大都也设立有琉璃窑场。明清两代是釉陶艺术传承创新时期，明代所烧造的法华器比较精美，是一种低温色釉装饰的陶器。其助熔剂除氧化铅外，还有牙硝，主要成分为硫酸钠。

「14」 兵马俑是如何制造的?

兵马俑是古代墓葬雕塑的一个类别,秦汉时期厚葬之风盛行,出现以俑殉葬,即用陶俑、木俑等来代替人殉。秦兵马俑就是以俑代人殉葬的典型,也是以俑代人殉葬的顶峰。由于采用大量的俑作为陪葬品,使俑的制作水平有了很大提高[1]。兵马俑挖掘出土以后,考古学家与科技工作者对这些泥人泥马做了全面的剖析和分析研究,使2000多年前陶俑的制作过程逐渐浮出水面。

兵马俑大部分是采用模塑结合,以塑为主,陶冶烧制的方法制成,具体制作分五个步骤进行:第一步先用陶模泥塑成俑的大型(粗胎或初胎);第二步是在俑大型的基础上,再覆盖一层细泥,并以堆、贴、捏、塑、刻、划、刮、削、琢、抹等多种方法进行细部加工塑造[2];第三步是将单独制作的头、手和躯干组装套合在一起,完成陶俑的大型;第四步是烧成,即将制成的陶俑大型阴干后放进窑内焙烧,焙烧温度约为1000℃;最后一步是进行彩绘,最终完成陶俑的制作。每一道工序中,都有不同的分工,都有一套严格的工作系统。陶俑多在埋葬坑附近就地烧造,所用的泥土是当地的黄土加石英砂调和而成。

成型,兵马俑在做初胎的时候,并不是一次成型为完整个体,而是头、手、躯干分别制作完成后,再组装套合而成。例如,武士俑俑头的制作多用合模法制成,将俑头分为大致相等的前后两半,分别用单片模制作,然后将两片单模相合粘接成完整的俑头大型。俑头制成初胎后,再堆泥贴接耳朵、发髻、发辫、冠帻,并进行面部五官部位的细部刻画处理。俑头的细部雕饰,重点是面部的五官、胡须及发纹,面部的五官是在模制的基础上通过对细节的雕刻、修饰,刻画出人物不同的性格和心理特征。如陶俑的眉骨、眉毛有的雕成山岳形,有的雕成弯月形、柳叶形,再在眉骨上用阴线刻画出细细的眉毛。陶俑眼部和口部刻画也于细微处颇具匠心。怒目者眼球雕塑得暴出;举目仰视者,上眼皮与眉骨交接处

[1] 秦代兵马俑. 文史知识, 1993(2): 1-2, 39.
[2] 红梅. 浅谈秦兵马俑制作中的模与塑. 光明日报, 2005-11-09(009).

凹陷；性情恬静者，口缝与嘴刻画成直线；表情严肃者，口角折纹下垂。每个陶俑的表情不同，其面部的肌肉也相应地有所变化。陶俑的胡须有的是刻画出来的，有的是贴接上去的。陶俑的双耳大多采用单模单独制作成型后，贴接于头的两侧。俑的发髻，有的采用在后脑堆泥雕刻成型；有的是单独模制后贴于头顶。发辫是在头上相应的部位刻削成凹槽，将预制的发辫嵌镶在凹槽内[1]。

秦兵马俑跪俑（秦始皇帝陵博物院藏）　　秦兵马俑彩绘俑（秦始皇帝陵博物院藏）

　　陶俑的躯干为纯手塑制作。是先用泥做成粗胎后，再进行服饰衣纹、铠甲、腰带、带钩等细部的刻划。陶俑躯干的粗胎是由下而上逐段叠塑而成的，其工艺过程大致可分为六个步骤：第一步先制作陶俑站立的足踏板；第二步塑造俑的双脚；第三步接塑双腿及短裤；第四步塑造陶俑的躯干；第五步阴干陶俑躯干的大型后，粘接俑的双臂；第六步插接俑的双手。上述六个步骤完成俑的大型后，再进一步细致雕饰。陶俑衣服的纹样是在俑躯干的粗胎上覆一层细泥后进行雕饰的；铠甲、腰带、带钩等则是在俑的粗胎上直接雕刻的。陶俑的躯干及四肢经过精心而细致的雕刻后，再把单独制作的俑头安装上，就完成了陶俑的整个造型。这些工序完成后，还要放在阴凉处阴干，然后入窑焙烧。

　　烧制，从选土到掌握火候都有着严格的要求。秦俑坑出土的陶俑、陶马胎

[1]　陕西省考古研究所，始皇陵秦俑坑考古发掘队. 秦始皇陵兵马俑坑一号坑发掘报告（1974-1984）.
　　北京：文物出版社，1988.

壁，一般厚 2～4 厘米，最厚的地方达 10～20 厘米。烧制的时候很容易形成陶俑薄的地方已烧结，而下部的衣摆、腿和脚等厚的部位烧不透，产生夹生现象。为了解决这个矛盾，工匠们将俑腿制成空心（身体也是中空的），在衣下摆部位的内胎上堆起一道道的泥棱，在泥棱上覆盖大块泥片作衣的外表，将下摆制成空的内外两层。这些措施有利于陶俑、陶马各部位受火均匀，烧结的程度大体相近[1]。

彩绘，兵马俑坑出土的陶俑原来都是彩色的，出土时彩色大部分已经脱落。通过对已出土的陶俑身上服饰彩绘颜色的初步统计和分析得知，秦俑的服色种类很多，上衣的颜色有粉绿、朱红、枣红、粉红、粉紫、天蓝、白色、赭石色等，领、袖、襟边等处还镶着彩色边缘。裤子的颜色一般为粉绿色，还有红色、天蓝、粉紫、白色等。总之，秦俑的服色色彩艳丽，但没有统一颜色。在众多的颜色中，粉绿、朱红、粉紫、天蓝四种颜色使用的最多，因此这四种颜色应该是秦俑服饰的主要色彩。化验表明这些颜色均为矿物质。红色由辰砂、铅丹、赭石制成。绿色为孔雀石，蓝色为蓝铜矿，紫色为铅丹与蓝铜矿合成，褐色为褐铁矿，

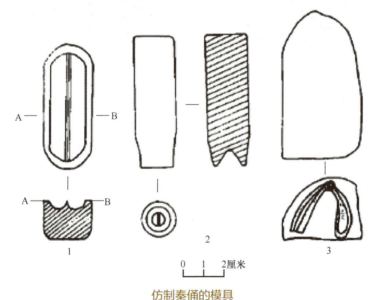

0   1   2厘米

仿制秦俑的模具

1. 甲带模　2. 甲钉模　3. 胸部花结模

---

[1] 李娜，耿国华，龚星宇，王小凤. 采用纹理图像对兵马俑褪色的复原方法. 西安电子科技大学学报，2015，42（4）：127-128，170.

白色为铅白和高岭土,黑色为无定形碳。这些矿物质都是中国传统绘画的主要颜料。秦俑运用了如此丰富的矿物颜料,表明2000多年前中国劳动人民已能大量生产和广泛使用这些颜料。这不仅在彩绘艺术史上,而且在世界科技史上都有着重要意义。

秦俑彩绘技术也有许多独到之处。一般在彩绘之前对陶俑表面先进行处理。由于陶俑是没有釉的素陶,具有较多的毛细孔,表面不能滑润。而彩绘则要求毛细孔不易太多,也不能太少,表面不易太滑,也不能太涩。为了达到这一要求,陶俑在烧造之前表面似用极细的泥均匀涂抹,并加以压光,减少了毛孔,又提高了光洁度,同时在陶俑烧造之后,进行了化学物理处理。从陶俑陶片断面观察,也证明了陶俑烧造之前表面曾用细泥涂抹,有的部位不只涂抹一次,陶俑表面还涂有一层薄薄的类似以胶质的物质,表面涂胶减少了陶俑两者紧密地粘接起来,使之彩绘不易脱落。彩绘技法则是根据不同部位采取不同的方法。一般陶俑的颜面、手、脚面部分先用一层赭石打底,再绘一层白色,再绘一层粉红色,尽量使色调与人体肤色接近。而袍、短裤、鞋等处的彩绘则是采取平涂一种颜色,只是在衣袖与袖口、甲片与连甲带之间运用不同的色调作对比,更显示出甲衣的质感。有些胡须、眼眉的处理,则是用黑色绘成一道道细细的毛发。

彩绘工序复杂,手法多样,着色讲究,充分显示了彩绘的层次和质感,使雕塑与彩绘达到相得益彰的艺术效果。其中有些彩绘技法为汉代所继承。陶俑、陶马彩绘严格模拟实物,但在色调的掌握上以暖色为主,很少使用冷色。红、蓝、绿等色调的使用,巧妙地表现出秦军威武的艺术感染力。

秦兵马俑坑出土的陶俑,形体高大,栩栩如生,丰富而生动地塑造了多种具有一定性格的人物形象。其风格浑厚、洗练,富于感人的艺术魅力,是中国古代塑造艺术臻于成熟的标志。秦俑既继承了战国以来中国的陶塑传统,又为唐代塑造艺术的繁荣奠定了基础,起着承上启下的作用。它的烧制成功,足以证明早在两千多年前的秦代,制陶工艺已达到了很高的水平。

「15」 秦砖汉瓦的制作技术特点是什么？

所谓的"秦砖汉瓦"并不是指秦朝的砖，汉代的瓦，而是后人对我国古代尤其秦汉时期先进建筑制陶技术的通称，以此说明那一时期建筑装饰的博大精深。

中国建筑陶器的烧造和使用，是在商代早期开始的，最早的建筑陶器是陶水管。到西周初期又创新出了板瓦、筒瓦等建筑陶器。秦代秦始皇统一了中国，结束了诸侯混战的局面，各地区、各民族得到了广泛交流，中华民族的经济、文化迅速发展。到了汉代，社会生产力又有了长足的发展，手工业的进步突飞猛进[1]。所以秦汉时期制陶业的生产规模、烧造技术、数量和质量，都超过了以往任何时代。这一时期砖瓦的制造工艺和烧制技术达到了世界一流水平。其烧造的青砖和古瓦，千年不朽，尤以画像砖和各种纹饰的瓦当最富特色。后世为纪念和说明秦汉盛世宫殿建筑的辉煌和制陶工艺的鼎盛，而将秦汉时期的砖瓦统称为"秦砖汉瓦"[2]。

我国出土的秦汉时期的大型墓砖胎质细密，表面光滑平整。砖的表面及内部均为灰黑色，烧结程度较好，叩击时声音清脆。这种大砖无论外观或内在质量都具有很高的水平，成为展现这一时期陶质建筑材料工艺及艺术水平的代表而为世界所称道。那么，什么样的制陶工艺造就了如此辉煌的砖瓦建材，我们从原料、成型与装饰、烧成三个方面总结一下秦砖汉瓦的制作技术特点[3]。

（1）原料

根据出土的秦砖汉瓦的化学组成和显微结构，有人发现秦和西汉砖瓦胎中含有方解石颗粒和螺壳残骸，从而认为所用原料为水运沉积黏土，似与现代砖瓦厂

[1] 鹿习健. 浅析"秦砖汉瓦". 砖瓦，2015（12）：68-69.

[2] 田谷. 秦砖汉瓦的文化艺术价值. 中国书法，2014（1）：92-97.

[3] 李家治. "秦砖汉瓦"的历史作用. 建筑材料学报，1998，1（1）：28-31.

用河泥、湖泥作原料相似。西方学者也曾对来自我国北方的三块汉代墓砖以及留存在砖内的黄土的化学组成进行过研究，他们认为这些墓砖所用的原料就是含有较多黏土细颗粒的黄土。我国地域广大，再加上砖瓦所用原料要求不高以及必须是就地取土，因而各地所用原料自会各不相同。但有一点应是无疑的，即它们都是含砂较少的易熔黏土。

正如宋应星在其所著的《天工开物》中所说的："凡埏泥造瓦，掘地二尺余，择取无沙黏土而为之。百里之内，必产合用土色，供人居室之用。"秦砖汉瓦所用的原料基本上与北方陶器所用的原料相似。它们都是含有较多伊利石质黏土的细颗粒黏土。这种黏土所具有的较好的成型性能、较小的干燥收缩和较高的烧成温度特别有利于大型、厚壁砖瓦的烧制。

（2）成型与装饰

《天工开物》对砖、瓦的成型均有所描述，并附有插图。该书所记载的虽是明代民间的砖瓦成型工艺，但亦可为我们推测秦汉时砖瓦的成型工艺提供参考。《天工开物》说瓦是采用圆桶形内模，由事先切割成的薄泥片围压成型。砖是用木框作外模，将经过数头牛践踏后的稠泥填满木模，再用铁线弓削平后脱模。这两种成型方法目前在个别农村的小土窑烧制砖瓦时还可看到它们的影响。从秦汉时遗留下来的砖瓦实样可看出瓦的成型可能是在陶轮上先成型成圆桶，然后再切割成二、三或四等分。这种成型方法可能是从陶器成型方法借用过来的，但已比早期用泥条盘逐成圆桶，然后再切割成型要进步得多。至于大砖则可能是采用塑性拍打成型方法制作的。一般可能是先制成所需形状及大小的泥片，然后再在相应大小的木制外模内或内模外将泥片用稀泥土浆粘合拼接而成。

大多数出土的砖瓦表面都进行过装饰，一般都用粗、细绳纹装饰，有时亦用几何形纹。像秦都咸阳宫殿遗址中出土的铺地青砖都有诸如太阳纹、方格纹等，有的则模印几何形纹，有的则刻划成龙纹、凤纹。至于瓦当的装饰则更富于变化。其上的文字和图像往往带有避邪避灾和吉祥祝福的内涵。例如印有神态生动的朱雀、青龙、白虎等图像以及奇妙古拙的"永寿无疆"和"长乐未央"等文字，使这种在宫廷建筑上被使用而具有我国特色的瓦当发展达到了鼎盛时期，而成为中华民族优秀文化的一个组成部分。

（3）烧成

秦汉时砖瓦的烧成温度一般也就在1000℃左右。这是由它所用的易熔黏土作原料所决定的。值得注意的是日用陶器一直是红陶、灰陶和黑陶并存，但自砖瓦问世之日起，它一般都是灰黑色而不见红色。即使时至今日，民间土窑生产的砖瓦也都是灰黑色，即是所谓青砖、青瓦。这就说明古代砖瓦都是在还原气氛中烧成的。今天我们很容易理解，由于易熔黏土中都含有5%左右的Fe_2O_3，在还原气氛下，低价铁与黏土中其他组分起作用，形成低熔点玻璃而促进烧结。也就是说在相同温度下，使用还原气氛烧成较在氧化气氛下烧成能生成更多的液相，从而提高烧结程度，提高强度和耐磨性能。但在距今约3000年左右的西周早期，甚至秦汉时期，人们是不会知道这一科学道理的。可是人们从实际经验已经觉察到青砖就是比红砖经久耐用，因而总是在烧成过程中使用能烧制出青砖的烧成方法。也就是说他们经常使用还原气氛烧制砖瓦。至于这种还原气氛是如何获得的，《天工开物》在"砖"的一节中提到"凡转锈之法，窑颠作一平田样，四周稍弦起，灌水其上"。并附插图加以说明。现今农村土窑烧青砖还是采用这一方法，被称之为"饮水"。这一方法在我国始自何时现已无从查考。但我国在砖瓦问世之初即采用还原气氛烧成则不能不说是一种独特的创造。由此而给中国砖瓦带来淡雅清纯的外观和经久耐用的质量，使它在我国古代的砖瓦木石结构建筑上

十六字砖和云纹瓦当（秦砖汉瓦博物馆藏）

发挥了不可磨灭的作用。

砖瓦在我国已有 3000 年左右的历史。为什么在近代以前的历史长河中，砖瓦的作用能一直长盛不衰？这在所有的古代材料中是少见的。尽管在历史上有石器时代、铜器时代和铁器时代，但它们在历史上所发挥的作用及与人类生活的关系都不能与砖瓦相比。究其原因可能有如下三个要素：

① 原料丰富易得。水和土是大自然的赐予。凡是人类居住的地方就有水和土，真可谓俯拾即是。燃料可来自草和木，亦属到处皆有。

② 工艺简单。烧制砖瓦不需要特别技术。凡是有需要的地方都可建土窑烧制，不需要特别高温。

③ 价廉物美。由于原料和工艺关系，售价不高。在一定的烧结情况下经久耐用，美观大方，施工方便。

原始瓷，即瓷器的雏形。瓷器的产生与发展和其他器物一样，有着由低级到高级、由原始到成熟的发展过程。根据我国目前已经发掘的材料获知，大约在公元前16世纪的商代中期，我国古代劳动人民在烧制白陶器、泥釉陶和印纹硬陶器的实践中，在不断地改进原料选择与处理，以及提高烧成温度和器表施釉的基础上，就创造出了原始的瓷器。

一般来说，瓷器应该具备的几个条件是：第一是原料的选择和加工，主要表现在 Al_2O_3 的提高和 Fe_2O_3 的降低，使胎质呈白色；第二是经过 1200℃ 以上的高温烧成，使胎质烧结致密、不吸水、击之发出清脆的金石声；第三是在器表施有高温下烧成的釉，胎釉结合牢固，厚薄均匀。三者之中，原料是瓷器形成的最基本的条件，是瓷器形成的内因，烧成温度和施釉则是属于瓷器形成的外因，但也是不可缺少的重要条件。因而确定为瓷器的三个条件必须紧密地结合起来[1]。从我国各地出土的商、周青瓷器来看，已基本上具备了瓷器形成的条件，应属于瓷器的范畴。它是由陶器向瓷器过渡阶段的产物，还处于瓷器的低级阶段，所以称为原始瓷器。原始瓷器和白陶器与印纹硬陶器相比，前者烧成温度较高和器表有釉，后者多数温度较低而器表无釉，二者是有着明显区别的，如下图所示。而原始瓷器和以灰陶为主的其他各种泥质陶器与夹砂陶器相比，则有着本质的区别。即陶器是用易熔黏土（陶土）烧制成的，这种黏土含有大量的熔剂，特别是 Fe_2O_3 的含量一般为 6% 左右高者竟达 10%。而原始瓷器则是选用含有较少熔剂的黏土（也称高岭土或瓷土）制成的，特别是 Fe_2O_3 的含量一般都在 2% 左右。这就使得陶器的烧成温度一般在 900℃ 左右，高者也不过 1000℃ 左右，如果超过就会变形或成熔融状态。而原始瓷器所用的原料则可烧到更高温度，一般要 1200℃ 以上。原始瓷器中 Fe_2O_3 的含量则少于陶器。由于 Fe_2O_3 的含量的降低，可以提高原始瓷器的烧成温度，以生成莫来石和较高的玻璃态，从而增强胎质的

---

[1] 中国硅酸盐学会. 中国陶瓷史. 北京：文物出版社，1997：74-80.

透明度和提高白度。而瓷器的 Fe_2O_3 含量又比原始瓷器降低。再加上 Al_2O_3 的增加遂使瓷器必须有更高的温度烧成从而使瓷器含有更多的莫来石和玻璃态，使它具有致密、不吸水、白色、高透明度和定的机械强度，而达到瓷器必须备的性能。釉的发明与使用，是原始瓷器出现的必备条件。如第 13 小节所述，在商代之前就已经出现了泥釉陶，根据器物组合情况，器形及装饰的演变及化

西周原始瓷青釉划花双系罐（故宫博物院藏）

学成分、显微结构、烧成温度和吸水率的变化，可以认为泥釉黑陶和原始瓷是一个承前启后的连续发展过程，原始瓷的釉是从泥釉黑陶的涂层发展而来的[1]。

　　总之，古代劳动人民经过长期实践，在制陶工艺不断改进积累的基础上，远在三千五百多年前的商代中期，就创造出原始瓷器了。它与东汉以后的成熟瓷相比，烧成温度偏低，为 1200℃ 左右，虽然部分达到成熟瓷的 1280℃，但是数量极少；胎体中 Fe_2O_3 含量相对高，约 2% 左右，胎体没有完全烧结，吸水率和显气孔率都比较高；釉层薄而且容易剥落，釉色深浅不一，常见流釉；制作工艺比较原始，器形的成型采用泥条盘筑法，器形不甚规整，器壁薄厚不一，比较粗糙。

[1]　冯先铭. 中国陶瓷. 上海：上海古籍出版社，2001：219-230.

「17」 什么是釉？釉是如何发明的？

"釉"是指覆盖在坯体表面的一层薄薄的玻璃态物质，其厚度通常为0.2～0.8毫米。[1] 釉层可改善陶瓷坯体的表面性能，如降低表面气孔率，使表面变的光滑并增大制品的机械强度和提高表面抗化学腐蚀能力，同时美化了产品的外观。釉通常要求能适应不同类型的坯体，并且能在不同温度下成熟，且能展示出各种不同的特殊性能。釉的组成类同于硅酸盐玻璃。这种特殊的玻璃结构可认为是由微粒组成的，呈非几何状排列的，近程有序、远程无序的结构。这层玻璃物质当被冷却成为固体后，还保留着液体的性质，不过它不是独立存在的，而是依附在陶瓷坯体表面上的，在烧成过程中它不会像玻璃那样自由流动。

关于釉的起源历来有不同的说法：

观点一认为商周高温釉的主要原料是草木灰或草木灰配以适量黏土。草木灰是商周高温釉中所需助熔剂的主要来源，而易熔黏土、窑汗、石灰石以及贝壳灰等，虽在后世的制瓷业中有着广泛的应用，但在商周时期，它们被用作主要助熔剂来源的可能性是极为微小的。其根据是：①商周时高温釉的化学组成特点是 CaO、P_2O_5、MnO_2 含量都很高，化学组成上和草木灰在有许多相似之处，与易熔黏土、窑汗、贝壳灰等则相差较大。②草木灰是古代陶工最熟悉也是最易得的材料。③商周时期的高温釉，不论何时何地烧制，都属金属 CaO 釉。合乎逻辑的解释只有一种，即古代都用柴草作为烧窑的燃料，各地陶工在长期的实践过程中，对草木灰在高温下转化成玻璃态物质的现象都有着共同的经历和认识。④根据历史文献资料以及各地传统工艺的调查结果，认为草木灰是中国古代陶工普遍使用的沿用历史最久的一种主要制釉原料。⑤根据在实验室中用某些草木灰制成的釉与某一古代原始瓷釉在外观上相似。⑥草木灰使用最为方便，不需要碎和研磨。这一意见的主要论点即是釉起源于当时制陶者受到用树木柴草作为燃料，然后在制品上留有一层玻璃态物质的启发，而用草木灰作为釉的主要原料而

[1] 李家驹. 陶瓷工艺学. 北京：中国轻工业出版社，2001：151-165.

烧制成草木灰釉。

观点二根据化学组成、显微结构和外观大致把中国瓷釉的形成和发展分成四个阶段[1-2]：

① 商前时期，釉的孕育阶段：这一时期，自公元前 16 世纪上溯到新石器时代。包括彩陶上的陶衣和泥釉黑陶。陶衣中助熔剂的含量一般都在 10% 以下，而陶器的烧成温度多数都在 1000℃ 以下，当然不可能把陶衣熔烧成釉，它们只含有少量的玻璃相和大量的固体颗粒。黑色泥釉中助熔剂的含量虽有所增加，但也就在 15% 左右。它是一种含有甚多气泡、残留石英和磁铁矿晶体的无光、吸水、粗糙和不透明的一薄层，因此，可以认为商前时期的陶衣和黑色泥釉，由于在组成上缺少助熔剂，以及在工艺上没有达到应有的高温，使它们虽然具有釉的形式，但没有达到釉的效果。这就是釉的孕育阶段。

② 商、周时期，釉的形成阶段：自公元前 1600 年的商代到公元前 221 年的周代是从陶到瓷的过渡时期。这一时期的釉层比较薄，一般有小裂纹，透明略有小气泡，胎釉结合不好，多数易剥落，带有一定的原始性，如下图所示。釉中助溶剂的含量已增加到 20% 左右，特别是含钙助熔剂（CaO）有较大的增加。正是由于助溶剂含量的增加和这一时期烧成温度的提高才使釉的形成成为可能。但是应该说商周时期的釉的主要差别就在含钙助熔剂（CaO）含量的提高。可以设想，商周时期，人们在长期实践的基础上逐渐认识到釉的配方中可以使用石灰石（CaO）以降低釉的熔融温度，使它在当所能达到的温度（1200℃ 左右）下烧成光亮、透明和不吸水的釉。因此，这个阶段助溶剂的增加和烧成温度的提高为釉的形成提供了两个重要条件[3]。

③ 汉、晋、隋、唐、五代时

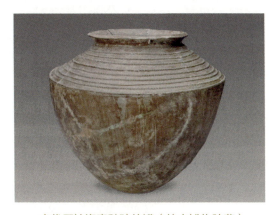

商代原始瓷青釉弦纹罐（故宫博物院藏）

[1]　李家治. 中国科学技术史（陶瓷卷）. 北京：科学出版社，1998：11-13.

[2]　中国科学院上海硅酸盐所编. 中国古陶瓷研究. 北京：科学出版社，1987：41-46.

[3]　李家治. 瓷器——我国伟大的发明创造. 化学通报，1977（6）：42-44.

隋代白釉高足杯（故宫博物院藏）

期，釉的成熟阶段：这一时期自公元前206年到公元960年，汉代是我国南方青釉瓷出现时期，隋唐是我国北方白釉出现时期，南方青釉瓷的釉是以 Fe_2O_3 为着色剂而呈现略带灰或黄色调的青色，一般都较薄，釉中很少残留石英和其他结晶，釉中气泡大而少，一般较透明。釉中 CaO 的含量一般已增加到 20% 左右，烧成温度已提高到 1200℃ 以上，甚至可达到 1300℃，形成了我国传统的钙釉。北方白釉瓷釉中含 Fe_2O_3 极低，一般无色透明，但习惯上称之为白釉，如图所示为隋代白瓷。釉层亦较薄，属透明玻璃釉。但因胎釉交界处往往出现含有多量钙长石晶体的中间层而使和具有一定的乳浊感。有些釉中 CaO 含量也和南方青釉瓷差不多，应属钙釉。但也有少数釉中 CaO 含量相对较低，而 K_2O 和 MgO 却相对较高，从而形成钙（镁）碱釉或碱钙（镁）釉。至此我国瓷釉无论在外观上或内在的质量上都已摆脱原始瓷釉那种原始性而日臻成熟，并为下一阶段的发展创造了良好的条件[1]。

上述的都是以碱金属和碱土金属为助熔剂 $CaO/MgO-K_2O/Na_2O-Al_2O_3-SiO_2$ 系的高温釉。自汉代开始在我国又出现了以 PbO 为主要熔剂的 $PbO-Al_2O_3-SiO_2$ 系的低温釉，一般称之为为铅釉。其中最有特色的即是唐代以 CuO、Fe_2O_3 和 CoO 着色的绿、黄、蓝色的低温铅釉，即是享誉中外的唐三彩。低温釉在科技内容上和使用的广泛性上都不能与高温釉相比，但它毕竟是我国瓷釉的一个品种。即使时至今日，在我国建筑陶瓷上也还有它的一席之地，如金碧辉煌的琉璃瓦皇家宫苑。

④ 宋代至清代，釉的发展阶段：这个时期可从公元960年的宋代一直延续到清代。它正处于我国陶瓷在科技和艺术上取得辉煌成就而达到历史高峰的里程碑的时代。宋代五大名窑中的官、哥、钧、汝四个以及龙泉窑、建窑和景德镇窑都是以其丰富多彩的颜色釉瓷而著称于世。这一阶段除前述所提到的以

---

[1] 李家治. 我国古代陶器和瓷器工艺发展过程的研究. 考古，1978（3）：179-188.

Fe$_2$O$_3$着色的青釉还在继续发展和提高外，还出现了以氧化铜着色的红釉。特别值得指出的是这些名瓷釉已不是前面所说的都是透明的玻璃釉，而是在烧制过程中经过复杂的物理化学变化而形成析晶釉、分相釉或二者兼而有之的分析晶釉。虽然它们还都属于 CaO（MgO）-K$_2$O（Na$_2$O）-Al$_2$O$_3$-SiO$_2$ 系釉，但在化学组成、烧成气氛和温度微妙的变化下可形成令人赏心悦目的质感和叹为观止的色调，如下图所示[1]。

宋代汝窑盘、钧窑玫瑰紫釉花盆（故宫博物院藏）

从 3000 多年前的商代到清代，我国瓷釉历经形成、成熟、发展到高峰的历史阶段，它的科学技术内容十分丰富，艺术表现非常多彩，共同形成了我国瓷釉百花争艳、流传千古而独步天下的局面。

[1] 刘秉诚. 我国陶瓷的起源及其发展. 陶瓷科学与艺术，1980（1）：42.

「18」 什么是瓷器?

我国传统"瓷器"这个概念主要是以釉为主来确定和划分的。自从商周釉发明以来，发展到汉魏南方青瓷时，釉面"晶莹明彻，光润如玉"，釉层厚度由0.01毫米增长到0.1毫米左右，并进行通体敷釉，由于其观感上已与釉陶有很大的不同，发生了突变和飞跃。当时的人们意识到无法再以一个"陶"字继续模糊称呼下去了，遂创造了"瓷"字来称呼这些当时有所发展的釉陶，从而逐渐发明了瓷器。现存典籍中的"瓷"字开始出现于魏晋，但应明确，当时的瓷器着重釉面的"晶莹明彻，光润如玉"，而不注重瓷胎，这种"重釉轻胎倾向"一直贯穿到宋代以来的五大名窑（官、哥、定、钧、汝）。许多釉面呈现光润如玉的传世作品，其胎质则处于生烧或微生烧状态，尤以北方为甚，这是由于未注意到加入适量熔剂，使胎质烧结，达到瓷化所致。同时也可能是有意识地为了防止窑和产品变形[1]。

目前通用的工艺书籍一般按照坯体的物理性能可以把所有的陶瓷制品分为两大类：陶器和瓷器，所谓的"瓷器"，即是这么一类制品：坯体致密、细腻、玻璃化程度较高，基本上不吸水，吸水率一般不大于3%，有一定的半透明性，断面呈现石状或贝壳状，敲之声音清脆。详细的参数参考下表。

[1] 李家驹. 陶瓷工艺学. 北京：中国轻工业出版社，2001：165-167.

瓷器制品的详细分类[1]

种类	详细分类	制备原料	配料/份								烧成温度/℃	特征、性质		
			黏土或高岭土	石英	长石	CaCO₃	熟料	瓷石	骨灰	滑石		颜色	吸水率/%	相对密度
炻瓷	粗炻瓷器、细炻瓷器	日用细瓷器	5～55 3～70	40～42 30～60	3～5 5～25	—	—				1200～1300 1250～1300	乳黄、浅褐、灰、紫	0～3	1.3～2.4
普通瓷器和细瓷器	长石质、绢云母质、磷酸盐质、镁质、其他	高岭土、瓷石、可塑性高的难熔黏土、长石、石英、骨灰、滑石等	40～60 30～70 20～45 10～15	20～30 — 9～20 —	20～30 — 8～22 10～15	—	—	70～30	20～60	70～75	1250～1450 1250～1450 1200～1300 1300～1400	白色或浅色	0～1	2.4～2.6
特种瓷	高铝质、镁质、锆质、钛质、锂质、磁性瓷、金属陶瓷、其他	高铝矾土、氧化铝、滑石、氧化镁等、锆英石等、TiO₂等、含锂矿物等、各种氧化物、氮化物、硅化物等	—											＞2.6

---

[1] 李家驹. 陶瓷工艺学. 北京：中国轻工业出版社，2001：165-167.

「19」 制胎原料有哪些？

众所周知，原料是陶瓷生产的基础。从陶瓷发展的历史上看，人们最初使用的主要是天然的矿物原料或岩石原料，即普通的地表黏土矿物。矿物是地壳中的一种或多种化学元素在各种地质作用下形成的天然单质或化合物，是组成岩石和矿石的基本单位。岩石是一种或多种矿物在各种地质作用下形成的、具有一定结构和构造的集合体，普通地表黏土是唯一可以单独使用的坯料。其中的杂质会起到助熔作用，砂粒或其他杂质可起到添加剂的作用。在某种偶然情况下，大自然孕育了天然坯料，在古代中国某个地域中黏土和助熔剂及添加剂混合沉积。所以中国人挖掘了"瓷器坯料"，"China"因此而发明。几百年后在世界其他地区，比如英国炼金术士 Josiah Wedgwood（1730～1795 年）将瓷石、助熔剂和添加剂按照适当比例混合"发现"了瓷器坯料，西方才开始了瓷器的时代[1]。

作为坯料必含的三种物质是：①黏性物质—黏土或具有易成型、可塑性强的特殊黏土；②控制密度的物质——助熔剂，用于降低烧成温度；③用于减少黏土黏性及收缩率的添加剂。

凡在坯料中能成为独立组分或组成部分，且在烧成后又能决定瓷坯主要结构的性状与特征均属瓷坯用原料[2]。具有上述作用的原料又可根据它们的岩石矿物性状或在自然界中存在的状态分类如下：①黏土矿物原料：除了特种工业陶瓷以外，这类原料对许多陶瓷制品的生产都是不可缺少的主要原料。属于这类原料的有高岭土、膨润土、耐火黏土、木节土等，它们都是细分散的沉积岩类土质矿物原料；②岩石矿物原料：除使用化工原料的特种工业陶瓷以外，这类原料也是多种陶瓷坯料中的主要成分，它们能够直接影响产品的有关性能。长石、瓷石、叶蜡石、绿柱石及石英等岩浆岩或变质岩类石质矿物均属于此类；③化工原料：由于矿物原料因矿床的不同层、区的差异，使得它们的化学成分与矿物组成极不稳

---

［1］ 李家驹. 陶瓷工艺学. 北京：中国轻工业出版社，2001：165-167.

［2］ 杜海清，唐绍裘. 陶瓷原料与配方. 北京：轻工业出版社，1986：31-49.

定[1]。从而满足不了对陶瓷制品许多特殊性能的要求。为此，现在许多特种工业陶瓷生产中都采用化学加工后单一的，甚至是单晶的原料，此即化工原料属于这类原料的有各种具有一定纯度的金属氧化物、碳化物、硼化物、氧化物及盐类，以及许多高耐火的稀土金属及其他化合物。

最普通的助熔剂是长石，长石富含钠、钾或钙等碱性物质，附加矾土和硅组成黏土的基本化学成分。最好的助熔剂是钾长石。但钠长石的熔点更低、更利于成型，因此在瓷器坯料配方中经常采用，以求得到更好的透光性。长石也是釉料基本元素。还有一些不经常使用的助熔剂：骨灰，特别是那些没有长石矿的地域；天然火山灰或采自储木场的浮石；玻璃或碎玻璃；商业坯体熔块；草木灰、盐、含有碱性物质的不同岩石或任何有助于降低黏土烧成温度的物质[2]。

坯料添加剂中最常见的元素是硅，可以购买纯二氧化硅也可以用碎燧石、碎石英或采自海滩、沙漠、深山的沙粒充当添加剂。地表物质、素烧坯或陶瓷粉末也可以作为添加剂。

任何地方都可以用当地的黏土和开采或购买的助熔剂及添加剂混合配制坯料。

［1］ 苏珊·皮特森，简·皮特森著. 王霞译. 陶瓷工艺与艺术（第四版）. 武汉：武汉理工大学出版社，2009：118-126.
［2］ 张锐. 陶瓷工艺学. 北京：化学工业出版社，2007：1-17.

「20」 制釉原料有哪些？

凡能在釉中形成玻璃的独立组分，或者虽然具有较高的耐火度但在烧成过程中能与其他组分（如钙、镁、钡的碳酸盐及锡、锌、铅等氧化物或硼酸等）强烈反应并形成易熔化合物的组分，以及参与高温物理化学反应以后改变了原有性质或悬浮于玻璃相中的多种组分都属于釉用原料。根据获得方式不同分为两种：天然矿物原料（如石英、长石、高岭土、石灰石、方解石、滑石、锆英石等）和化工原料（如 ZnO、SnO_2、硼酸、硼砂等）。这些原料本质上都是给釉的组成提供一种或一种以上的氧化物，而这些氧化物决定着釉的性质，且目前有关陶瓷组成的科技书籍及陶瓷检测数据基本是以氧化物的形式给出，因此，为了更加贴近实际，下面分别介绍主要制釉氧化物的作用和特点，以及引入这些氧化物的原料[1]。

（1）SiO_2

主要由石英引入，另外，黏土和长石也可引入一部分，SiO_2 是釉的主要成分，一般含量在 50% 以上，通过 $SiO_2/(R_2O+RO)$ 的摩尔比可初步判断釉的熔融性能，摩尔比为 2.5~4.5 之间的较易熔，4.5 以上的则较难熔。SiO_2 可提高釉的熔融温度和黏度，给釉以高的力学强度（如硬度、耐磨性），提高釉的白度、透明性、化学稳定性，并降低釉的膨胀系数。

（2）Al_2O_3

主要由黏土、长石、冰晶石、氧化铝、氢氧化铝等引入，是形成釉的网络中间体，既能与 SiO_2 结合，也能与碱性氧化物结合，Al_2O_3 能改善釉的性能，提

---

[1] 李家驹. 陶瓷工艺学. 北京：中国轻工业出版社，2001：165-167.

高化学稳定性硬度和弹性，并能降低釉的膨胀系数。熔块釉中适当的 Al_2O_3 可防止釉面龟裂。Al_2O_3 还能提高熔融温度，增加熔体的高温黏度，使釉在成熟温度下具有必要的稳定性。同时，对建筑制品还可提高抗风化和抗化学侵蚀能力。在实际应用中，Al_2O_3 的加入量因碱性成分的种类和数量不同而异，因其会大大提高釉的熔融温度和高温黏度，一般其用量不能太高，另外，可通过调整 Al_2O_3/SiO_2 摩尔比来控制釉的光泽，在明亮的光泽釉中，Al_2O_3/SiO_2 的摩尔比在 $1:6 \sim 1:10$ 之间；在无光釉中为 $1:3 \sim 1:4$。增加 Al_2O_3 的含量，能获得好的无光效果。

（3）CaO

主要由方解石、大理石、白云石、石灰石（工业重钙、沉淀碳酸钙）、自垩、硅灰石、钙长石等引入。CaO 在釉中是主要熔剂，在 SK4（160℃）温度以上，它可以降低高硅釉的黏度，提高釉的流动性和釉面光泽度，对有些色釉可增强釉的着色能力（如铬锡红釉），但会使釉面白度降低（对日用瓷而言），一般其用量不超过 18%，过多会使釉结晶：导致釉层失透，形成无光釉。这也是形成无光釉的普遍方法之一。CaO 作为熔剂，与碱金属氧化物相比，CaO 能增加釉的抗折强度和硬度，降低釉的膨胀系数。另外，CaO 既能与釉料反应也与坯料反应，用量适当，可增加坯釉结合性，CaO 能提高釉的化学稳定性，即增加对水、酸、风侵蚀的抵抗力和耐磨性。CaO 资源丰富，应用也较为普遍。配料中常采用 $CaCO_3$，其密度小，易悬浮在釉浆中，并且能增强釉的悬浮性。

（4）MgO

主要由菱镁矿、白云石、滑石引入。MgO 在低温时起耐火作用，但以 MgO、CaO 混合使用时，耐火性降低。在高温下，MgO 与 CaO 类似，是强的活性助熔剂，可提高釉熔体的流动性；可促进坯釉中间层的形成，从而减弱釉面的龟裂；提高釉面硬度，用作建筑瓷釉可提高釉面耐磨性，用作卫生瓷可耐酸碱；MgO 在用作低温无光釉组分时，以滑石加入，有提高乳浊性的作用，与锆英石同时引入，乳浊效果更为明显，可提高白度。但其乳浊效果和白度不如 ZnO、SnO_2，而以白云石引入则无乳浊作用，以滑石引入时，即使用量较高，釉面也不易收缩；而以菱镁矿引入时，MgO 用量不超过 3%，否则釉面品质难以控制。但 MgO 少量使用时可成为光亮釉，在低温釉中，加入量不能太高，否则釉料难以熔融，且促使结晶生成。MgO 常和 CaO 同时引入，对于高温瓷来说一般应使 CaO/MgO 摩尔比小于 1。

（5）Li_2O、Na_2O、K_2O

Li_2O 来源于锂云母、锂辉石、钛酸锂、硅酸锂、锆酸锂、碳酸锂等。Na_2O 来源于钠长石、硼砂、碳酸钠、硝酸钠。K_2O 来源于钾长石、碳酸钾、硝酸钾。Li_2O、Na_2O、K_2O 边熔剂，它们能降低釉的熔融温度和黏度、能增大熔体的折射率，从而提高其光度，降低釉的化学稳定性、力学强度。Li_2O 在无铅釉中少量使用，可显著改变釉的熔融性和表面张力，同时可解决部分棕眼及釉面不平整等表面缺陷，锂釉与钾釉、钠釉相比，虽价格较贵，但熔体能多熔解石英，热膨胀系数小，光泽度高，抗酸性强。锂釉用于陶器可减少釉面开裂，增加光泽度，并提高抗机械冲击强度及抗热冲击强度；用作建筑制品，可以增加釉面的耐磨性。Na_2O 作为助熔剂，其效果不如 Li_2O，但比 K_2O 强。主要用于低温釉中，能增加半透明性，但光泽性差，Na_2O 在碱金属中，膨胀系数最大，会降低制品的弹性和抗张强度，从而引起釉的开裂。K_2O 作为熔剂，其性能优于 Na_2O，以钾长石和钠长石相比，钾长石高温黏度大，熔融温度范围宽，釉面光泽度好，K_2O 能降低釉的膨胀系数，提高釉的弹性，对热稳性有利，但用量不能太高，用量太高也会增加釉的热膨胀，引起釉的开裂。实际应用过程中，K_2O 与 Na_2O 一般同时引人，其最佳摩尔比为 2～4。

（6）ZnO

直接以氧化锌或碳酸锌引入，ZnO 可使釉易熔，降低高温釉的烧成温度，对釉的力学强度、弹性、熔融性能和耐热性能均能起到良好的作用，还能增加釉的光泽度、白度，增大釉的成熟温度范围。一般 ZnO 用量不宜过多，用量过多，可提高耐火度、黏度，使釉不易熔融，但釉面光泽并不降低，当达到饱和时，ZnO 析晶，形成结晶釉。ZnO 和 SnO_2 共同使用时，能获得良好的乳浊效果。在建筑陶瓷及艺术瓷大红釉中，ZnO 是不可缺少的成分。ZnO 在使用前，要经过 1250～1280℃的高温煅烧，其原因：①减少釉在烧成过程中的收缩；②减少了因收缩而出现的秃釉和气泡、针孔等缺陷；③增加其密度，避免因密度小而使釉浆呈"豆腐脑"状，从而改善生釉性能。

（7）PbO

由铅丹（Pb_3O_4）、铅白［$2PbCO_3 \cdot Pb(OH)_2$］、密陀僧（PbO）引入。PbO 是最强的助熔剂，PbO 与 SiO_2 极易反应生成低熔点的硅酸铅，由于硅酸铅折射率高，因而可形成光泽度高的釉面。与碱金属氧化物相比，PbO 作为助熔剂具有以下特点：适量 PbO 可降低釉的膨胀系数；使热稳定性提高，并可降低熔体黏度，使釉具有良好的流动性；同时可增加釉的熔融温度范围；提高釉面弹性、光泽度，增加抗张强度；PbO 的加入使釉中有少量析晶失透倾向。PbO 使用时需要注意，PbO 具有毒性，且易挥发，对于生铅釉，如果操作不当，易被还原，使釉面呈现灰黑色。而且由于其挥发性，对操作工人危害较大，一般做成熔块使用（但在琉璃釉中，Pb_3O_4 的含量可高达 70 % 左右）。含 PbO 的釉在大气中长期暴露，釉面会失去光泽，易裂，而且 PbO 使面硬度降低。

（8）B_2O_3

面硼砂、硼酸、硼钙石、硼镁石、方硼石引入，B_2O_3 是釉的重要组分，是强助熔剂，B_2O_3 能与硅酸盐形成低熔点的混合物，降低釉的熔融温度。低温时形成高黏度玻璃；温度升高，使釉熔体黏度降低，流动性增大，易于铺展成平整的釉面，B_2O_3 的加入能增大釉的折射率，提高光泽度，用量适当可降低热膨胀，用量过多，热膨胀反而增大同时也降低釉的耐酸和抗水侵蚀能力。含 B_2O_3 量高时，釉面的硬度会随之降低，烧成温度范围变窄，且易引起颜色扩散，含 B_2O_3 多的釉不适于长周期和明焰烧成。调整 B_2O_3 和 SiO_2 的相对含量可达到最佳坯釉适应性。B_2O_3 形成的熔体不但本身不易结晶，而且有阻止其化合物的结晶倾向。所以加入 B_2O_3 可避免釉失透现象发生。需要注意的是，B_2O_3 在1000℃左右时挥发加快，故在配方设计时，需考虑此项损失。

（9）BaO

由碳酸钡、硫酸钡、氯化钡引入，BaO 在建筑瓷釉和卫生瓷釉中多以 $BaCO_3$ 引入，也可做无光釉的助熔剂，用量较大时（通常大于 0.15 摩尔），起耐火作用，可提高熔融温度；如用量较小时（通常小于 0.15 摩尔），可改善制品釉面的光泽度和力学强度，目前流行的建筑瓷水晶釉中就含有 BaO，BaO 在一定程度上可增加抗有机酸侵蚀的能力。BaO 以任何比例取代 CaO 和 ZnO 均使釉的弹性模量降低，但大部分钡的化合物有毒性，使用时应注意。

（10）SrO

由碳酸锶引入，可降低釉的熔融温度，提高光泽，扩大烧成范围，与 BaO 相似，SrO 也要限量地使用，它具有 BaO 在釉中的全部优点，而无毒性，在含硫的气氛中和 BaO 一样有造成制品缺陷的趋势。在含锆釉中，以锶化合物代替 BaO 和 CaO，可促进坯釉中间层的化学反应，提高坯釉适应性；在低温釉中可用来取代铅，但釉烧时，需相应延长保温时间；在石灰釉中，替代 CaO，可增加釉的流动性，降低软化温度，增大石灰釉的烧成温度范围，改善釉的适应性，提高釉的硬度。

除此之外，在釉料中也常加入骨灰、瓷粉、乳浊剂、色料等。骨灰可提高光泽，还可促进釉料分相；使用瓷粉取代长石调节釉料，可提高釉的熔融温度，降低釉的高温黏度，减少釉面针孔，提高白度。在釉料中使用乳浊剂有 SnO_2、TiO_2、ZrO_2、$ZrSiO_4$、锑化物、磷酸盐等；在釉料中使用的着色剂含有 Mn、Cr、Co、Fe、Ni、Cu、Pr 等的氧化物、化合物或合成颜料。

「21」 中国从何时开始生产瓷器？瓷器是中国发明的吗？

关于中国瓷器起源的具体年代，历来各家说法颇不一致，产生分歧的原因主要是衡量古代瓷器的标准不同，或者对瓷器的涵义理解不同。再加上我国地下文物陆续出土，不断地改变着人们的认识。根据目前所掌握的从地下发掘的文物资料以及历史典籍，我国有成熟瓷器的出现时间为东汉时期，距今已有 1800 余年的历史[1]。

有关瓷器出现节点在科学研究方面，中国科学院上海硅酸盐研究所李家治等，全面总结了我国由陶到瓷的工艺发展，并结合在浙江上虞龙泉塘西晋墓出土的越窑青釉瓷片和上虞小仙坛出土的东汉越窑青釉瓷片进行研究，指出：无论在组成上或工艺上，这些瓷片都已达到近代瓷器的标准，它的组成除 Fe_2O_3 和 TiO_2 的含量较高，而使瓷胎呈较深的灰白色外，其烧成温度已达 1300～1310℃，吸水率为 0.42% 和 0.28%，显气孔率为 0.92% 和 0.62%，在光学显微镜下，可看到瓷胎里有发育较好的莫来石晶体，石英颗粒较细，还可看到它的熔蚀边，有较多的玻璃相，烧结程度较好，微透光。因而确认我国在公元 1～2 世纪的东汉时代即已出现瓷器。

把瓷器出现的时间定在东汉，是有大量考古资料作为依据的[2]。在浙江上虞、宁波慈溪、永嘉等市县先后发现了汉代瓷窑遗址；在河南洛阳中州路、烧沟、河北安平逯家庄、安徽亳县、湖南益阳、湖北当阳刘家冢子、重庆等东汉晚期墓葬和江苏高邮邵家沟汉代遗址中，都曾发现过瓷制品，而尤以江西、特别是浙江发现的更多，下图为重庆市南岸区东汉墓出土的青釉四系瓷罐。其中有东汉"延熹七年"（164 年）纪年墓中所出的麻布纹四系青瓷罐，"熹平四年"（175 年）墓内出土的青瓷耳杯、五联罐、水井、熏炉和鬼灶，"熹平五年"纪年墓中发现的青瓷罐，还有与朱书"初平元年"（190 年）陶罐同墓出土的麻布纹四系青瓷罐。

---

［1］ 李家驹. 陶瓷工艺学. 北京：中国轻工业出版社，2001：8-9.

［2］ 中国硅酸盐学会. 中国陶瓷史. 北京：文物出版社，1997：127-130.

东汉青釉四系瓷罐[2]

这些有确凿年代可考的青瓷器的发现，使我们更加确信，我国瓷器的发明不会迟于汉末，把它定为东汉晚期，应该是比较确切的。

瓷器是中国古代先民的重要发明之一[1]。著名的科学技术史学家李约瑟在其巨著《中国科学技术史》中明确指出，在瓷器方面，西方落后中国 11～13 个世纪。瓷器自 8 世纪左右才从中国传入阿拉伯，到了 17 世纪末和 18 世纪初，中国瓷器在欧洲几乎和黄金一样贵重，欧洲那时还不能掌握我国这种制造瓷器的技术。那时他们只能制造一种吸水性强和没有微透光性的细陶器，或者只能制造一种烧成温度很低含有大量玻璃质的软质瓷。德国到 1709 年才掌握了烧制硬质瓷的技术，成为欧洲仿造中国硬质瓷的最先成功者，法国于 1740 年才开始制出真正的硬质瓷器，英国也差不多在这个时候才能制造硬质瓷器。

［1］ 李家治. 瓷器——我国伟大的发明创造. 化学通报, 1977（6）: 42-44.

［2］ 王纯婧. 重庆中国三峡博物馆藏早期青釉瓷器赏析——兼论早期青釉瓷器的发展. 收藏家, 2018（11）: 37-40.

白瓷在中国陶瓷发展史上占有十分重要的地位，它的出现打破了青釉瓷一统天下的局面，是中国古代制瓷技术不断进步的表现，被誉为中国陶瓷工艺技术发展过程中的第四个里程碑。白瓷在发展的初期，经过了一个"早期白瓷"的发展阶段。陶瓷界认为，中国早期白瓷以北齐范粹墓出土的白瓷为代表。然而，近些年河南巩义白河窑的考古发掘使得学术界对白瓷的起源又有了新的认识[1]。

巩义窑是对河南省巩义市东约5千米的白河两岸一系列瓷窑址的统称，包含白河窑址、小黄冶、大黄冶窑址等。2005年4月至2008年3月，河南省文物考古研究所和中国文化遗产研究院合作，对巩义白河窑址进行了考古发掘。通过发掘，在该窑址首次发现了烧制白釉瓷和青釉瓷的北魏窑炉及其产品，为陶瓷考古研究提供了不可多得的实物资料。巩义白河窑址出土的北魏白瓷虽然数量不多，但它与北魏青瓷伴出，特别是该窑址发现了烧制青釉瓷和白釉瓷的窑炉，具有十分重要的意义。与青瓷同窑焙烧和伴出的白瓷，在器类、形制、制作工艺等方面基本上与青瓷相同。器类以碗为主，皆为深腹，下有饼形足，口沿外饰弦纹一周。其次是杯，此外有盘、豆、钵、盆、碗等。北魏白瓷制品胎壁都比较厚重，而且厚薄均匀，自口沿向下逐渐加厚，胎质较细白，可知瓷泥经过淘洗，烧成温度高，胎体有的有气孔

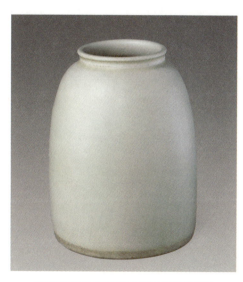

隋代巩义窑白釉罐（故宫博物院藏）

---

[1] 罗宏杰，李伟东，鲁晓珂，孙新民，刘兰华，赵志文，郭木森. 中国白瓷和青花瓷的起源研究. 自然杂志，2017，39（2）：137-148.

和黑点。一部分器物通体施化妆土。器内壁施满釉，器内积釉现象较普遍，外壁施釉过腹，少见垂釉现象。釉色一般白中泛青，显然是早期白瓷的特征，也表现出早期白瓷是从烧制青瓷的基础上逐步改进而来，主要是选用含铁量低的胎、釉原料，加之筛选、淘洗、制作、烧制等工艺上改良而完成的[1]。

隋、唐、五代白瓷工艺大踏步前进，一些隋墓如姬威墓、张盛墓、李静训墓出土的白瓷数量、品种和水平都超过北朝。隋代白瓷窑址有河北内丘、临城、河南巩义等地。在巩义窑附近发现了一个窖藏，出土了质量比较高的隋代白瓷深腹杯和双耳罐。唐代白瓷生产广泛发展，其中邢窑白瓷达到了"如银如雪"的水平，与久负盛名的越窑青瓷并驾齐驱，形成"南青北白"的局面。五代曲阳窑（定窑前身）快速发展，工艺水平提高，有的制品上刻"官""新官"字样，也有用褐彩写"盈玉"字样的[2]。

早期白瓷的烧制成功，是制瓷技法上的一个重大突破和进步，成为我国制瓷史上由青瓷向白瓷转化的一个里程碑。它也为以后制瓷工艺的进一步发展创造了条件，是后来青花、五彩、粉彩等精细瓷器出现的基础和前提，为我国瓷业的发展做出了应有的贡献。

———————————

[1] 赵向青，廖永民. 巩县窑早期白瓷综述. 中原文物，2011（4）：75-81，115-116.

[2] 冯先铭. 中国古陶瓷图典. 北京：文物出版社，1998：53-54.

「23」 什么是高温釉和低温釉？

按釉的烧成温度高低将釉进行划分：有超高温釉：1310～1360℃，高温釉：1250～1310℃，中温釉：1150～1250℃和低温釉：1000℃以下。

陶瓷表面的釉，兼有装饰与功能双重作用。釉的光滑润泽，使陶瓷器表面亮丽美观，多姿多彩；釉可改善坯体表面性能，提高力学性能等，且对釉的白度、色彩及防腐方面都具有一定的作用。传统陶瓷釉以高温釉为主，正是高温釉的出现，使陶发展为瓷，有了质的飞跃。

红陶与白瓷

最早出现的草木灰釉，应是高温釉的前身，其含有高温釉所需要的各种化学成分，包括着色剂氧化铁。因此无需配入其他原料，单独使用，在高温下就能熔融成青色或黄绿釉，中国首先发明的瓷器就是高温釉青瓷。

景德镇的高温颜色釉把中国高温釉推向高峰。宋代的影青瓷，有"冰肌玉骨"之美誉。其所用"影青釉"，高温流动性好，能融于坯体花纹的凹面，因此，陷入凹进花纹的釉层较厚，发色较深，平面上的釉层较薄，发色浅淡。这种素雅釉色的浓淡对比，显示出玉质般的非凡神韵。明代宣德年间烧制的"祭红釉"，胎釉结合融洽完美，釉色浑厚滋润鲜红。清代康熙至乾隆三朝，高温颜色釉瓷器的发展达到鼎盛时期。那时，可以烧制出祭红釉、青釉、钧釉、哥釉、窑变釉和

汉代青釉瓷

釉下青花等于一身的大件瓷器，发色鲜艳明亮，其显示出的高超的工艺、技术水平，堪称中国古代颜色釉装饰的历史顶峰。景德镇高温颜色釉瓷，虽历经数百年其艺术魅力却长盛不衰，成为景德镇陶瓷艺术的卓越代表。然而高温釉耗能，又污染环境，不适合未来经济战略的发展。因此，从节能及国家经济发展战略角度考虑，未来陶瓷釉的发展必然往低温烧结、节能环保发展。低温釉烧结温度的降低，能降低能耗，降低釉制品的成本，符合社会发展的需要。

降低釉烧结温度的方法有：

① 减小釉料颗粒粒径。釉料颗粒粒径与釉料的熔融温度的关系是：釉料粒径减小，熔融温度降低。

② 改变釉的网络结构体。SiO_2 是釉网络结构的关键组成，难熔。从无规则网络学说出发，B_2O_3、P_2O_5 等低熔点，是网络结构体，可用于低温釉研究。但 P_2O_5 有毒性，现在已基本不再使用。

③ 增加网络外体氧化物。碱金属与碱土金属氧化物，为离子型化合物，键能小，易断裂；釉熔体中，硅氧四面体中 Si^{4+} 易夺取 RO 或者 R_2O 中的游离氧，可以在釉料中添加适量的碱性氧化物或碱土金属氧化物，降低釉烧温度。

④ 添加网络中间体氧化物。网络中间体氧化物能参与网络结构体的形成，因此，网络中间体氧化物进行降低釉烧温度成为一种可能。

「24」 什么是钙釉、钙碱釉、碱钙釉？

当以釉中的主要熔剂氧化物种类作为划分釉类型的基准时，中国古瓷釉基本可分为二大体系：一是铁系釉，二是钙系釉。铁系釉主要指的是黑釉，Fe_2O_3 在熔剂中占有较大的比例。钙系釉主要包括青釉及白釉，其中钙釉及钙—碱釉的主要熔剂是氧化钙，而钙釉的 CaO 含量较高；碱—钙釉的熔剂则以 K_2O、Na_2O 为主，CaO 为辅。但不同类型的钙系釉则较难区分，且至今尚无区分它们的统一标准。根据 H.Seger 的研究，认为 $0.3K_2O \cdot 0.7CaO$ 是石灰釉的标准碱性成分。北村一郎则将石灰釉的碱性成分范围定为 $0.15\sim0.57$ KNaO，$0.01\sim0.07$MgO，$0.4\sim0.81$CaO。《硅酸盐辞典》又以 CaO 的重量百分数为 8 作为石灰釉与石灰—碱釉的分界线。而刘康时又在《陶瓷工艺原理》中认为，CaO 的分子数为 $0.7\sim0.8$ 甚至更多者为石灰釉，且若釉中 CaO 的重量百分数小于 10 %，R_2O 重量百分数大于 3 % 时，该釉为石灰碱釉。由此可见，钙系釉的划分标准是一项亟待研究解决的课题。中国古陶瓷化学组成数据库储存的数百个瓷釉的统计分析资料表明，钙系釉中 CaO 占总熔剂重量百分比在 70 %～99 % 范围内变化，其均值为 90%。由于这种釉并非都是由石灰制得的，因而称其为钙釉，钙–碱釉和碱–钙釉更为妥当[1]。

早期的青釉可能是由草木灰或石灰石等富 CaO 原料以及这些原料掺以少量瓷石而制得的，石灰石的 CaO 含量远较草木灰为高。故若将由单一草木灰所制得的釉称为钙釉，那么由单一石灰石所制得的釉也毫无疑问地归属于钙釉的行列。因此，可以草木灰的釉式统计值作为划分钙釉的参照标准。

釉式可用下式表示：

釉式为：a $R_2O \cdot c R_2O_3 \cdot d RO_2$

   b RO

[1] 罗宏杰，李家治，高力明. 中国古瓷中钙系釉类型划分标准及其在瓷釉研究中的应用. 硅酸盐通报，1995（2）：50-53.

其中 R_2O、RO 分别代表碱金属氧化物（包括 K_2O、Na_2O 等）和碱土金属氧化物（包括 CaO、MgO）；R_2O_3、RO_2 分别代表三价和四价氧化物。a、b、C 和 d 分别是各类氧化物当碱性氧化物（R_2O、RO）的摩尔数为 1 时的系数。

南北方青、白瓷釉的类型可以其釉式系数 b 予以划分：

钙釉：b≥0.76。

钙－碱釉：0.76＞b≥0.50

碱－钙釉：0.50＞b

南北方青、白瓷釉的釉式 b 随着时代的推移而不断减少，伴随着瓷釉类型由钙釉→钙－碱釉→碱－钙釉的变化。宋代的龙泉白胎青瓷釉是南方最早大规模制造的钙－碱釉。

北方瓷釉的釉式系数 b 似无南方瓷釉的变化规律，大部分位于 0.7～0.9 的范围内。早在隋代，北方就已出现了钙－碱釉，它是目前发现最早的钙－碱釉。

「25」 中国英文名称 China 为什么和瓷器同名？

　　瓷器是从中国走出来的，是中国文化的象征，中国历代瓷器质地精湛，美轮美奂，各具特色，尤以景德镇瓷青白瓷最为称道，有假玉器之称。景德镇旧曾称昌南镇，宋真宗景德元年（1004 年），因景德镇镇产青白瓷质地优良，遂以皇帝年号为名置景德镇，沿用至今。郭沫若 1965 年在一首诗中写道："中华向号瓷之国，瓷业高峰是此都"即是赞誉景德镇。十八世纪以前，欧洲人不会制造瓷器，因此中国特别是景德镇瓷器很受欢迎。在欧洲，景德镇瓷器是十分受人珍爱的贵重物品，因此，有传说欧洲人就以"昌南"作为瓷器（china 一说是昌南之谐音）和生产瓷器的"中国"（China）的代称，久而久之，欧洲人就把昌南的本意忘却了，只记得它是"瓷器"。也有一说，古代中国瓷器流传到了世界各国，为各国人民所欣赏、所喜爱，于是西方国家就以瓷器代称中国，既视"中国"为"瓷国"，又称中国为 China[1-2]。

　　根据学者们的考证，英语中的"瓷器"一词本来写作 porcelain，"中国瓷器"则拼成 China porcelain 或者 porcelain of China。到了 17 世纪，英语中才有了 china ware 这个指称"中国瓷器"的专用词。再到后来，表示物品、器皿的 ware 在口语中被省略了，只用 china 也可以习惯性地代表"中国瓷器"。再经过进一步的演变，china 又不再被视为"中国瓷器"的专用词，而是同时兼容了原来的 porcelain，于是，英语中便出现了将 china 解释为"瓷器"的单词。

　　当然，中国的英文名"China"与瓷器的英文名"china"只有首字母大小写的区别，便是客观反映了历史的真实一面：首先，中国瓷器的出现时代最早，早在 3000 多年前的商代已经出现了原始青瓷，而在近 2000 年前的汉代已经烧制出了成熟的青瓷。其次，中国盛产高品质瓷器，而在中国的外贸商品中，唐代以

［1］ 周领顺. "瓷（器）"是怎样成为 China 的？——记音式音译初探. 上海翻译，2006（1）：57-58.
［2］ China 与中国. 湖南大学社会科学学报，1993（1）：72.

来，瓷器确实占了最大的比重，以至于中外之间的海上交通大动脉也被形象化地称为"陶瓷之路"。[1]

所以，正是这些历史的真实，不仅极大地激发了中国人的自信心与自豪感，而且使得英语中既以 China 称呼"中国"，又以 china 称呼"瓷器"。

---

[1] 胡阿祥. China：秦人的东方"瓷国". 唯实，2016（12）：71-76.

「26」 为什么国外称青瓷为 celadon？

中国青瓷，英文名为 celadon。关于此词的来源，有多种说法，其中以"雪拉洞"的传说流传较广。相传 celadon 来源于法国名剧《牧羊女亚斯泰来》男主角"雪拉洞"的名字，因其在剧中着漂亮的青色衣，便借其来形容美丽的龙泉青瓷釉色，以后逐渐变作一般青瓷的专称。但这种说法也引起了一些质疑[1]。

史专家、翻译家杨宪益文章的考证，认为 celadon 为拉丁文 Celatum "稀有珍宝物件""珍秘物件"的名称转讹，有可能指唐代越窑的"秘色瓷"[2]。

西方学者还曾作猜疑：此字可能是 Saladin 一名转讹，因为中古时代中国青瓷传到西欧，必然道经伊斯兰教诸国。如果以此来看，中国瓷器对西欧的影响，并非 18 世纪，而是更早（中古时代）。

第三种词源猜疑：Celadon 应该与罗马后期西方戏剧中名为 Celadon 角色有关，如此，则 Celadon 词源的时间可能更早到罗马后期。这有可能与青瓷意义有关，也可能是此字的另一种转讹[1]。

另有几种词源的考证认为，可能也是日本文 Kinuta 的转讹，或与西方青色玉名 Celidony 有关，但不常被业内人士提及。

---

[1] 唐卫，徐志丽. 青瓷 Celadon 词源新考——证中国瓷器对洛可可美学影响有限. 文艺争鸣，2013（8）：203-205.

[2] 唐卫. 18 世纪欧洲洛可可美学与中国瓷器传播. 寻根，2014（4）：35-39.

「27」 中国瓷器对外贸易的主要路径有哪些？对促进中外文明交流有何作用？

进入中世纪后，伴随着中国瓷器的外销，中国开始以"瓷国"享誉于世。从8世纪末开始，中国陶瓷开始向外输出。经晚唐五代到宋初，达到了一个高潮。这一阶段输出的陶瓷品种有唐三彩、邢窑（包括定窑）白瓷、越窑青瓷、长沙窑彩绘瓷和橄榄釉青瓷（即广东近海一带的窑口生产的碗和作为储藏容器的罐）。输出的地区与国别有：东北亚的朝鲜与日本；东南亚的新加坡、泰国、马来西亚、印度尼西亚、菲律宾；南亚的斯里兰卡、巴基斯坦和印度；西亚的伊朗、伊拉克、沙特阿拉伯、阿曼；北非的埃及；东非的肯尼亚和坦桑尼亚。此时海上交通路线主要有两条，一是从扬州或明州（今宁波）经朝鲜或直达日本；二是从广州出发、到东南亚各国，或出马六甲海峡、进入印度洋，经斯里兰卡、印度、巴基斯坦到达波斯湾。当时有些船只继续沿阿拉伯半岛西航可达非洲。亚非各国中世纪遗迹出土晚唐五代宋初的瓷器，就是经过这两条航线而运输的[1]。

宋元到明初是中国瓷输出的第二个阶段。这一阶段瓷器逐渐取代丝绸成为所有出口品中的最大宗。人们通常所谓的"海上丝绸之路"也就被称为"陶瓷之路"。特别是元代海运成为国家要政，陶瓷海外贸易有了很大进步。这一阶段向外国输出的瓷器品种主要是龙泉青瓷，景德镇青白瓷、青花瓷、釉里红瓷、釉下黑彩瓷，吉州窑瓷，赣州窑瓷，福建、两广一些窑所产青瓷，建窑黑瓷，浙江金华铁店窑仿钧釉瓷，磁州窑瓷，定窑瓷，耀州窑瓷等。特别值得一提的，是前述朝鲜新安海底沉船经11次发掘，出土陶瓷器2万余万件，除极个别的为朝鲜瓷和日本瓷外，均属中国所产，其中绝大多数已判明所属窑口[2]。宋元外销瓷输往的国家较前大为增加，有东北亚、东南亚的全部国家，南亚和西亚的大部分国家，非洲东海岸各国及内陆的津巴布韦等国。宋、元、明初时期的航线，主要有航行到东北亚、东南亚诸国的航线及通往波斯湾等地的印度洋航线。这时期中国

---

［1］ 王伟. 论古代瓷器出口贸易. 山西财经大学学报，2011，33（S3）：97.

［2］ 孟原召. 宋元时期泉州沿海地区瓷器的外销. 边疆考古研究，2006（1）：137-156.

航海的成就主要表现在印度洋航线上。一是可从波斯湾沿海岸向西行进而到达红海的吉达港，然后上岸陆行至麦加；也可以在苏丹边界的埃得哈布港上岸，驮行至尼罗河，再顺河而下到福斯塔特（古开罗）；还可以从红海口越曼德海峡到东非诸国。二是开辟了从马尔代夫马累港直达非洲东海岸的横渡印度洋的航线。

明代中晚期至清初的200余年是中国瓷器外销的黄金时期。输出的瓷器主要是景德镇青花瓷、彩瓷、广东石湾瓷、福建德化白瓷和青花瓷、安溪青花瓷等。其中较精致的外销瓷多是国外定烧产品，其造型和装饰图案多属西方色彩，还有些在纹饰中绘有家族、公司、团体、城市等图案标志，称为纹章瓷。这时期的外销瓷数量很大，17世纪每年输出约20万件，18世纪最多时每年约达百万件。输出的国家有东亚的朝鲜半岛和日本、东南亚及欧美诸国。运输路线一条是从中国福建、广东沿海港口西行达非洲，继而绕过好望角，沿非洲西海岸航行达西欧诸国；另一条是从福建漳州、厦门诸港至菲律宾马尼拉，然后越太平洋东行至墨西哥的阿卡普尔科港，上岸后陆行，经墨西哥城达大西洋岸港口韦腊克鲁斯港，再上船东行达西欧诸国。在17世纪和18世纪，中国瓷器通过海路行销全世界，成为世界性的商品，对人类历史的发展起了积极作用。

中国古代陶瓷对外贸易在促进中外友好交流、加强经济来往、促进陶瓷技术的改进等多方面都具有重大的历史意义[1]。

① 瓷器的外销，促进了本国瓷器生产技术的改进，也增加了我国瓷器在国际市场上的竞争力。

我国瓷器在大量行销到世界各地的时候，随着当地瓷器的增多和需求的提高，对我国的瓷器的制作工艺也提出了更高的要求。《景德镇陶录》说："洋器，专售外洋者，有华洋器，泥洋器之分，商多粤东人，贩去与鬼子互市，式样奇巧，岁无定样。"所谓"岁无定样"，也就是每年销往外国的产品种类、质量、装饰每年都要按照国外市场的需求来进行生产。当时驻在广州的荷兰东印度公司人员每年都依据市场的需求向中国订货。在1700年的需求订单中，就列有鱼缸、附有垫盆的腌菜缸、盐瓶、麦糊杯、长颈瓶；由六只、八只、十只、甚至二十九只以及更多的小盒梳妆用具；大口水壶、茶盘、茶叶罐和其他东西。这些订货肯定要求很高的制瓷技术。

② 中国陶瓷输出，扩大了中国陶瓷器在亚、非、欧等国家的销售，成为日常

---

[1] 王伟. 论古代瓷器出口贸易. 山西财经大学学报，2011，33（S3）：97.

生活必需品和艺术品，促进了各国当地瓷器生产，加强了各国之间的友好往来。

中国瓷器不仅是各国人民日常生活的用品，而且成了观赏的艺术珍品，甚至成为一些贵族衡量财富和文化修养的标志。在墨西哥和利马等地，许多人把中国瓷器当作装饰品排放在客厅和餐厅里。"1686年，在葡属巴西的贝莱姆·达卡乔埃伊拉修道院的教堂钟楼上，也用中国瓷器作为装饰，有时中国瓷器甚至可以充当货币抵偿向官方缴纳的税金。"至今在拉丁美洲许多国家的博物馆中，仍然珍藏着当年的中国瓷器。中国瓷器的输入还带动中国制瓷技术在美洲的传播，促成墨西哥等国陶瓷业的兴起，许多地区仿制中国瓷器。如墨西哥的普埃布拉城，17世纪上半叶只有40多名陶工仿造中国瓷器，到1793年那里已有46家制瓷工场，成为美洲著名的制瓷中心。

众所周知，商品是文化的媒介，通过瓷器在亚非欧等国家的销售，中国文化也得到了相应的传播，促进了中外的友好交流。

明朝的郑和七次下西洋，船上满载着深受各国喜爱与欢迎的丝绸、瓷器、药材、铁器等物品，船队所至，大都是当时各国的沿海贸易港口城市，与当地人进行过贸易。这种通过互市方式进行的贸易，有力地推动了中外友好往来。陶瓷制品同人类生活息息相关，是人类生活中不可缺少的用具。尤其是粗瓷器，产量大、价格较低，深受各国大众的欢迎，它普遍地改进和丰富了人们的饮食文化。在我国瓷器出现以前，各国饮食器大多数是金属材料和木器。陶瓷器的外输，改善了当地的生活条件，瓷器代替其他的饮食器具，对人类的饮食卫生做出了很大贡献[1]。

[1] 彭明瀚. 郑和下西洋·新航路开辟·明清景德镇瓷器外销欧美. 南方文物, 2011（3）: 80-94, 188.

「28」 国外有哪些著名博物馆收藏丰富的中国瓷器？

中国古陶瓷曾大量出口海外，因此，不少博物馆内珍藏有中国陶瓷。那些收藏有丰富的中国瓷器的著名博物馆有：

（1）大英博物馆

大英博物馆是全球最大的综合性博物馆，也是收藏中国流失文物最多的博物馆。它的创立年代可上溯至1753年，在长达250多年的漫长历程中，大英博物馆的藏品已经突破600万件，来自世界各地。藏品包括浮雕、版画、徽章、钱币、手稿、书籍、陶瓷、青铜器、书画等，涉及的范围极为广泛。该馆为此设立了古代埃及部、古代希腊罗马部、古代英国及中世纪部、古代西亚部、东方部等10个部门，对这些数量惊人的文物藏品进行管理和研究。

第33号展厅是专门陈列中国文物的永久性展厅，文物收藏丰富精彩，令人难忘。这里向人们展示的是一部辉煌灿烂的中华文明史，包括远古石器、新石器时期的玉器及彩陶、商周青铜器、魏晋石佛经卷、唐宋书画、明清瓷器等。中国历史上各个时代登峰造极的国宝，可谓门类齐全，应有尽有。据说这里收藏的中国文物多达23000件，长期陈列的约有2000件。

中国展厅里数量最多的藏品是琳琅满目的陶瓷器。从中国最早的原始青瓷一直到明清的青花、五彩瓷，展出的全是各个朝代各大名窑的精品。包括各种陶瓷花瓶、餐具、陶塑人物及各种陶瓷

明永乐青花双系扁瓶
（大英博物馆藏）[1]

---

［1］ 钱汉东. 大英博物馆里的华夏古陶瓷. 收藏，2011（1）：35-39.

工艺品，特别是被称为世界之宝的花瓶、人物塑像及大型唐三彩组合，让我们领略了中华陶瓷文化的辉煌历史[1]。

（2）法国吉美博物馆

法国是继英国之后欧洲收藏中国文物的第二大中心。在法国，法国国家图书馆、池努奇博物馆和枫丹白露宫均收藏大量中国文物，而吉美博物馆则最为丰富。它是卢浮宫博物馆的分馆，以收藏亚洲艺术品而闻名于世，于是人们又将它称作东方艺术馆。这里的收藏品5万多件，中国文物达1.5万件之多，包括刻本、书画、玉器、青铜器、陶瓷器、饰品等，远到春秋、五代，近至元、明、清。其中瓷器的收藏量尤为惊人，从中国最早的原始瓷器，到北宋的五大名窑，至明清的青花、五彩，各个朝代及窑系的陶瓷精品应有尽有，美不胜收。

在中国展厅共展出了约1400件文物，约占展品总数的三分之一。展出的陶瓷器藏品主要有定窑（河北）、吉州窑（江西）和耀州窑（陕西）等窑口的瓷器，如吉州窑在13世纪烧制的天目碗和耀州窑在五代或北宋初烧制的三元壶等，大多藏品色彩较素雅[2]。

（3）美国大都会艺术博物馆

美国大都会艺术博物馆是美国最大的艺术博物馆，它与伦敦的大英博物馆、巴黎的卢浮宫、圣彼得堡的艾米尔塔什博物馆并称世界四大美术馆。这座艺术殿堂收藏约330万件藏品，涵盖了全球每个角落的文化，代表了从史前到

清代康熙年间豇豆红釉菜菔瓶
（美国大都会艺术博物馆藏）[3]

［1］ 钱汉东. 大英博物馆里的华夏古陶瓷. 收藏，2011（1）：35-39.

［2］ 王兴. 法国吉美博物馆的磁州窑瓷器. 收藏家，2006（6）：52-56.

［3］ 何慕文，魏紫. 亚洲之窗：美国大都会艺术博物馆的中国艺术收藏. 美成在久，2015（3）：100-111.

当代 5000 年的文明史。藏品包括古今各个历史时期的建筑、雕塑、绘画、素描、版画、照片、玻璃器皿、陶瓷器、纺织品、金属制品、家具、古代房屋、武器、盔甲和乐器等[1]。

美国大都会艺术博物馆是全世界范围内收藏中国文物最丰富的几个大博物馆之一，它所收藏的中国历代瓷器从早期青瓷、白瓷、唐代长沙窑、三彩、宋代定、汝、官、哥、钧五大名窑，到元代青花、釉里红、明、清之际的景德镇青花、红釉、黄釉、斗

清雍正年间粉彩花卉纹盘
（美国大都会艺术博物馆藏）[1]

彩、五彩、墨彩等应有尽有。在那里，可以看到完整、详尽的中国瓷器史[1]。

（4）英国维多利亚皇家博物馆

英国维多利亚皇家博物馆是世界上最大的艺术博物馆，创立于 1855 年，当时英国政府拨巨资兴建了这座收藏装饰艺术品的博物馆，并于 1857 年 6 月 22 日正式对外开放。该博物馆收藏陶瓷器皿达 15 万件之多，甚至超过了著名的法国塞弗尔国家陶瓷博物馆。其中仅中国陶瓷就达 9000 多件。

从该馆收藏陶瓷器年代比率来看，宋代以后的文物占绝大多数，而宋瓷也算是大宗之一。定窑瓷器有六件，以暗花壶、鹿苑浮花盘、六瓣暗花碗等最为可观。钧窑盘、座、瓶、碗等八件，其中以瓶碗的丁紫釉最为难得。耀州窑影青瓶碗六件，皆为精品。以龙泉窑大盘、元代青花碗等最值得细细观赏。至于绘彩瓷，磁州窑瓷器多属大件，而该馆所藏的刻花长颈瓶、刻茶花纹小口瓶、黑绘人物枕、三彩绘碗最为佳。辽金的绘三彩也有数件，尤其辽三彩的图绘富有天趣，绿中透赭，红绿相间，淳拙有趣。天目瓷方面，该馆所藏建窑茶碗数件，也不乏佳品，如牛毛盏及油滴纹茶碗，形制典雅，胎足厚实，乌釉油光下星点洒布而明晰。

---

[1]　梁晓新. 美国大都会博物馆的中国陶瓷传奇. 收藏，2016（19）：186-193.

「29」 古代烧制陶瓷的燃料主要有哪些类别？

如果按照所用燃料的不同，可将陶瓷窑炉分为以下类型：

气窑：燃料为液化石油气、天然气、煤气

电窑：以电能加热

柴窑：以各种木柴为燃料

煤窑：以煤炭为燃料

气窑和电窑，为现代陶瓷烧成窑炉。柴窑和煤窑为古陶瓷烧成窑炉。早期烧陶瓷的燃料主要是柴草，即从八千至一万年前起，陶器烧成的燃料一直为柴草，目前的考古发现证明，从汉代开始我国北方开始使用煤炭作为陶瓷烧成燃料；进入16~17世纪，景德镇御用陶瓷开始以专用松柴为燃料；17~18世纪始，木炭开始为陶瓷烤花所需要，但作为陶瓷烧成时副产品的木炭并不能用，而是用发热量高且烧后灰分极少的优质木炭[1]。

柴烧原始陶示意图[2]

---

[1] 郑乃章. 中国传统陶瓷窑炉结构与烧成方法. 陶瓷工程，1999，33（5）：48-50.

[2] 图片源自于网络：http://www.360doc.com/content/16/0312/15/4690382_541583388.shtml.

煤烧窑炉[1]

景德镇柴烧窑[2]

［1］　图片源自于网络：http://blog.sina.com.cn/qinxiaoping1956.

［2］　图片源自于网络：https://tieba.baidu.com/p/5500980627?red_tag=0824935767.

「30」 中国古代二元配方制瓷始于何时？其特点和作用分别是什么？

我国古代制瓷原料南北方有着较大的差异，北方各窑区附近盛产较优质的黏土，多为二次沉积形成。我国南方各省盛产瓷石，如浙江、江西、福建、江苏和安徽南部等地区都蕴藏有大量瓷石矿。瓷石是由流纹岩、石英粗面岩、长英岩等岩石中长石类矿物，经受后期火山的热液作用绢云母化而生成的，其矿物组成主要是石英和绢云母，其中绢云母是水白云母的一种细颗粒组成，它既具有适当的可塑性，又具有相当的助熔作用，同时其化学组成也十分接近瓷胎的化学组成。因此，它可以单独用作制瓷原料，不用添加其他任何黏土类矿物，这种只用瓷石一种原料制作瓷胎的技术就是中国制瓷史上所谓的"一元配方"工艺，在我国古代很长的时间内，"一元配方"工艺成为我国南方窑场所掌握的唯一制瓷技术。

瓷石虽然可以用来单独成瓷，但由于其中石英矿物较多，仅用瓷石这种单一原料制成的瓷坯高温烧成时容易形成大量的玻璃相，使瓷器产生变形塌陷等现象，限制了瓷器质量的进一步提高。要提高瓷器的烧成温度，必须提高瓷胎中 Al_2O_3 的含量，以使高温烧成时能形成较多莫来石晶体，从而达到增加瓷器的强度、改善瓷器质量的目的。要增加瓷胎中 Al_2O_3 含量、降低 SiO_2 含量，可以通过两种途径来实现：一是增加原料的淘洗程度，使坯料中细颗粒部分增多；二是在配方中加入含铝量较高的黏土类原料如高岭土等。实验证明，原料淘洗的越细，其中细颗粒部分就越多，由于细颗粒部分是以绢云母等矿物为主，因此不但可以提高 Al_2O_3 含量，还可以提高助熔剂碱金属及碱土金属氧化物的含量，因而能很大程度的改善制瓷原料的质量。但淘洗越细，所费工时和困难程度就越大，所能使用的原料就越少。因此，从工艺角度分析，在古代用第一种方法是难以实现的。要想大幅度提高瓷胎中 Al_2O_3 的含量，只有在配方中掺入富铝的黏土类原料才能实现这一目的，这就是我国陶瓷史上所谓的"二元配方"工艺。

对于"二元配方"工艺起源的时间问题，学术界有不同的认识，主要有以下两种：一是 20 世纪 80 年代初，经过对文献的系统考证和高岭土产地的考察后，所提出的高岭土引进瓷胎的年代，至迟在元泰定年间（14 世纪 20 年代），但不会早于元初。二是 20 世纪 90 年代初，在应用对应分析方法对景德镇历代瓷胎化学组成数据进行研究后，认为高岭土配合瓷石制胎的二元配方始于元代，成熟于明末清初。在元明时期，使用单一瓷石制胎的一元配方与瓷石配合高岭土的二元配方同时存在。一般认为景德镇元代以后开始使用"二元配方"制瓷工艺。景德镇宋代瓷胎中的 Al_2O_3 含量都在 20% 以下，进入元代以后，Al_2O_3 含量才略高于 20%[1]。

杨玉璋等人通过对繁昌窑瓷胎和制瓷原料的化学组成进行研究发现，繁昌窑瓷胎中 Al_2O_3 的含量远高于制瓷原料中铝的含量，这种量上的较大差异单纯依靠对原料的粉碎、淘洗过滤等物理过程是不可能达到的，只有通过在制胎原料中加入其他富铝的黏土类物质才能实现。繁昌窑创烧于五代时期，此时的繁昌窑已开始使用两种原料混合制胎的"二元配方"制瓷技术，以提高瓷器的烧成温度，改善瓷器的质量。这是目前已知最早的"二元配方"工艺使用的记录，比过去传统认识的该种工艺开始使用的时间要早三百余年，对重新认识我国陶瓷科技发展史有着重要的意义[2]。

[1] 杨玉璋，张居中. 从繁昌窑青白瓷制作看"二元配方"工艺的产生. 考古与文物, 2006（2）: 89-92.

[2] 罗宏杰，高力明. 对应分析在景德镇历代瓷胎配方演变规律研究中的应用. 硅酸盐学报, 1991, 19（2）: 159-163.

「31」 什么是窑炉的气氛？对釉色有什么影响？

烧成气氛又称烧成氛围，广义地说就是瓷器坯体在窑炉内，转化为瓷器的过程中瓷器周围的温度变化（烧成曲线）和窑内各种气体的环境状态，烧成曲线和各种气体含量的不同会改变瓷片胎体、釉面、发色等。陶瓷产品的烧成气氛的性质是由窑炉内燃料产物中所含的游离氧与还原成分的百分比决定的。游离氧的含量在8%～10%的称为强氧化气氛，游离氧的含量在4%～5%的称为一般氧化气氛，游离氧的含量在1%～1.5%的称为中性气氛；当游离氧的含量小于1%，并且CO的含量在1%～2.5%以下时，称为弱还原气氛，CO的含量在3%～7%以上的称为强还原气氛。

目前，人们大多将窑炉气氛简单的划分为氧化气氛和还原气氛两种。

氧化气氛：烧窑时（高温时候），窑炉内空气供给充分，燃料在完全燃烧的情况下产生的一种火焰气氛。其特征是无烟透明，燃烧产物中的主要成分是二氧化碳及过剩的氧气，不含有可燃物质或者含量很少（使陶瓷产品充分氧化）。我国北方瓷区由于原料中的含铁量较少，并且一般的陶瓷对表面白度的要求不是很高，所以大都采用氧化气氛烧成。

还原气氛：烧窑时，空气供给不充分，燃烧不完全的情况下产生的一种火焰气氛。其特征是有烟浑浊，燃烧产物中含有一定数量的可燃物质，如一氧化碳和碳化氢等。这些气体能把釉中的氧化铁还原成氧化亚铁，氧化铜还原成氧化亚铜。在南方瓷区，由于原料中含有的铁质较多，一般都采用还原气氛烧成。在实际烧成中，一般根据原料配方的化学组成以及烧制过程中各阶段的物化反应来确定使用何种的烧成气氛。当原料中碳和有机物的含量比较少，且吸附性和黏性都较弱，铁含量较高时，适用还原气氛烧成；反之则使用氧化气氛烧成。

在烧成过程的低温阶段，主要是用来氧化分解和排除水分的，为保证有机物、碳、硫化物等的充分氧化和碳酸盐的分解，一般选用强氧化气氛。高温阶段则根据产品的需要来确定采用的烧成气氛，氧化气氛和还原气氛均可，在冷却阶段一般的陶瓷对气氛的要求不是很严格，当然，一些需要特殊处理的陶瓷则会有特殊的要求。

　　窑内气氛往往对颜色釉的呈色效果起举足轻重的作用。瓷器在烧成过程中会发生一系列的物理—化学变化，即使是相同的配方，受烧制过程中各种参数的影响，其釉彩呈色的差异极大，在其中"气氛"无疑是一个非常关键的因素。烧成气氛对陶瓷呈色的影响首先反映在釉色的变化上，尽管釉的原料组成和烧成制度固定不变，但同样的釉在不同的烧成气氛条件下烧制出的颜色效果却大不相同。例如，20世纪80年代日本学者若松盈、竹内信行等通过研究指出：铜红釉在强还原气氛下烧成为灰色；在还原气氛下烧成，然后在氧化气氛下冷却会形成红色，而在氧化气氛下烧成的铜釉则为绿色。同样的，铁釉在还原气氛下烧成为青色，在氧化气氛下烧成则为黄色。锰系色釉在氧化气氛中，容易烧制成为红色或者玫瑰红，在还原气氛中，低价的锰化合物容易使釉的颜色变淡。但它无论是在氧化气氛还是还原气氛中，均可使釉色呈现出美丽的红色，而且在高温下都比较稳定（张玉南主编《中国艺术釉工艺学》）。其次，烧成气氛对陶瓷呈色的影响还反映在着色元素的离子价态和离子的含量上及胎色上，对于铁系色釉而言，通过测定 $Fe^{2+}/(Fe^{2+}+Fe^{3+})$ 的值可以很容易区别出烧制过程是在氧化气氛还是在还原气氛中进行的。当 $Fe^{2+}/(Fe^{2+}+Fe^{3+})$ 的比值越大，胎的灰颜色就越深，烧制气氛以还原气氛为主，当其达到最大值1时，说明该陶瓷胎是在强还原气氛中烧成的；当 $Fe^{2+}/(Fe^{2+}+Fe^{3+})$ 的比值越小，胎的灰颜色就越浅，烧制气氛以氧化气氛为主。

「32」 瓷器有哪些装烧方式？窑具的作用是什么？

瓷器的装烧工艺是继承了陶器的装烧工艺，并在此基础上不断改进完善发展而来的，经历了一个由原始到成熟的发展历程。商和西周瓷器的装烧工艺比较低级原始，坯件直接置于窑箅上，尚未使用任何支垫具。春秋战国时期出现了支垫具及叠烧工艺。目前最早的支垫具出现在浙江德清原始瓷窑址中，其中垫烧具的出现比支烧具更早。前者出现于西周晚期到春秋中期，后者出现于战国中期。东汉中期以后，随着装烧工艺的逐步提高，终于促成了真正意义上瓷器的诞生。

装烧工艺的第一次发展是在三国两晋南北朝时期，主要表现在窑具种类的丰富和先进的组合方式上。值得注意的是，在湖南湘阴窑和江西丰城龙雾洲窑的南朝地层中都发现了匣钵。匣钵的出现是装烧工艺的一大创新，具有划时代的意义。在之后相当长的时间里，装烧工艺发展缓慢，直至唐代开始走向兴盛，经历了其历史上第二次重大变革。此时，不仅烧造所使用的各种窑具种类繁多，式样丰富，而且匣具的使用范围也迅速普及到全国。从隋唐前的青釉独领风骚，到唐五代的"南青北白"，直至北宋以后瓷器的百花齐放，无疑装烧工艺的兴盛，直接导致了制瓷业的繁荣[1]。

进入元代，尤其是明清时期，瓷器的生产无论在质量抑或产量上都达到了历史高峰。此时的装烧工艺是在宋金基础上发展起来的，具有一套完整的生产工艺。制瓷中心集中于江西景德镇，装烧工艺也趋于统一，大多采用匣钵正烧法，且烧瓷技术娴熟，官窑更是如此，装烧工艺留下的痕迹很少。

瓷器的装烧工艺形式多样，类型繁多，根据不同的分类依据可分为以下几类：

① 按坯件放置方向来分可分为：正烧法、覆烧法和对扣烧法。

② 按坯件是否隔离火焰可分为：裸烧法和隔烧法。

③ 按一个单位装烧系统内所装坯件数可分为：单件装烧法、多件叠烧法和

---

[1] 曹俊. 瓷器装烧工艺的分类及特点. 陶瓷，2014（9）：47-51.

套烧法。

④ 按坯件装烧时的综合工艺可分为：支垫具承托单烧法、明火叠烧法、匣钵单件仰烧法、匣钵多件仰烧法、支圈覆烧法和涩圈叠烧法6种。

此外，还有一些具有地方特色、较独特的装烧工艺。如北宋时期越窑出现的二钵一凹底匣钵组合装烧法，北宋时广东惠州的大面托盘装烧法，山东、宁夏发现的棚板与支柱架装烧法，以及金代山西乡宁西坡窑的捎架套烧法等。

我国历史上瓷器的装烧工艺式样繁多、异彩纷呈，每种装烧工艺都具有独其独特之处。这里主要选取了瓷器烧造史上最具代表性的6种装烧工艺来进行阐述。

（1）支垫具承托单烧法

这是最初的装烧工艺，它的出现是为了将坯件抬高至窑内最佳"烧成带"而创造的。其装烧工序如下：

在窑床上铺沙，将一喇叭形支烧具或直筒状支烧具的底部插入窑沙中加以固定，在支烧具上置一直径略大的圆形垫饼直接来承托坯件，使坯件处于最佳"烧成带"。若达不到最佳"烧成带"，则在前两件窑具相叠的基础上，再加上其他低矮支烧具直至达到最佳窑内位置。

还有一种是在窑床内距"烧成带"较近区域，将一种斜底楔形支座的双足端插入窑床，无足一端插入窑沙中，在其上置覆钵形窑具或圆形垫饼，再在窑具上放置坯件。此方法常用来烧制钟、罐、坛等底径较大的大件器物。

优点：坯件直接置于窑内的最佳"烧成带"，可使坯件充分受热，提高了产品的烧成率。它的创造也成为后来瓷器装烧过程中最基本的装烧方式。

缺点：装烧量少，且费工费时，只适于大型器物的装烧，不适于大规模生产，在装烧量上有很大的局限性。

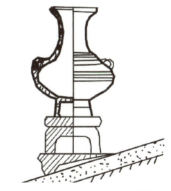

支垫具承托单烧法示意图[1]

[1] 曹俊. 瓷器装烧工艺的分类及特点. 陶瓷，2014（9）：47-51.

（2）明火叠烧法

从现有考古资料来看，明火叠烧法是在匣钵出现之前的主要装烧工艺。在我国南北方的很多窑址均有发现，随着时间的推移而不断发展变化。如越窑的明火叠烧法从东汉晚期开始直到南朝出现匣钵结束，其先后出现了大小件器物套烧法、同类器物叠烧法、三足支钉间隔叠烧法、锯齿状窑具间隔叠烧法、盂形窑具托珠组合叠烧法、扁圆形窑具托珠叠烧法等。如北方在山西的窑场中有浑源窑的窑柱仰口叠烧法，河津北午芹唐代窑址和交城磁窑村窑中的窑柱覆口叠烧。不同时代运用不同垫烧具间隔的明火叠烧法，其进步性表现得十分明显。

综合概括明火叠烧法的程序为：装烧时在窑内底部铺一层窑沙，将支烧具插入窑沙内，为了保证其稳定性，可在窑底用楔形垫圈垫平。在窑柱稳定后，将坯件置于其上，随后在坯件内腹放置垫烧具，再在其上搁置另一坯件。如此一坯一垫烧具间互叠烧，直至适当。

优点：由于使用明焰，火焰可直接作用于坯件上，这样可减少热量的损失，且升温较快，有利于提高窑内温度，烧制出较成熟的瓷器。坯件叠放，可以多装坯件，增加装烧量。当时的窑具简单，多使用扁圆形泥点作垫烧具，既降低了窑具本身的质量，因间隔具的发展又减少了器物与窑具间的相互粘连，大大提高了垫烧具的使用率，节省了制作窑具的工时和原料。这是一项既增加产量又创造很大经济价值的装烧法。

缺点：装烧时火焰直接作用于坯件，致使烧成的器物釉面发黄，留有烟熏痕迹，有些瓷器表面会落有柴灰、煤灰等缺陷。因未使用匣钵，坯件受热不均匀，局部温度过高，致使成品发生变形、开裂成为残次品。加之叠烧时坯件叠加过多，支垫具承受能力有限，往往易发生倒塌，影响产量。

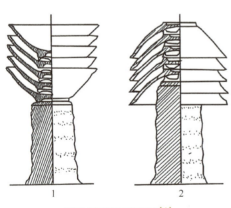

明火叠烧法示意图[1]
1. 仰烧 2. 覆烧

---

[1] 马铁成. 陶瓷工艺学. 北京：中国轻工业出版社，2012：392-398.

（3）匣钵单件仰烧法

匣钵单件仰烧法是继明火叠烧法之后出现的一种十分先进的装烧工艺，在我国的瓷器烧造史上具有划时代的意义。其装烧情况为：将一个用黏土加粗料制成的垫圈或垫饼放入已烧成的匣钵内（匣钵的大小多依所装坯件的大小各异而事先烧成），双手托起坯件装入匣钵，坯件的圈足套在垫圈或垫饼上，一个匣钵内只放置一件坯件，然后把装有坯件的匣钵逐件叠放，最后一个匣钵上加盖。

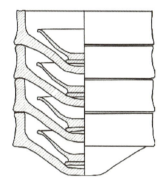

匣钵单件仰烧法示意图[1]

优点：匣钵的使用提高了产品的质量，故多为烧造高档瓷器使用，如唐代邢窑、七里镇窑的精烧法及明清官窑的烧造。使用匣钵装坯件，坯件受热均匀，烧制出的产品器型端正，釉面莹润光滑，釉层均匀。同时，可保护坯件不受烟气和灰渣等的污染，降低了产品的残次率，极大提高了产品的质量。为后来的五大名窑及明清细瓷的成功烧造奠定了基础，是中国制瓷史上最伟大的创新之一。

缺点：工艺复杂，技术要求较高，使用大量耐火材料，成本较高，不适宜普通民用瓷器的大批量生产，有一定的局限性。

（4）匣钵多件仰烧法

匣钵多件仰烧法的使用范围广、时间长，而且匣钵式样繁多，能够根据器物形状的不同来制作，如有碗形、盘形、钵形、长筒形等。尤其是出现了部分瓷制的M型匣钵，且匣钵相叠处或匣钵与盖相合处均用釉浆密封，烧成后，须打破匣钵方能取出产品。具体装烧方法是：选取与坯件相配套的匣钵，口部朝上置于窑底的耐火渣中掩埋稳固，在匣钵内放入坯件，并在坯件之间、坯件与匣钵之间用垫珠、垫饼等垫烧具隔开，然后向上叠摞匣钵，上层的匣钵正好充当了下层匣钵的盖，最后在顶端的匣钵扣匣钵盖，这样逐层叠摞套合形成匣钵长柱。在匣钵间

---

[1]　曹俊. 瓷器装烧工艺的分类及特点. 陶瓷，2014（9）：47-51.

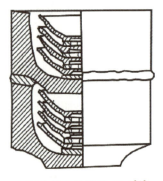

匣钵多件仰烧法示意图[1]

缝隙处还要垫塞瓷泥，以防透气。同时，为了防止匣钵柱倾斜或倒塌，有的在匣钵柱之间用支垫具支撑或填塞瓷泥。

优点：匣钵烧制材料的改进，增大了匣钵的承受能力，可层叠摞至窑顶。加之匣钵柱间支垫具的使用，可使坯件安放稳定，避免了坯件因堆叠过高而倒塌造成废品，这样就提高了烧成率，确保了产量；匣钵密封度增加，保证了坯件烧造环境的清洁，烧成瓷器的釉表面质量显著提高。同时又避免冷却时外部冷空气的侵入而造成器物骤冷收缩开裂，确保了产品的质量。

（5）支圈覆烧法

由定窑首创，是制瓷工艺上的一个杰出创造。装烧程序大致为：以大而厚的垫饼为底，其上置一带阶梯的圆环形支圈，支圈用烧造瓷器的瓷泥烧制，在支圈的梯阶上撒一薄层谷壳灰，把芒口的坯件扣放在垫阶上，将坯件与支圈一坯一圈地依次覆盖叠摞，用泥饼盖住，即组成一个上下大小一致的圆柱体，用稀薄的耐火泥浆涂抹外壁，封闭空隙，再装窑。

优点：支圈采用与制坯同样的细泥制成，使两者膨胀系数一致，保证了瓷坯在高温焙烧中器物规矩不变形，精品率高；支圈细薄，用料很少，节省了原料和窑内空间。相同的窑室，采用该法产量可提高 4 至 5 倍。此方法虽曾风行一时，但由于会使碗、盘等形成芒口，因而最终为宫廷所放弃。

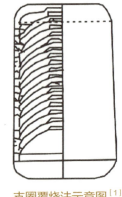

支圈覆烧法示意图[1]

（6）涩圈叠烧法

也可称刮釉叠烧法。这是一种较为粗简的装烧方法。坯件在施釉入窑之前，在坯件内底先刮去一圈釉面，形成一露胎的环状涩圈，然后将叠烧的器物底足置

---

[1] 曹俊. 瓷器装烧工艺的分类及特点. 陶瓷，2014（9）：47-51.

于其上，为防粘连瓷坯的底足皆不上釉露胎，使涩圈正好与无釉的器底足相吻合，并逐层重叠置于匣钵内。

优点：工艺简单，产量高，成本低。适用于生产大众化的低档瓷，多为中小型窑所使用，满足了社会上日益增长的生活用瓷的需要。

缺点：成品质量较差，制作粗糙，内底一圈无釉，美观性差[1]。

现今，陶瓷制品在窑炉内烧成时，或者

榆次窑涩圈叠烧法标本[1]

为了隔离不净的烟气接触，或者为了制品的支撑、托放及叠装，常用一些耐火材料制成不同形状的辅助材料应用于窑内，这些辅助耐火制品统称为"窑具"。不同类型普通陶瓷用窑炉及窑具见下表统计。

普通陶瓷用窑炉及窑具

陶瓷类型	所用窑炉	窑具品种
日用瓷	倒焰窑、隧道窑、辊道窑	匣钵、棚板、支柱、窑车材料、辊棒、支架垫饼
建筑陶瓷	隧道窑、辊道窑	棚板、支柱、窑车材料、辊棒
卫生陶瓷	隧道窑、辊道窑、梭式窑	棚板、支柱、托板、窑车材料、辊棒
电瓷	隧道窑、梭式窑、罩式窑	匣钵、垫座、棚板、支柱

传统明焰陶瓷窑炉，特别是以煤或渣油为燃料的大断面窑炉，常采用匣钵来隔离产品，同时形成"钵柱"起到承载作用。以气体或轻油为燃料的新型窑炉，可不用匣钵，而代之以棚板、支柱砌筑的棚架结构来装载产品，这样有利于传热，但窑具与制品质量比仍很高，不利于产品单位燃耗的降低。陶瓷工作者对现代窑炉窑具与产品质量比这个指标非常重视，不断从窑具材质及结构、形状等方面改进，以求最大限度降低此质量比[1]。

---

[1]　王芬. 耀州窑陶瓷. 西安：陕西科学技术出版社，2000：34-48.

「33」 古代烧制陶瓷的窑炉有哪些类型，各自的特点？

目前学术界关于窑炉的分类，有多种分类方法，有些只是对外形的描述，有些是根据功能或者产品命名，有些是根据燃料的类型命名，归纳起来有以下几种：

① 根据产品名称分类，如陶窑、瓷窑、炻器窑、砖瓦窑、盆窑、碗窑、砂锅窑、缸窑等，实际上陶窑、瓷窑和炻器窑基本已经涵盖了所有，不过由于陶瓷器生产在后期越来越细化，所以窑炉的名称也越来越细化。

② 根据产品特色分类，如白瓷窑、青瓷窑、三彩窑、黑瓷窑等。

③ 根据所在地分类，如钧窑、汝窑、邢窑、耀州窑、景德镇窑等。

④ 根据时期分类，如秦窑、汉窑、唐窑、宋窑等。

⑤ 根据形状分类，如马蹄窑、龙窑、鸡窝窑、卧牛窑、地穴窑、馒头窑、蜈蚣窑、鸡笼窑、双火膛窑、异形窑、葫芦窑、连房窑等。

⑥ 根据窑炉内火焰走向分类，如升焰窑、半倒焰窑、全倒焰窑、直焰窑、平焰窑等。

⑦ 根据燃料分类，如柴窑、煤窑等。

⑧ 根据建造方式分类，如薄壳窑、土筑窑、洞穴窑、砖砌窑等。

⑨ 根据所辖家族或者皇帝年号、主要官员姓名分类，如柴窑、卢钧窑、唐英窑、赵家窑等[1]。

中国陶瓷窑炉发展如同中国陶瓷发展一样，经历了一个漫长的历史过程。从西安半坡遗址（距今约 6000 年）的发掘中，证明远在 6000 年前，中国劳动人民就用双手建造了烧陶器的竖穴窑、横穴窑，随后又建造了升焰式圆窑和方窑，这些窑基本上是氧化气氛烧成，最高温度可以达到 1200℃。例如陕西张家坡出土的西周（距今约 2700 年）原始瓷，其烧成温度已达 1200℃。从广东增城、浙江绍兴、河北武安以及湖北江陵等地考古发掘的资料证明，在 2500 年前的战国时

---

[1]　阎飞. 中原古代陶瓷窑炉实验考古研究. 郑州大学博士学位论文，2012.

代，中国南方建造了烧制陶瓷的倾斜式龙窑，北方建造了半倒焰式馒头窑。龙窑和馒头窑最高烧成温度可达 1300℃ 以上，并可控制还原气氛。例如山西侯马出土的原始瓷，烧成温度为 1230℃。南方也出土了大量战国（距今约 2500 年）和汉代（距今约 2200 年）的原始瓷和青瓷，烧成温度达到 1300℃。自宋代起山东淄博、陕西耀州等地部分馒头窑已用煤作燃料来焙烧瓷器。明代在福建德化创建了阶级窑，明末清初在江西景德窑创建了蛋形窑（简称景德镇窑），在这些窑炉中烧出了著名的中国瓷器。

几种典型窑炉的特点：

古窑，在距今 5000 年前我们的祖先就用来焙烧原始瓷器，古窑有竖穴窑和横穴窑两种，其中最具有代表性的是横穴窑。横穴窑是一种外焰式窑，是中国古代劳动人民利用燃料燃烧时火焰向上这一自然科学原理修建的。它由燃烧室、火道、火眼及窑室等部分构成，窑的容积很小，直径只有 0.8 米左右，大的陶器只能烧一件，较小的陶器可烧四、五件。横穴窑充分体现了中国祖先已经知道利用火眼的大小分布来控制流过烟气的多少，得以使窑内温度尽可能均匀。

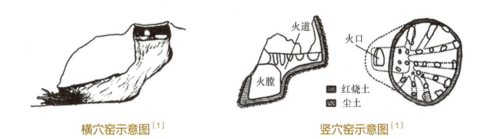

横穴窑示意图[1]　　　　　　　　竖穴窑示意图[1]

龙窑多依山坡倾斜砌筑，形状似龙，故称为龙窑。现在中国南方的江苏、浙江、广东、福建、江西、湖南等省，还有少量改造后的龙窑，用来烧制一些瓷器。龙窑的结构比较简单，常在山坡上挖一条倾斜通道作为燃烧室，倾斜通道与地平线构成 10°～20° 的倾斜角。窑长一般 30～80 米，内宽 1.5～2.5 米，内高约 1.6～2 米，容积约 50～400 立方米。窑顶上设置有投料孔，窑墙的一侧，沿窑长开有 2～4 个高约 1.8 米的窑门，窑头设有供点火用的燃烧室，窑尾一般不设烟囱或设有 1 米多高的烟囱。因为龙窑自然倾斜向上，本身就起着烟囱的排烟

---

[1]　图片源自于网络：http://info.hhczy.com/news/20130123/9893.shtml?webshielddrsessionverify=n871r8roz sflpr39sbnc.

作用。燃料有煤、茅柴、树枝等。龙窑的最大特点是烧成时，能够有效地利用废气的热量和制品冷却时放出的热量来干燥、预热制品，提高窑内温度，减少单位产品的燃耗，热利用率相对较高。其次龙窑有结构简单、建造方便、烧成时间较短、产量较高等特点。

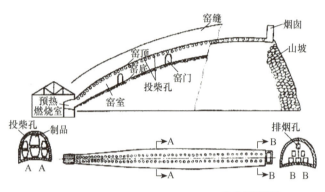

龙窑示意图

阶级窑是由龙窑逐步改进而来的，因外形呈阶梯状而得名，大约在明代首创于中国福建德化，故又称为德化窑，明末清初传至日本和朝鲜，称串窑。它像龙窑一样，也是依山坡倾斜砌筑，不同的是各窑室均砌筑成阶梯形。阶级窑采用自然通风方式，以木柴为燃料。一座阶级窑一般由5～10间容积不等的燃烧室串联而成，各间大小不同，头两间小，中间大，尾间小。窑室高约2.5～4米，宽约3～4米，间长约2.5～3.5米，窑全长约15～30米。由于阶级窑有多个烧成室，因此在烧同样一窑陶器制品时，燃料消耗相对较少。因窑内多呈正压，较易控制窑内还原气氛，制品的烧制质量比龙窑好，但结构比龙窑复杂。

阶级窑窑身倾斜升高，可不设置烟囱，或设置矮小的烟囱以增加抽力。窑室间与间的隔墙下有一排通道，供烟气流通用。每间两侧设有窑门，门上有投柴孔，门内有凹槽式燃烧室。作业时，每室都码装匣钵与坯体，先烧窑头燃烧室，然后向后逐室烧成。

景德镇是中国的瓷都，在世界上久负盛名。驰名中外的景德镇古代瓷器就是在景德镇窑炉（镇窑）中烧制的，镇窑出现于1000多年前，是世界上最早用来烧制瓷器的窑炉。镇窑是一种大型单室窑，其外形近似半个平卧在地的鸭蛋，故又称蛋形窑。窑的容积约200立方米，窑身长16～18米，窑室前端高而宽，后端矮而窄，镇窑窑底为实体，前端低于后端约40～50厘米，其倾斜度约为3º。

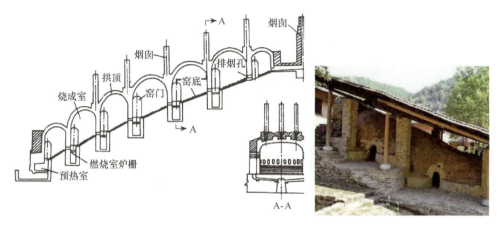

阶级窑示意图

镇窑的窑内壁和窑顶很薄，约 0.2～0.24 米，在窑壁与窑墙之间，留有 0.2～0.3 米的空隙。由于间隙内的空气与外界不通，起到了隔热作用，可减少向窑内周围散失的热量，又可减少窑体的蓄热，故镇窑升温快，生产率大大提高。从这一点来看中国古代人民在陶瓷窑上已有隔热的概念。但镇窑在操作上较其他古窑复杂，燃料为松柴。

馒头窑，因火膛和窑室合为一个馒头形的空间，故名馒头窑。一说因外形近似馒头而得名，又名圆窑。

馒头窑是北方地区流行的陶瓷窑炉形制，窑的容积一般为 40～70 立方米，由窑门、火膛、窑室、烟囱等部分组成，在生土层掏挖修制或以坯、砖砌筑而成。馒头窑约出现于西周晚期，至今仍在使用。

馒头窑一般在生土层掏挖而成，拱形顶，火膛呈半圆形，窑室左右两壁外弧或较直，后壁齐直或略呈弧形，一般在后部设 1 个竖直的烟道，也有的等距离设 3 个。烟道较小，平面呈圆形、长方形或方形。

烧制瓷器的馒头窑以砖坯或砖砌筑，平面形制主要有 3 种：

一是火膛为半圆形，窑室左、右、后壁齐直，后部一般设两个平面呈方形的较大的烟囱。

二是马蹄形窑。因其平面状似马蹄形而得名。其火膛呈半圆形或扇形，窑室从前至后渐宽，左右两壁外弧或略外弧，后壁齐直，一般后部左右各设一个平面呈方形或半圆形的较大烟囱，后壁下部左右设排烟孔，与烟囱相通。火焰流动方式属于半倒焰。马蹄形窑唐至元代流行于北方地区，陕西耀州窑、河南汝窑、河

107

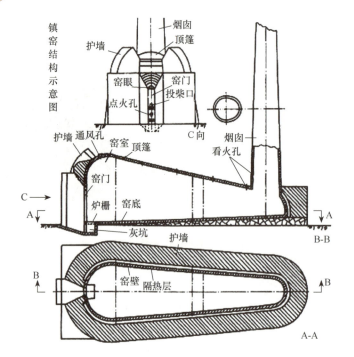

镇窑结构示意图

烟囱
顶篷
护墙
窑眼
窑门
投柴口
点火孔
C 向

烟囱
看火孔

护墙　通风孔
窑室　顶篷
窑门
C →
炉栅　窑底
A
灰坑　护墙
A
B-B

B
窑壁　隔热层
B
A-A

景德镇窑示意图

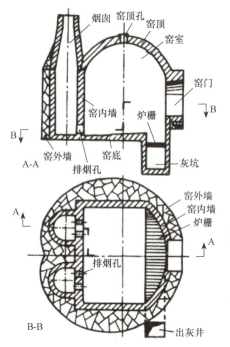

烟囱　窑顶孔　窑顶
窑室
窑门
窑内墙　炉栅
B
B
窑外墙　窑底
A-A
排烟孔
灰坑

窑外墙
窑内墙
炉栅
A
A
排烟孔
B-B
出灰井

馒头窑示意图

北磁州窑等，使用的都是这种窑炉。宋、元时期南方地区有的窑口，如四川彭州窑、重庆涂山窑、广东惠阳窑等，也用马蹄形窑烧制瓷器。

三是火膛、窑室干面合起来为圆形，后部设一平面为横长方形的较大的烟囱，由排烟孔或平置的排烟道与其相通。烧瓷馒头窑立面为券顶或穹窿式顶，火膛一般低于窑床。

北宋中期以后，北方开始以煤为烧制瓷器的燃料，火膛内增设了炉栅，炉栅下有落灰坑，并加强了通风设施。馒头窑容易控制升温和降温速度，保温性能好，适于焙烧胎体较厚、高温下釉黏度较大的瓷器。但它升温慢，降温也慢，烧成时间相对较长，并且窑内温度前后、上下分布不够均匀，易出次品。

「34」 在古代陶瓷考古发掘现场，为什么同一窑烧制的瓷器品质大不相同？

同一窑中的瓷器品质不同主要是因为烧成温度不同而造成的，待烧的坯胎在窑内的摆放位置也会对瓷器的品质造成影响。如一般的柴窑从最高温区的1320℃到低温区1170℃，各个位置温度差别很大，在关键节点上5～10℃的温差可能就有不同的结果。这是由于火道的位置往往会使得靠近火道的瓷器过烧，远离火道的瓷器生烧，其余的瓷器正烧。因此，景德镇工匠把窑内分成20余个温区，分别烧制不同档次的瓷器。

古代窑炉同一窑中的烧成气氛也不均匀。当时的烧窑师傅单凭"望"（观窑火）、"闻"（听声音）、"问"（询状况）、"切"（看照子），来控制烧成制度和气氛。古代的烧成技术也不尽相同，生产瓷器各种工艺完全是凭借经验，也就是现在常说的"眼学"而不是科学。测试窑炉温度一般都是往窑内吐口水，然后观察口水的蒸发速度来判断窑温。然而，10℃的温差就会使瓷器的品质发生很大的变化。从制瓷原料的采掘、加工、配制，到成型、施釉、烧成、出窑，每一道工序中都有各种因素会造成成品瓷器品质的变化，如空气中湿度大会造成坯体含水量过高而影响釉层的厚度，烧成时影响氧化过程。所以同一窑烧制的瓷器品质也不尽相同。

古代同一窑烧制的瓷器品种也往往不是单一品种，其中不同的瓷器所采用的原料、工艺等往往也不同；同一瓷器的制作往往也不是出于同一个陶瓷艺人之手。除此，古代原料加工技术不像现在球磨技术先进，其原料加工的不均匀性往往导致同一窑烧制的瓷器品质不一样。

天气因素也是影响烧制瓷器的因素之一。古代窑炉的燃料多为柴草和煤，其助燃空气的进入往往是靠自然的风。风向的不同，往往会导致同一窑烧制的瓷器品质不同。天热时无风多雨气压低，窑内进风量大大降低，因为缺氧木柴燃烧不好，窑内最高温度很难达到烧成所需的温度，因此烧成质量大大下降。例如景德镇有"七死八活九翻身"的俗语，就是说七月是最热最潮湿的季节，窑炉受气压影响不能正常使用，次品率过高，制瓷厂家不能正常生产，是一年中最困难的时期；九月秋高气爽，不冷不热是柴窑最好的烧成季节，烧造的瓷器质量普遍好，这一季节是陶瓷生产的最佳时间。当然在没有使用气窑之前，由于窑炉，特别是柴窑受木柴、天气、湿润等条件的干扰不可能形成同一种烧成气氛；柴窑完全靠自然通风，普通砖砌筑窑墙不具备承受高温的条件，不能采取保温措施，天冷时窑内进风量大，木柴燃烧好，好窑位温度高，在好窑位摆放的瓷器烧成质量相对较好。

「35」 什么是化妆土？为什么使用化妆土？

关于化妆土的概念，目前依然是有争议的话题，争议的焦点是"类釉"还是"类坯"。应该说化妆土起源于"类坯"的概念，早期的化妆土组成几乎是纯土类，烧成前后种种性能却是类坯不类釉。然而，现代化妆土组成日趋复杂化，越来越与釉料尤其是底釉接近。某些低温化妆土用的温度较高时，亦有大量玻璃相存在，没成釉的原因是其没有完全玻璃化，组成中以晶相为主，如此说来，某些结晶釉或者是乳浊釉就不能称之为釉了，所以有时界限很难分明。更有以浆料性能区分亦很难有结果，因为传统的"土釉"既可作陶胎，又可作高温釉。因此，只能依照用途论孰为化妆土孰为釉。

总体来说，化妆土是用一种或多种天然黏土，或由黏土、长石、石英为主并添加一些功能组分制成的白色或彩色泥浆，施敷于坯体表面用于掩盖坯体表面的不良颜色、缺陷，或粗糙及外露的有害物质，起到化妆的作用。化妆土一般为白色，也有特意添加着色剂或利用带色黏土制成彩色化妆土来装饰坯体表面。

以化妆土装饰，我国新石器彩陶上已有使用。三国时期，南方出现在瓷器上使用化妆土改善器表粗糙表面，后成为改善青瓷釉色的重要方法[1]。唐宋时期磁州窑系的剔刻花、剔花填彩等更是将其用到了极致。公元前3000年的埃及陶器上约有0.5～2.5毫米厚的化妆土层，并能精巧的使用红、黑、白色化妆土。

化妆土的用途很广，从日用陶瓷到器皿、陈设瓷到建筑卫生陶瓷都有使用。对建筑墙地砖和部分卫生陶瓷，为使表面完好并得到理想的颜色釉，常施一层化妆土或者底釉，再上面釉。而在劈离砖和饰面瓦上常施一层玻璃化化妆土而不施釉。玻璃化化妆土可大量取代釉料，降低产品成本。

化妆土一般可分为三类，一类为白化妆土，一类为色化妆土，另一类为玻璃化化妆土。白化妆土一般是施于坯体后再施釉，用于掩盖坯体中铁、钛化合物的颜色，以提高釉面白度或颜色釉的呈色效果，通常选用呈色较白的黏土制备，也

---

[1] 秦大树. 瓷器化妆土工艺的产生与发展. 华夏考古，2018（1）：58-74.

有加入乳浊剂的。色化妆土主要用于不施釉制品的表面装饰，如花盆、宜兴砂壶等。玻璃化化妆土用于改变坯体的表面颜色和抗风化能力等。在坯体的表面施此种化妆土后，使产品表面形成某种天然矿石的质感。其中有的类似釉，但组成依然是坯料形式，烧成后无色无光，也不改变坯体颜色，但却不吸水、不挂脏，如劈离砖和某些饰面瓦化妆土[1]。

化妆土常是釉与坯的中间层，其本身性能将直接影响到坯体和釉层的结合以及性能，因此化妆土必须具备如下性能：

① 遮盖力应尽量高，透光率应小于 10 %。白色化妆土，其白度也应尽量高，一般要大于 80%。

② 各种物理化学性能应介于坯、釉之间，如颗粒细度、膨胀系数、熔融温度等，从而保证能形成良好的中间过渡层形式。

③ 化妆土的干燥收缩与烧成收缩应与坯体匹配，以避免出现剥离或裂纹等缺陷。

④ 釉下化妆土，应不含 950℃以上易分解或脱水并产生气体的成分。

⑤ 流变学性能稳定，并且有较强的与生坯、釉层结合的能力。

[1] 王宇旭. "多元气氛" 对古代陶瓷呈色的影响研究. 景德镇陶瓷学院硕士学位论文，2014.

「36」 唐三彩是什么？有哪些装饰技法？

唐三彩，是唐代低温铅釉的陶质生活用具和陶塑艺术作品的总称。它始烧于唐高宗时期（650～683年），开元年间（713～741年）十分流行，安史之乱（755～763年）后开始衰落。唐三彩主要作为明器用于随葬，在西安、洛阳等地的唐代墓葬中出土很多。以白色黏土作胎，胎体经过800～900℃素烧之后，施以釉料再入窑烧制而成。其釉料以铅熔渣和铅灰为助熔剂、石英为基料，以铜、铁、钴、锰等元素的矿物为着色剂组成。基于这些着色元素的呈色，形成唐三彩黄、绿、蓝三色的基调。这些色釉经过复杂的窑变，流淌交融和调染，并向四面扩散浸润成多种色调，呈现出深绿、浅绿、翠绿、蓝、黄、白、赭、褐等各种颜色。因此，人们称其为"唐三彩"，而三彩则是多彩的意思。作为助熔剂的铅，经一定焙烧后，能增强釉面的光亮度，形成斑驳灿烂的彩色釉，具有非常美的装饰效果。

唐三彩的装饰方法独具风格，注重装饰纹样与器物造型的和谐对称，纹样构图与色彩变化相烘托。三彩釉浆随便施于器体，经焙烧和流动融合后，就可产生色彩绚丽的效果。如果用釉浆在胎体上进行细心地点描、泼洒、斑涂，经焙烧后还会出现各种富于装饰性的图案。"肇自然之性，成造化之功"这种装饰既有艺匠构画的严谨，又有自然浸润的精妙，雅致清丽，艺术性强。西安中堡子村唐墓出土的三彩塔形罐，釉色层次分明，合理有序。盖上以酱色和蓝色釉为主，以白色、淡黄色为辅，相衬之下，显得庄重肃穆。罐是整个器物的主体，因而就突出地加以烘托、渲染。口沿施深绿色，肩部饰莲瓣纹，莲心为白

唐三彩罐（东京国立博物馆藏）[1]

---

[1] 方忆. 唐三彩彩釉工艺与唐代染缬工艺关系之初步探讨. 故宫博物院院刊, 2010（2）: 66-85, 158.

色，以外层层相间施深蓝、褐、淡黄等色，罐腹则以褐、赭、蓝、黄、白、绿诸色进行密集地点画，入窑焙烧后形成了各种色彩的斑块。器座交错施以浅黄、嫩绿和白色，颇有淡雅稳定的感觉。

唐三彩的贴塑技法也比较突出，将信手捏塑的人物、动物或模制的各种图案贴在器物或人体上，纹饰凸起，具有浮雕的艺术效果。1973 年江苏句容县茅山乡征集到一件唐三彩三足罐，堪称贴塑艺术的佳作。罐底粘接三兽足，肩部贴塑飞狮饰飞翼，昂首翘尾，怒目张嘴，四肢作飞腾状，形象十分雄健生动。釉色以绿为主，并施白色花斑作衬，贴塑的图案施赭、白、淡绿等，色彩鲜艳，使端庄的造型更富有装饰艺术的美感。

唐代艺术工匠们在长期的创作实践中，积累了丰富的经验，承袭北朝浑厚康劲的造型艺术特点和南朝清新雅润的艺术风格，对社会生活的各个方面进行观察分析，并加以提炼和概括，融进自己审美创作的情趣，捏塑的题材广泛而新颖，表现手法明快写实，各种形象均能表现出发自内心的情感和特定的性格[1]。

唐三彩女坐俑（陕西西安王家坟村唐墓 1995 年出土）[1]

---

[1] 刘凤君. 中国古代陶瓷艺术. 济南：山东教育出版社，1990：43-50.

「37」 什么是釉下彩？有哪些代表性窑口和品种？

　　釉下彩是我国陶瓷的传统装饰方法之一，是在素烧坯或未烧的坯体上进行彩绘，然后施上一层透明釉，后经高温（1200～1400℃）烧成。釉下彩绘的画面光亮柔和，不变色、耐腐蚀，釉面耐磨损。但是因为釉下彩绘的画面与色调不如釉上彩丰富多彩以及不易机械化等原因而未被广泛使用[1]。釉下彩装饰方法创始于唐代长沙窑，宋代磁州窑继承了这个传统，元代以后景德镇予以发展。常见的釉下彩有青花、釉里红、釉下五彩、青花玲珑、青花釉里红。其要求彩料必须在釉烧时不和釉发生反应，同时不得流动或使花纹模糊，其呈色通过透明釉充分显露出来，故称为釉下彩[2]。

唐代长沙窑铜红釉执壶[3]

　　长沙窑采用一次罩釉、二次罩釉以及接釉等多种技法进行施釉，从而使器物呈现出丰富的釉色变化。采用一次罩釉技法而成的釉色品种常见有青釉、白釉、酱釉、褐釉、绿釉、黑釉与铜红釉。采用二次罩釉技法而成的釉色品种常见蓝绿釉与窑变釉。其中，铜红釉是长沙窑的首创釉色品种，其以铜为着色剂，还原气氛下烧成，色泽艳丽，堪称一绝。因数量稀少，故弥足珍贵[3]。

　　磁州窑绘画装饰艺术借用中国画技法，以其豪放、生动的装饰艺术构思和朴素的黑白对比在崇尚高雅单色釉的宋代独树一帜，成为其他窑口竞相模仿的典范。磁州窑绘画装饰艺术是对传统陶瓷装饰艺术的改革与创新，开创了我国瓷器彩绘的新时代，同时也为宋代以后的青花艺术和釉下彩绘艺术奠定了基础[4]。

[1] 程定宇. 论陶瓷绘画的艺术性. 景德镇陶瓷学院硕士学位论文, 2014.
[2] 王芬, 张超武, 黄剑锋. 硅酸盐制品的装饰及装饰材料. 北京: 化学工业出版社, 2004.
[3] 杨俊艳. 唐代彩瓷名窑长沙窑瓷器艺术. 收藏家, 2016 (10): 3-10.
[4] 徐慧. 宋代磁州窑的绘画装饰艺术研究. 山东理工大学硕士学位论文, 2013.

磁州窑使用的是本地的高岭土，杂质含量高，加上工艺限制，瓷胎常常有孔隙和斑点。在磁州窑釉下彩装饰中，主要色彩为黑、白、褐色等。在彩绘时同样延续彩陶与长沙窑等坯胎上施"陶衣"的方法，在坯体上覆盖白色的化妆土，由于加了一层化妆土，虽然成品白度提高，但其在烧制过程中因膨胀系数不同会导致化妆土外的釉层表面产生裂纹或脱釉现象。

磁州窑突破性地创作了很多独特的装饰方法，如巧妙地在坯胎上敷上白色化妆土后施以黑彩，再以刀代笔，勾勒花瓣经脉，划掉黑彩的同时露出白色的化妆土，再整体施以透明釉进行烧制，成品产

宋代磁州窑白釉黑彩瓶[1]

生强烈的黑白对比之美感。其绘画主要手段是画、刻、剔、划。主要品种有白釉釉下黑彩划花、白釉釉下酱彩、珍珠地划花等[1]。

元代青花釉里红瓷瓶[3]

元代景德镇工匠成功地创造了青花、釉里红、红釉、蓝釉、卵白釉五大品种。其中青花、釉里红是元代最突出的釉下彩瓷器，尤以青花瓷为元代最重要、最精彩、最有深远影响的瓷器[2]。

传统的青花釉里红装饰方法运用非常广泛，其作品构思严谨，手法写实，图案性强，给人以朴实、稳重之美感。青花釉里红瓷的画面，是最富民族特色的中国国画。它把国画与精美的瓷器相结合，其艺术价值大为提高。在洁白的瓷胎表面，绘制精心设计的高雅画面，青红对比绚丽多姿，罩上高温透明釉色，可谓巧夺天工的艺术珍品。青花釉里红艺术瓷是素雅与艳丽的和谐统一。青花釉里红艺术瓷的造型多为瓶类，其造型变化多端，同一器型，其上下的直线与曲线交替运用。其中尤以小口矮领丰肩下收、挺拔小底的梅瓶，饰以青花釉里红画面，二者更是相得益彰，耐人寻味。它的俊俏秀丽宛如俊美的少女，能超越时空界限，历经千百年一直为中外人士所喜爱[3]。

［1］徐慧. 宋代磁州窑的绘画装饰艺术研究. 山东理工大学硕士学位论文，2013.

［2］叶佩兰. 中国彩瓷的发展时期——元代景德镇的釉下彩和釉上彩. 艺术与投资，2007（7）：54-55.

［3］芦永芳，芦白平. 浅谈青花釉里红的发展及应用. 景德镇陶瓷，2013（1）：41-42.

「38」 什么是釉上彩？有哪些代表性窑口和品种？

釉上彩是将彩料施于釉面，经适当的热处理，使彩料熔融并附着在釉面上。釉上彩料的彩烧温度，欧洲各国为720～770℃，中国及日本则在650～700℃之间。由于釉上彩是在较低的温度下熔融形成玻璃体牢固地黏附在产品的釉表面上，故釉面只在接触画面底层处产生微熔现象，而色剂不能渗入釉中，仅在釉面上流动，故称之为"釉上彩"。釉上彩料由色基、熔剂、调节剂三部分组成。着色剂为各种金属氧化物或盐类，因为烧成的温度很低，所以彩料的种类繁多，色彩丰富。釉下彩酌加熔剂就可制成釉上彩，呈相同或类似的彩色。有很多色彩，高温釉下彩不可得到，而对于釉上彩则可实现。釉上彩的颜色种类很多。呈色稳定、色彩鲜艳、光亮，是其他类色料不能相比的。该彩料可广泛用于贴花、喷花、印花、手工彩绘等方面[1]。

我国的陶瓷彩绘历史源远流长，早在新石器时代，生活在黄河、长江流域的先民们已开始使用天然矿物（如赭石等）涂料装饰陶器。从存世的陶瓷作品来看，陶瓷釉上彩装饰最早起源于宋代，釉上彩在此时期作为一种新的装饰方法出现在世人面前。如以生产白釉瓷为主的定窑，在现存的瓷器中就已经有以红彩、金彩、褐彩为装饰的釉上彩作品，如以生产黑釉瓷为主的江西吉州窑，其存世品黑釉加彩小碗也带有明显的釉上彩装饰技艺[2]。

可见，从我国最早的彩陶至釉上彩瓷的出现，时间跨度有数千年之久，其工艺演进十分缓慢，品种也很单调。然而，釉上彩瓷出现之后，几百年间，我国彩瓷技术便得到飞速的发展，如宋定窑釉上红彩和金彩，金磁州窑釉上红绿彩，元景德镇釉上红绿彩和金彩，明官窑洪武釉上红彩，永乐矾红填绿彩，宣德青花填黄、填红与斗彩，成化青花双勾法填斗彩，嘉靖采用黑彩替代青花勾线的所谓"大明五彩"，清康熙硬彩以及引进国外颜料（主要加砷、硼元素）烧制的珐琅

---

[1] 王芬，张超武，黄剑锋. 硅酸盐制品的装饰及装饰材料. 北京：化学工业出版社，2004.

[2] 江建新. 中国早期釉上彩之研究（上篇）. 南方文物，2003（4）：83-90.

宋代定窑加彩瓷[1]　　　　　　江西吉州窑黑釉加彩小碗[2]

彩、粉彩。宋代开启了陶瓷釉上彩技法的装饰，在明代得到了更为广泛的发展运用，此时期的釉上彩类粉彩、珐琅彩、斗彩的出现对后来陶瓷釉上彩的装饰起到了诸多影响。清末出现的浅降彩，民国新彩等等，可谓品种繁多、万紫千红。发展至今陶瓷釉上彩装饰的种类已经非常丰富，新彩、墨彩、贴花等新的装饰技法的出现也使得釉上彩的装饰逐渐成为瓷器装饰技法中的主流方法之一[3]。

红绿彩鸳鸯莲池纹葫芦瓶　　　　　　粉彩百花图葫芦瓶

[1] 图片源自于网络：http://blog.sina.com.cn/shichengzhu.

[2] 图片源自于网络：http://www.gucn.com/Service_CurioStall_Show.asp?Id=1017185.

[3] 叶存刚，张洁. 浅析陶瓷釉上彩创作. 景德镇高专学报，2012，27（3）：75-76.

「39」 什么是釉上釉下混合彩？有哪些代表性窑口和品种？

釉上釉下混合彩，顾名思义，就是混合了釉上彩与釉下彩两种装饰手法的彩绘方式。清代《南窑笔记》中记载："成、正、嘉、万历有斗彩、五彩、填彩三种。关于坯上用青料画花鸟半体，复入彩料，凑其全体，名曰斗彩；填彩者，青料双勾花鸟、人物之类于坯胎，成后复入彩炉填入五色，名曰填彩；其五彩则素瓷纯用彩料填出者是也。"此段是出现"斗彩"最早的记载，但不够确切，此五彩为纯釉上五彩。填彩只是作为斗彩装饰手法中的一种施彩方法。在当代景德镇的瓷瓶釉上釉下混合彩装饰手段中，主要包括斗彩与青花五彩。这些装饰方法，均是景德镇窑的伟大成就。

斗彩，又称"逗彩"，有釉下彩与釉上彩互相逗弄斗美之意，创烧于明成化时期，是釉下青花与釉上彩相结合的一种装饰手法。斗彩的彩绘方法以填彩为主，在已经过1300℃高温烧成的釉下青花瓷器上，用矿物颜料进行二次施彩，填补青花图案留下的空白和青花轮廓线内的空间，然后再次入窑经800℃低温烘烤而成。

斗彩缠枝花荸荠瓶[1]

斗彩的绘制方法主要有以下两种：①用青花在瓷胎上勾出所绘纹饰的轮廓线，先罩透明釉入窑烧成淡描青花瓷器，再在釉面上青花双钩线内填以所需的各种色彩，最后入窑烧制而成。这是借鉴景泰蓝工艺中掐丝填料的技法，也即是《南窑笔记》中的"填彩"手法，同这类手法相结合的纹饰绝大多数为二方连续图案以及其他不同形式的图案。②用青花在瓷胎上勾出所绘纹饰轮廓线的全部或主体，同时用青花料渲染局部纹饰，罩透明釉经高温烧成青花瓷器，再在瓷面上根据

---

[1] 王昭. 当代瓷瓶装饰艺术研究——以景德镇瓷器市场为例. 苏州大学硕士学位论文，2012.

纹饰设色需要采用多种不同的方法施多种彩，再经炉火烘烧而成。这种画法绘制的瓷上纹饰，展开后宛如一幅绘制精巧、色彩宜人的图画。

　　青花五彩出现于明代永乐、宣德时期，其上一般以红、黄、绿、紫及青花五色为主。青花五彩的装饰方法与斗彩相同，从广义上来讲，也可以说青花五彩属于斗彩的范畴之内，因为二者都是由釉下青花与釉上彩相结合而形成的瓷上彩绘。但二者之间的区别也是很明显的：首先是釉下青花的表现形式不同，斗彩中所有纹饰的轮廓线需全部用青花勾出，而青花五彩只需根据纹饰设色的需要将需用青花表现的部位先画出来，而不需用青花勾绘出所有的轮廓线。另一方面是彩绘方式的区别，斗彩是在淡描青花瓷器上根据纹饰设色的安排进行彩绘，彩绘时可以使用多种不同的施彩方法，如填彩、点彩、复彩等，而青花五彩是在纹饰不完整的青花瓷器上面的空白处进行彩绘，把画面补齐，正如《南窑笔记》中所谓"青料画花鸟半体，复入彩料，凑其全体"。此外，青花五彩纹饰中青花的比重可根据装饰图案的需要来做具体的调整，有的仅作适度点缀，有的突出表现[1]。

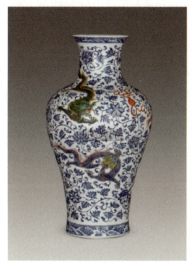

青花五彩龙戏珠撇口瓶[1]

---

[1]　王昭. 当代瓷瓶装饰艺术研究——以景德镇瓷器市场为例. 苏州大学硕士学位论文，2012.

「40」 坯体的装饰技法有哪些？有哪些代表性窑口和品种？

坯体装饰指以坯体为装饰处理的主要对象，或直接以坯体装饰完成整个装饰需要的方法。最典型的坯体装饰当属宜兴紫砂工艺，传统的紫砂器一般不需要釉的装饰。除此，瓷质抛光砖，各种以坯泥为材料的装饰都属于坯体装饰的范围[1]。概括而言，坯体装饰的方法及品种如下：

（1）色坯

色坯是使陶瓷坯体整体着色的装饰方法。其着色机理可以看作着色离子与坯料中的 Al_2O_3、SiO_2 等形成着色的硅酸盐、铝硅酸盐，最后这些盐类与坯体成分结合均匀带色体。

色坯常用天然着色黏土着色，也可以在白色的坯体中加入着色氧化物或陶瓷颜料。例如，红色颜料用氧化铁与锰红；黄色用锑黄、钒锆黄与铬钛黄；绿色用氧化铬；蓝色用氧化钴与钴铝锌蓝；棕色用氧化锰与铁铬氧化物混合物；黑色用铁、钴、锰、铬氧化物的混合物等。其加入量随着着色能力的强弱与对色调深浅要求而异，一般外加 1%～10%，有时也可高达 15% 或低于 1%。

色坯装饰在建筑陶瓷上采用较多，而就日用陶瓷来说采用不多，因为要使制品外观着色并不需要将坯体整体带色，也可采取在石膏模型内壁先注上色泥、后注入泥浆的合并浇筑成型来达到色坯的整体装饰效果。另外，还可以采用化妆土或色釉装饰法，同样能使制品外观带色。这样可以节约大量的颜料，降低成本。

（2）斑点

斑点是将色泥通过造粒的方法与基料（常为白坯料）混合，经压制成型、干

---

[1] 马铁成. 陶瓷工艺学. 北京：中国轻工业出版社，2012：392-398.

燥、烧成使坯体形成色斑的装饰方法。这种装饰使产品表面具有仿花岗岩效果，又称仿花岗岩。

就造粒的斑点而言，有大斑点（粒径1～10毫米）与普通斑点（粒径＜1毫米）之分。从装饰效果看，大斑点具有极佳的仿天然花岗岩的效果，而无天然花岗岩的放射性危害问题，作为建筑陶瓷的装饰深受广大消费者的喜欢。但是大斑点瓷质砖生产技术难度大，主要面临如下几个问题：一是造粒问题，这是大斑点造粒核心技术；二是混合好的坯料运输问题，由于大、小颗粒粒径相差太大，在输送与储存时容易造成颗粒偏析现象；另一个重要问题是成型的布料问题，因大、小颗粒流动性相差悬殊，导致布料不均或者出现偏析现象。

（3）绞胎

将两种以上不同色调的坯泥不均匀地掺和在一起的成型，造成坯体出现不同色调的花纹达到装饰的效果称为绞胎（又称绞泥）。

将不同的颜料加入到坯料中，制成不同色调的可塑坯料，再把这几种颜色的坯料揉捏在一起，利用轳辘旋压成型或者手工拉成型，使坯料形成绞纹的装饰，干燥后施透明釉的制品。另外，也可在成型好的坯体上，浸一层这样的泥浆形成绞泥纹。这种装饰方法多用于陶器制品。

（4）镂空

镂空又称镂雕、透雕，是景德镇瓷区和广东枫溪产瓷区的传统陶瓷艺术品种。它是以镂空为主，结合圆雕、捏雕、堆雕等技法，在陶瓷坯体上把装饰纹样雕通，再在上面粘贴花草或加彩的一种装饰方法。

镂雕的造型和设计与一般陶瓷设计相同，但要特别注意纹样应互相连接，镂空的面积不宜过大，形状也不宜繁杂，多以弧形组成，一般多采用粒形、弧形或规则的几何形状，以免在坯胎烧成时变形。

景德镇生产的"青花玲珑"器就属此种技法制作而成。

（5）刻花

刻花是我国陶瓷传统装饰方法之一。它是依照设计的稿样在坯体上用铁、竹制的刀、扦等工具刻划出装饰纹样，施透明釉烧成。这种装饰方法目前多用在陶器上，如江苏宜兴、四川荣昌、安徽界首等地。刻花又分干坯刻花和湿坯刻花，对坯料性能要求与镂空要求不同。刻花有的施釉，有的不施釉。另外，色釉刻花是将刻花和颜色釉结合运用的一种装饰方法，它是把多种色釉按作者的设计要求，运用刻花纹样和器型结合紧密，同时又和坯釉相连，立体感强，题材多半是花草图案，也有书法篆刻，形象简练，线条刚健有力，手法灵活，具有朴素大方的特点。

耀州窑青釉刻缠枝牡丹纹梅瓶
（故宫博物院藏）

刻花是用工具直接在坯体上刻划，充分利用原材料，一般不需要用其他装饰材料进行加工，因而具有节省材料、操作简便、成本低、便于生产等优点，在日用陶瓷和陈设陶瓷上均可装饰。在大生产中，目前有用模印的方法来代替手工制作的，也有将刻花与釉下彩结合应用的装饰。经过刻花的坯体，即可施釉烧成。

刻花青瓷是耀州窑具有代表性的装饰技术，尤以刻花的刀锋犀利和线条流畅为宋代同类装饰之冠。

（6）堆雕

堆雕是我国传统的陶瓷装饰方法之一，它是在坯体表面上，用笔蘸取和坯体同性质的泥浆或用泥料填堆出各种纹样，花纹凸出坯面，具有浮雕装饰效果，故又称凸雕、浮雕。堆雕刻分为堆泥和堆釉两种。

堆泥是将泥浆或各种不同色泽的彩泥，用手指或笔在坯体表面堆出各种浮雕状的纹样。它主要以拇指作为画笔，塑造出栩栩如生的各种树木花草、飞禽走兽、山川云石。形象具体，远近分明，层次清晰，具有粗犷奔放的民间风格。常用手法有：搓、揿、拓、捺、印、划、贴印等。

堆釉是用毛笔蘸取白釉浆在施好色釉的坯体上堆填纹样，因釉料在高温烧成时会流动，故画面形象必须概括简练，同时釉质透明，可充分利用其特点来表现物体轻重、厚薄等不同质感，具有其他装饰方法所不及的特殊效果，堆釉在陶器上用得较少。手工堆釉效果虽然好，但生产效率低，目前大生产已采用特制的花纹模板将白釉浆砖贴于坯体上，且往往和颜色釉结合运用，以增加装饰的色彩效果。

（7）化妆土

化妆土也属坯体装饰的一种。化妆土一般均为白色，也有特意添加着色剂或利用带色黏土制成彩色化妆土用来装饰坯体表面的。

化妆土一般分为两种。一种是在坯体上施好化妆土后再施釉，通常将此种化妆土称为釉底料或底釉。用于掩盖坯体中铁化合物的颜色，以提高釉面白度或颜色釉的呈色效果。通常选用烧后呈白色的黏土。另一种化妆土用于改变坯体的表面颜色和抗风化能力，在制品的表面施此种化妆土后，使产品形成类似某种天然矿物的表面。也可以在化妆土层上剔划或描绘纹样作为装饰。

（8）渗花

渗花是采用丝网印花等方式，借助可溶性着色剂渗入坯体中进行彩饰的方法。尽管受着色剂种类的局限，开发出的颜色还不够丰富，但在建筑陶瓷的瓷质砖生产中应用很广。

渗花用砖坯有生坯和素烧坯两种，即一次烧成和二次烧成。采用素烧坯的二次烧成渗花工艺的优点是渗花深度较深，砖坯破损少，边缘无裂纹，可以多次套色[1]。

---

[1] 马铁成. 陶瓷工艺学. 北京：中国轻工业出版社，2012：392-398.

「41」 什么是绞胎器？绞胎器（包括绞釉）制作的技术特点是什么？

绞胎瓷与绞釉瓷是我国古代陶瓷装饰中的两种特殊的产品。由于工艺复杂，制作难度大，因此并没有像青花、粉彩那样被广为熟知。但随着近些年此类瓷片的不断发现，使得这两种特殊产品越来越引起陶瓷专家和爱好者的关注，并将其作为研究和收藏的对象。

绞胎又称搅胎、搅泥或透花，是一种借鉴了我国漆器装饰技法美化陶瓷的品种。绞胎工艺最早产生于唐代，到宋代得到了蓬勃的发展，但由于其工艺复杂，制作难度大，产量上受到了很大限制，入元以后开始逐渐衰亡[1]。绞胎器多以褐白、黑白或灰白两色泥料相绞，做出类似团花、木理纹、水波纹、旋纹、编织纹、羽毛纹以及其他不规则的花纹。绞胎器有全绞胎、半绞胎与局部绞胎等多种制法。全绞胎多是用一块绞泥模压成型，表里色彩与纹理一致，北方一些地方俗称"透花瓷"。半绞胎是将绞泥碾压或切削成薄片，贴在用普通胎土成型的胎骨或未成型的胎泥上，这样只在器壁外层出现花纹。绞泥层的厚度不一，也不甚均匀。绞泥层可处理得很薄，这种表层结构特征已接近"绞釉"器。根据对巩义窑、当阳峪窑等绞胎器标本的观察，凡不能一次成型的枕、罐、壶一类器物，基本上都是半绞胎制品。有的器壁内层胎骨表面带有清晰的麻布纹，估计是制作时为防止粘连，直接在平铺的麻布上贴合，然后成型。绞泥下面之所以要敷一层泥料，估计是便于拼接，并防止拼接处在高温中发生窑裂，因为壶、罐等制品多是由几片绞泥拼合而成的。局部绞胎的制法与半绞胎似有相同之处，推测也是采用贴合法，将加工成薄片的绞泥镶嵌在需要装饰的部位。局部绞胎往往与其他装饰手法结合，如晚唐或宋初的"裴家花枕""杜家花枕"，在枕面绞胎团花的周围及枕侧部位，又用彩绘、戳印填色等手法作辅助性装饰。

绞胎器多施黄、褐、绿等单色釉，也有像唐三彩一样施多色釉的。

根据资料统计，现已发现唐、宋、金、元时期生产绞胎器的窑场有：巩义

---

[1] 高阿申，钱伟君. 唐绞胎器的胎釉和制作工艺研究. 收藏家，2005（11）：21-26.

窑、寿州窑、郏县窑、密县窑、鲁山窑、宝丰窑、钧台窑、新安窑、登封窑、当阳峪窑、长治窑、榆次窑、浑源窑、淄博窑和耀州窑等。由此可见，绞胎器的生产主要集中于北方，特别是中原地区。除巩义窑等少数几个窑场外，其他窑场均盛烧于宋元时期，它们或属于磁州窑系，或兼烧"磁州窑型"产品。唐代的绞胎工艺，被宋元时期北方窑继承，成为一种富有特色的品种。以此推测，除上述窑场外，北方地区的其他重要窑场，特别是磁州窑系窑场，如扒村窑、鹤壁窑以及观台一带窑场，都可能有绞胎产品。至于南方有无绞胎器生产，尚未见报道[1]。

从实物资料看，绞釉工艺的出现可能较绞胎晚。现在看到的绞釉器多为北宋或金、元制品。美国、日本等国家藏有一批绞釉器，国内反而少见。发现绞釉器标本的宋元窑址，除当阳峪、新安外，其他尚未见正式报道。从国外收藏的绞釉碗、罐、瓶等器物特征来看，它们应属宋元时期中原一带窑场的产品。

唐黄釉绞胎骑马涉猎俑
（江西省博物馆藏）

宋当阳峪窑绞胎小罐
（故宫博物院藏）

对绞釉技法，国内外有些学者形象地称为"流泥纹""流沙纹"，或称"绞化妆土"，亦有学者认为"绞"的不是釉，而是釉下的化妆土。即"把两种不同颜

［1］ 刘涛. 绞胎器与"绞釉"器. 中原文物，1999（1）：92-98.

色的土浆搅成花纹，再把陶坯在土浆表面滚过，便成流沙纹陶"，其制法很可能与唐宋时的"流沙笺"工艺有关。对绞釉技法，河南禹州一位仿制过绞釉器的制瓷工艺师也说，绞釉是一种化妆土艺术，如扒村窑标本的那种白地黑、褐纹器物的制作方法和步骤是：先在器坯上敷一层化妆土（一般只限胎质较差的白地制品），待其干燥后，再把两种掺有不同量锰、铁等金属氧化物的泥浆，经绞合后用特殊方法施于器坯化妆土之上，最后罩一层透明釉入窑烧成[1]。

唐绞釉枕（河南陕县唐墓出）[1]

[1] 于文荣. 浅析唐代北方陶瓷工艺成就. 中国历史博物馆馆刊，2000（2）：91-106.

「42」 唐代陶瓷的烧造格局是什么？有哪些重要窑口？

中国造瓷器的历史非常悠久，在中国陶瓷史上，唐朝瓷器的概况可用"南青北白"一言以蔽之[1]。

"南青"，指的南方浙江的越窑青瓷。以慈溪县（今慈溪市）上林湖、上虞县（今绍兴市上虞区）窑寺前的产品最具代表性，从商周战国秦汉六朝几代，这里一直以烧制青瓷为主，具有深厚的制瓷基础和技术力量，至唐代技艺更加娴熟，被称为"诸窑之冠"。

"北白"，指的是北方河北的邢窑白瓷，以内丘城为中心发展起来。其历史可上溯到北朝，隋后期曾短期繁荣，唐中期生产极盛，晚唐开始衰落。

唐代陶瓷烧造的主要窑口有：

（1）越窑

浙江越窑是我国青瓷的主要产地，它的特点是：胎骨较薄、施釉均匀、一色青翠莹润。

越窑的繁盛主要在晚唐和五代，器形种类很多，几乎应有尽有，并受外来文化显著影响，以双龙耳壶、扁壶、凤头壶等为其特色。越窑青瓷的这些特色得到了诗人的许多赞美。陆龟蒙形容青瓷釉色的意境是："九秋风露越窑开，夺得千峰翠色来。"

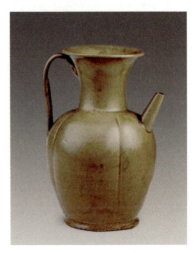

越窑青瓷棱执壶[2]

---

［1］ 阚涛. 隋唐五代瓷器烧造"南青北白"格局——形成及其特色. 魅力中国，2010（14）：152-156.

［2］ 吕章申. 越窑青瓷棱执壶. 中国国家博物馆馆刊，2016（1）：4.

（2）邢窑

邢窑在今河北省内丘县和临城县一带。邢窑以素面白瓷驰名，釉白而微闪黄或淡青。胎质厚而细腻，瓷质坚硬。器内满釉，外釉往往不到足，器表往往光素大方，不施纹饰。瓶多广口短颈，壶为短嘴，此外也有白瓷烛台、葵形盒等。白瓷的种类并不是很多，产品分粗、细两种。

邢窑白瓷尤以造型规整、器体莹薄为诗家所倾倒。元稹曾有诗说邢窑："雕镌荆玉盏，烘透内邱瓶。"杜甫也有诗赞白瓷"大邑烧瓷轻且坚，扣如哀玉锦城传。君家白碗胜霜雪，急送茅斋也可怜。"

（3）浑源窑

在今山西浑源，故名。明《大明一统志》记载浑源产瓷器。清乾隆《浑源州》又有"天赞初与王郁略地 燕赵破磁窑镇"语，可知在五代后梁时浑源已有磁窑镇地名。经实地考察，浑源窑当建于唐代，烧白釉、黑褐釉、茶叶末釉等品种。金元时期窑厂扩大，品种增多，有黑釉剔花、白釉剔花与划花，有盘、碗、盆、罐、枕等器。黑釉剔花为雁北地区之最精者，牙白釉剔花在山西其他地区也属少见。

（4）交城窑

在今山西交城，故名。始烧于唐，以白釉产量最大，有盘、碗、壶等器物，还发现有黑釉斑点拍鼓残片较多。宋代有发展，仍以白瓷为主，也有当时北方各瓷窑所习见的动物小雕塑，还烧制白釉釉下彩装饰，特征与介休窑大体相同，划花装饰品种有枕、洗等器，但产量较少。

（5）淄博官窑

在今山东淄博磁村，故名。20世纪70年代后期发现，经过小规模试掘，初步判明始烧于唐而终于元代。该窑在唐代以烧黑瓷为主，宋代烧白瓷，有剔花、刻花装饰，金代出现篦划、绞胎、白地黑花、白釉红绿彩等新装饰，碗心也多一圈刮釉，有北方地区瓷窑风格。

（6）巩义窑

在今河南巩义，故名。从已发现的窑址，可知始烧于隋代，烧青瓷；唐代有较大发展，以白瓷为主。李吉甫《元和郡县志》有"开元中河南贡白瓷"记载，西安唐大明宫遗址出土有巩义窑白瓷，证实此窑贡白瓷。此外还烧三彩陶器，洛阳地区唐墓出土三彩陶器及雕塑不少是该窑所产；遗址出土素烧坯很多，可知三彩陶器是两次烧成。所制绞胎多模仿漆器纹理特征，黑釉、茶叶末釉也占一定比例，遗物有盘、碗、瓶、壶等。

（7）郏县窑

在今河南郏县，故名。在发现黄道、黑虎洞及石湾河三处遗址中，黄道及黑虎洞均有唐及元代标本，石湾河则属元代遗址。唐代遗物有黑釉斑点花瓷、黄釉及白釉绿彩品种。绿彩呈碧绿色，在河北、河南、山东、陕西四省九处瓷窑所烧同类品种中，色彩最美。元代遗物有磁州窑风格的白地黑花装饰及钧釉风格器物。

（8）象山窑

在今浙江象山，故名。烧白瓷，似定窑瓷器而较粗；初唐已烧青瓷。遗址面积不大，遗留标本不多，所烧以盘碗为主，直口平底碗的造型与浙江丽水、吴兴、余姚等窑相同，属唐代前期流行式样。

（9）婺州窑

在婺州（今浙江金华地区），故名。为唐代六大青瓷产地之一。始烧于东晋，五朱堂窑有青釉褐斑标本。唐代遗址共发现四处，以生产茶碗出名，造型有习见各式碗，多角形短流壶及双系罐，有黑褐釉及青釉褐斑装饰。唐代陆羽《茶经》中有评语。

（10）湘阴窑

在今湖南湘阴，故名。为唐代六大青瓷产地之一，以县城内遗址为最早，出土遗物具有隋代作风，器身多印纹装饰，仅高足盘盘心纹饰即达三十种以上，为同时期其他瓷窑所少见。铁罐嘴遗址标本有唇口及玉璧底碗，属典型唐代式样，为唐代岳州窑的一部分。鸟龙嘴遗址多印花鱼纹碗，碗内饰菊一朵，有宋代特征。

（11）寿州窑

在寿州境内（今安徽淮南高塘湖一带，唐属青州），故名。为唐代六大青瓷产地之一。共发现隋唐窑址六处。余家沟遗址出土物以碗为多，此外有注子和枕，器物多平底，注子有多角形短流，枕为小长方形，都具有典型唐代风格；釉以黄色为多，与唐代陆羽《茶经》所说的"寿州瓷黄"特征吻合。

「43」 越窑有哪些特点和主要成就?

越窑是中国古代南方著名瓷窑,以烧造青瓷而闻名,窑址所在地主要分布在今浙江省上虞、余姚、慈溪、宁波等地。烧造年代自东汉至宋历经千余年,唐朝是越窑工艺最精湛时期,居全国之冠。越窑青瓷与唐代的饮茶风尚关系十分密切,其瓷质造型、釉色之美,深受饮茶者的喜爱。

隋、初唐继承南朝风格,生产碗、盘、盘口四系壶、四耳罐、鸡头壶等产品。盛唐以后产品精美,赢得声誉。产品都做得很规整,一丝不苟。常将口沿做成花口、荷叶口、葵口,底部加宽,玉璧形、玉环形或多曲结构,十分美观。胎体为灰胎,细腻;釉为青釉,晶莹,如玉似冰。

越窑青瓷在初唐时胎质灰白而松,釉色呈青黄色。晚唐时胎质细腻致密,胎骨精细而轻盈,釉质腴润匀净如玉,釉色为黄或青中含黄,无纹片,普遍使用素地垂直划纹的装饰方法。另有一种在器物上堆贴花卉、人物、鱼兽等的方法,器物常见的有碗、盘、水盂、罐、盒等,特色器如瓷砚、执壶、瓷罂等,尤以口唇不卷、底卷而浅腹的越瓷瓯,风靡一时,成为文人墨客的歌咏对象[1]。

五代越窑青瓷胎质细腻,胎壁较薄,表面光泽,胎色呈灰或浇灰色,釉质腴润光亮,半透明,釉层薄而匀,釉色前期以黄为主,后期以青为主。装饰初期以素面为主,后期堆贴尤其是刻花大为盛行,题材多为人物、山水、花鸟、走兽。艺术形式多种多样,艺术风格丰富多彩。

越窑青釉刻划花瓷碗[1]

直到宋时越窑逐渐衰落。越窑青瓷,以胎质细腻、造型典雅、青釉晶莹、质如碧玉而著称于世。这种如冰似玉的美丽釉色,深受诗人的赞赏和喜爱。有不少诗人都描述和歌咏过这种美丽,如顾

---

[1] 吕章申. 越窑青釉刻划花瓷碗. 中国国家博物馆馆刊, 2017(6): 3.

况、孟郊、陆龟蒙、郑谷等。

孟郊用"蒙若玉花尽，越瓯荷叶空"，施肩吾用"越碗初盛蜀若新，薄烟轻处搅来匀"，皮日休用"圆似月魂坠，轻如云魄起"，陆龟蒙用"九秋风露越窑开，夺得千峰翠色来"的诗句赞美和颂扬越窑青瓷。晚唐时上林湖窑场烧制出精美绝伦的"秘色瓷"代表了当时瓷器制作的最高水平。上林湖越窑青瓷上贡朝廷，下供庶民，远销海外。韩国、日本、泰国、菲律宾、马来西亚、印度尼西亚、印度、斯里兰卡、伊朗、伊拉克、坦桑尼亚、沙特阿拉伯、叙利亚、土耳其、也门、埃及、苏丹、索马里等二十个国家和地区出土了许多中唐至北宋的越窑青瓷。

越窑"秘色瓷"为古今中外人们研究越窑关注的重点，但"秘色"是指瓷器的颜色或是精品之意，还是御用贡瓷，隐秘不示人之意？仰或广义说，越窑青瓷就是"秘色瓷"；狭义说，越窑青瓷中的上好之品才能称之为"秘色瓷"，即曾是越窑中烧制的御供之物？仍待进一步的考证[1]。但无论如何，秘色瓷的真实面目今天已得到证实。1987年，在陕西扶风法门寺塔唐代地宫中出土了唐懿宗用来供奉释迦真身舍利的一批精美供器，同时出土了记录这些器物名称的石刻"物帐"。据此物帐，专家们断定该地宫出土的16件青瓷就是传说中的所谓的"秘色"瓷，从而揭开了"秘色"瓷的谜底。

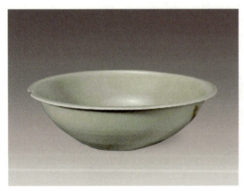

越窑蜜色瓷碗[1]

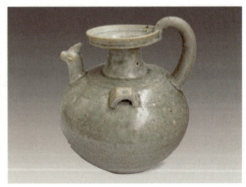

越窑青瓷鸡头壶[2]

［1］吕章申. 越窑秘色瓷碗. 中国国家博物馆馆刊，2017（6）：4.

［2］阙涛. 隋唐五代瓷器烧造"南青北白"格局——形成及其特色. 魅力中国，2010（14）：152.

「44」 邢窑有哪些特点和主要成就？

邢窑是唐五代最著名的白窑瓷场，有邢窑白瓷"天下无贵贱而通之"的美誉。窑址在今河北省内丘县和临城县一带，因唐时地属邢州，故名邢窑。

邢窑开创了我国烧造白瓷的时代，我国是烧制白瓷最早的国家之一，产品远销海内外。

邢窑大致可分三个时期：北齐至隋是白瓷发展的前期；唐代邢窑处于成熟时期；五代之后邢窑因受战乱和优质原料枯竭走向衰落。隋代透影细白瓷釉的原料产地或配方和粗白瓷釉、细白瓷釉都有所不同；北齐、隋代粗青瓷釉的原料产地或配方与粗白瓷釉、细白瓷釉、透影细白瓷釉也都有所不同[1-2]。

邢窑的透影瓷显示出中国白瓷的质量达到了一个新高度，是我国制瓷工艺一大飞跃，其技术难度相当之高，即必须在原料加工和烧成时，将胎和釉中含铁量有效地控制在 1% 以下，方能烧成上乘白瓷。隋代邢窑的精细白瓷胎中含钾特别高，而铁、钛的含量又特别低，烧成后无色透明，这些是造成透影瓷的内因。烧成温度高使瓷器完全能够烧结是其外因。

透影细白瓷，不论胎体薄厚，遮光而视，均可见后面的手影。透影细白瓷的胎体洁白细腻，轻叩有金属声。釉色纯白，与传说中的"夹雪"相一致。这样的效果不仅与瓷土的材料有关，还与透影瓷的成型有很大的关系，尤其是利坯时，难度很大，特别是在利坯的最后阶段，真可谓是争胜负于一丝一忽之间，定成败于一刀一息之上，少一刀则坯体嫌厚，多一刀则坯破器废，即使是一个大的喘息，也可能导致前功尽弃。而其器物足部做工精细，有邢窑标志性的一圈刀的削痕，器物的做工、烧制精细，很少有变形。

[1] 刘晓旻，彭淑敏，李融武，张志忠，杨大伟，王晓川，李国霞. 邢窑的新认识和化学组成分析. 河南师范大学学报（自然科学版），2010，38（3）：78-81.

[2] 朱铁权，王昌燧，张尚欣，黄烘，刘启龙，李军，李恩玮. 隋代邢窑粗白瓷胎料配方研究. 岩石矿物学杂志，2010，29（3）：313-318.

其外表白如凝脂，半透光中呈暖色调，光洁莹润。有的甚至薄如蛋壳，其瓷化程度，给人一种胎釉合一、内外不分的感觉。而邢窑隋代透影瓷的发现，将我国薄胎瓷创烧时间提前了近十个世纪。在伊拉克、埃及、巴基斯坦等国家的古代遗址中都曾发现有邢窑白瓷。

邢窑的白瓷朴素无纹，以洁白、细腻、滋润、"类银类雪"的色调及朴素大方的造型见长。在内邱古窑址出土有一件残破的隋代白瓷深腹实足杯，其不足 1 毫米厚度的薄胎已达到半脱胎的地步。薄胎邢窑细白瓷的发明与制作，打破了自商代以来青瓷为主一统天下的局面，形成了我国陶瓷史上有名的"南青北白"的新格局。

邢窑作为白瓷代表，它是陶瓷生产技艺突破性进步的一个标志，它为开辟白瓷时代作出了历史贡献，当时的邢瓷精品几乎与今日的高档细瓷无异。尽管五代后衰落了，但河北、河南、江西景德镇白瓷兴起，山东淄博的磁村窑也于五代有了白瓷生产。白瓷给中国乃至世界陶瓷带来划时代的变化，进一步开辟了美化瓷器进行各种彩绘装饰的良好条件，把瓷器工艺成就推向一个新的高峰。

邢窑除烧造白瓷外，还制青、黑、黄釉瓷等产品[1]。

邢窑白釉罐（河北博物院藏）　　邢窑白釉双鱼形穿带壶（河北博物院藏）

随着时代的发展，宋人的审美意识随之发生了变化。在制瓷艺术的领域里，宋代对陶瓷造型的审美追求不再是唐代器物所给人的雍容博大、丰满圆浑的印象，和同时代的艺术风格一致，宋瓷的造型挺拔、俏丽，而且逐渐趋向于一种特有的美。

[1] 杨文山，支广正. 邢窑青瓷分类与工艺研究. 文物春秋，2011（1）：32-38，50.

陶瓷制品即是生活用品,同时也是文化艺术品。邢窑历经近千年的连续烧造,共经历了北朝、隋、唐、宋、金、元、明等多个朝代。虽因战乱、灾荒等不利因素的袭扰,其烧造规模亦有波浪式的变化。同时,各个朝代的政治、经济、文化的浸润和民间艺术的滋养,都对邢窑制品的艺术风格产生了重要的影响。可以说,邢窑的发展历程,就是它所历经社会的发展历程,在邢窑烧造的各式陶瓷器物身上蕴含着当时经济社会的全息图景。

邢窑器物造型特色和风格主要体现在整体气势的博大和强烈的体量对比之上,加之精细的做工和莹润的釉色,这使邢窑器物具有了独特的形态美和神态美。下图白釉束腰盖罐造型整体洗练、规整,气势宏大。内收的罐体与上凸的盖顶形成了强烈的对比。是邢窑隋代白瓷制品的代表作;白釉长颈瓶,造型端庄秀美,纤细的长颈和饱满的瓶身形成了适度的对比,给人以极大的视觉享受。白釉带盖执壶,壶体态修长,给人以甜润俊美的感觉,加之做工精巧的壶盖,使其整体形态愈发修长挺秀,配以甜净无纹的釉色,给人一种奇妙的遐想。

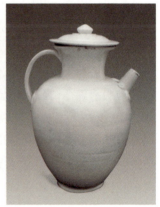

白釉瓷器[1]

邢窑制品所凝聚的文化艺术内涵,充分体现出我国同时代政治、经济、文化、艺术发展的规模和成就。其中所承载的雄浑博大的气势和瑰丽清新的气质是中华民族传统艺术风范的汇聚和展现。

---

[1]　毕翼飞. 邢窑的艺术成就. 中国陶瓷,2014,50(3):75-78.

「45」 巩义窑有哪些特点和主要成就？

巩义窑实际上是对河南省巩义市东约 5 千米的白河两岸一系列瓷窑址的统称。

这一带沿白河两岸分布的水地河村、白河村、铁匠炉村、大黄冶村、小黄冶村都发现了瓷窑址，其中最早被发现的是位于白河下游大、小黄冶村的唐三彩窑址，2001 年，黄冶三彩窑址被国务院列入第五批全国重点文物保护单位名录。5 年以后的 2006 年，国务院再度将白河两岸分布的其他窑址一并列入全国重点文物保护单位名录，与黄冶三彩窑址合并，更名为巩义窑址。

巩义窑址始烧于北朝，发展于隋，盛于唐，衰于宋、金。早期生产青瓷，隋代开始生产白瓷，唐代主要生产白瓷，另外还生产黑釉、黄釉瓷、三彩瓷。三彩瓷是巩义窑址的一大亮点。总结起来，巩义窑的锻造史可以概括为：从唐早期生产唐三彩，到唐晚期生产蓝色釉陶器和青花[1]。

巩义窑址发现的白瓷，胎质坚细，洁白莹润，其薄胎白瓷呈半透明状，质优者可与明清景德镇脱胎白瓷相媲美，为研究中国白瓷的起源与发展提供了实物资料。《新唐书·地理志》中有关于河南府贡白瓷的记载，"开元贡白瓷"，其产地很可能就是今天的巩义窑址。巩义窑址还有可能是青花瓷的发祥地。关于青花瓷产地的研究，历来是学术界关注的焦点。近年来巩义窑址的考古发掘资料表明，在中晚唐时期地层和灰坑内清理出不少白釉点画蓝彩的钴蓝彩釉瓷器标本，为青花瓷的起源、创烧提供了重要的实物依据。重要的是在晚唐地层内出土的青花瓷与扬州唐城遗址和"黑石号"沉船上发现的三件青花瓷时代一致。从而，再次推动了我国青花瓷器的研究向更新更深领域的发展。

巩义窑地处中原，周边蕴藏着丰富的高岭土与煤层，距离输出都较为便利。这里的原料质量纯净，高岭土含三氧化二铝在 30%～35% 之间。含水白云母的高岭土中三氧化二铝的含量在 24%～29% 之间，由于含钛、含铁量较低，

---

[1] 刘水清. 巩义窑白釉蓝彩陶瓷和唐青花. 湖北美术学院学报，2011（4）：102-103.

烧制的瓷器胎质颜色较白，在重还原情况下胎质不发灰，这是巩义窑原料和瓷器的特征[1]。

陕西省考古研究所藏巩义窑白釉杯与巩义芝田唐墓出土三彩带把杯，器型较为近似，三彩带把杯内外壁间施黄、绿条彩，外罩一层淡青釉。可以看出，从金银器的模仿，再至陶瓷器的模仿，材质发生了变化，但器物自身的造型特色却被保留下来，既达成了唐人对胡风的追慕，又满足了不同社会阶层的需求。

唐三彩马[2]

巩义窑作为唐代北方烧造三彩与白瓷的著名窑口，受唐代对外文化交流的影响较大。巩义窑传统陶瓷器物对外来文化的模仿与创造对了解陶瓷发展史、中外陶瓷交流史提供了重要的材料支撑。

［1］　孙晓燕. 西风东渐——唐代外来文化对巩义窑的影响. 艺术教育, 2017（Z6）: 159-160.

［2］　郅妙丽，王宝仁. 巩义瓷窑瓷器鉴赏. 理财: 收藏, 2014（12）: 30-35.

「46」 长沙窑有哪些特点和主要成就？

长沙窑在今湖南长沙铜官镇一带，故名。共发现窑址十余处，烧瓷多在唐至五代，是 20 世纪 50 年代发现和开掘的唐代民间窑址[1]。长沙窑是我国历史上最早的以烧造釉下多彩陶瓷为主的窑场，兴起于唐代中期，五代后期衰落。它的兴起，改变了自隋唐以来陶瓷以青、白釉色为主的生产格局，渐成"南青北白长沙彩"的鼎立之势。

长沙窑瓷器的胎质多为灰白色，釉色以青、绿、蓝、酱、黄等色为主，釉层较厚。它们的造型美观别致，样式新颖多变，尤其是瓷塑的动物玩具更是生动活泼、栩栩如生。而将文字和绘画用于纹饰，也是它的一大特色。文字有民歌、诗文、谚语等，书写在器物明处。绘画有山水、人物、花鸟等题材，图案清新自然，颇具生活情趣。

长沙窑主要有釉下彩、模印贴花、贴花、刻划花、印花和镂空等装饰技法，其中以釉下彩最具特色。唐代以前的瓷器多为青瓷单色釉。而自唐代以后，人们开始使用釉下彩技法，就是将铁、铜等呈色剂掺入颜料，用毛笔在未烧制的瓷器上绘饰图案，然后再覆盖上一层釉并焙烧，使色彩从釉下呈现，大大提升了美观度。这种技法是陶瓷制作和装饰技法上的一次重大进步，在中国陶瓷史上具有重要的意义。

长沙窑出土的陶瓷器中，壶的数量很多。其造型都很丰满，壶颈大都偏短，壶腹体量偏大，因此形体给人感觉偏胖；壶的底足直径大都较长，器形更显敦实，尤显庄重大方；有些罐的腹部直径大于器身的高度，更显浑圆结实。可以看出长沙窑出土的陶瓷器中，代表性的壶、罐、瓶类等器具造型皆敦实，有一种阳刚之美。器具的装饰以独具特色的青色釉下彩绘花纹饰最为出名。其内容有人物、走兽、花草、几何抽象图案。长沙窑器具不规则而严谨的造型，虽然略显随意，却让人感觉自然畅快，有一种清新的质朴之风。

---

［1］ 周柳燕，陈书良.《全唐诗》的弃儿——长沙窑瓷诗的创作倾向论略. 江汉论坛，2010（7）：86-90.

　　唐代长沙窑艺术的装饰之精越来令世人赞叹，是其兴盛时期[1-4]。长沙窑题诗装饰艺术是区别于其他唐代窑的一大特色，其形成具有深刻的历史原因和文化背景。作为一个没有太多文献记载的民间窑场，在唐代经济文化迅速发展的刺激下，异军突起，开创了釉下多彩彩绘新工艺，书写了诗文装饰等艺术特色，其丰富的文化内涵、新颖别致的造型以及瓷器的外销等方面都取得过突出的成就，在我国陶瓷史上留下了光彩的篇章[5]。

长沙窑点彩狮纹烛台[5]

　　长沙窑的陶瓷器具不属于宫廷用的高档瓷器，主要是用于外销和国内广大百姓使用，所以其器具的造型和装饰呈现出浓厚的民间风韵，反映了老百姓生活的各个方面[5]。长沙窑陶瓷器具的质朴生动之美，是湘楚大地的淳朴民风、生机蓬勃的风土人情的一个重要反映。长沙窑的陶瓷器具就像生活在这一片土地上的湖湘人一样，具备了平和、朴实、憨厚的品格。

［1］　董江洪，张兰芝．唐代长沙窑装饰艺术．中国陶瓷，2006，42（2）：59-60.

［2］　胡友慧．从唐代长沙窑题诗装饰看唐代文化的平民化．装饰，2010（8）：134-135.

［3］　彭建祥．长沙窑陶瓷的鉴赏与鉴定．佛山陶瓷，2006（10）：35-37.

［4］　罗湛英．长沙窑陶瓷装饰的色彩探究．陶瓷科学与艺术，2013，47（8）：31-32.

［5］　李建毛．长沙窑绘画．长沙：湖南美术出版社，2018：13.

「47」 宋金时期陶瓷烧造格局是什么？有哪些重要窑口和特色？

宋金时期是我国古瓷业的一个繁荣时期。自 1949 年以来，考古发现的古代瓷窑遗址分布全国 19 个省、市、自治区的 170 个县，其中宋代窑址就有 130 个县，约占总数的 75%[1]。10 世纪以后，在我国北方地区，先后出现了不少瓷窑，其中尤以河南地区为多，在豫中、豫北、豫西以及豫南都发现有宋、金时期的瓷窑遗址。山西次之河南，河北、陕西、山东又次之。河南发现的瓷窑以釉色品种来说，以白釉、青釉为主，黑釉次之，亦有低温铅釉陶器。白釉有素面、印花、刻花、珍珠地划花以及白地黑花等。烧制青瓷的有临汝、禹县、宜阳、宝丰、内乡和新安等地，更有汴京（今开封）官窑。山西省发现的宋金时期瓷窑以烧白釉及黑釉为主。烧白瓷的有平定、介休、交城、河津、阳城等地。河北省发现的瓷窑有定窑、磁州窑、临城窑、龙泉务窑及隆化窑，均以烧白瓷为主。定窑最精细，磁州窑品种最丰富，以白地黑花最具代表性。陕西省发现有耀州窑、玉华窑、旬邑窑几处，以烧制青瓷为主。山东地区发现了淄博、泰安、枣庄等窑。北方地区烧制的瓷器，大部分都可以归属于北方的定窑、磁州窑、钧窑和耀州窑四大窑系。但所有的瓷窑极少烧制单一的品种，不少是青瓷、黑瓷、白瓷及其他装饰花纹兼具。

宋金时期北方瓷业的工艺技术成就可以归纳为五个方面：①铜红釉的发现与应用；②覆烧工艺的应用与推广；③刻花、印花装饰的应用；④白地黑花装饰的兴起；⑤釉上红绿彩的出现。宋代红黄绿彩的出现，开创了多彩装饰的先声，为后世景德镇五彩瓷器的出现，起到了启迪作用。

金人灭辽侵宋，使得北方熟练窑工逃亡、南迁，造成北方瓷业衰落。入金后，因战争和商路的断绝，瓷业市场大大缩小，产品粗劣失去了精彩。但在南方地区，依靠交通发达发展了海外贸易，独特的中国瓷器有广大的海外市场。景德镇的青白釉瓷与龙泉窑的青瓷大量输出海外，北方窑工南迁输入了新工艺，使得南方青瓷白瓷工艺水平迅速发展，形成了元代瓷业中心南移的新局面。

---

［1］ 中国硅酸盐学会编. 中国陶瓷史. 北京：文物出版社，1982：227-231.

宋代江南地区的瓷业发展虽不平衡，却也兴旺发达。著名的瓷窑有江西景德镇窑、吉州窑；浙江南宋官窑、哥窑、越窑、龙泉窑；福建建窑、同安窑、泉州窑；广东西村窑、潮州窑；广西藤县窑、永福窑；湖南衡山窑；四川琉璃厂窑、彭州窑等。

北宋初期，吴越因钱氏贡瓷的需要，促进了浙江余姚越窑的发展与提高，也带动了绍兴、鄞县、宁波、慈谿、上虞等窑的兴起。吴越降宋后，贡瓷停烧越窑走向衰落，继越窑而起者为浙江南部龙泉窑，其规模宏大，影响深远。

江南地区制瓷业比较兴旺的为江西景德镇窑，宋代以烧造色质如玉的青白瓷而著名，也影响了其周边及赣南瓷业的发展。江西宋代另一著名窑口为吉州窑，烧造有白釉印花、褐花瓷，青瓷、黑瓷、低温铅釉陶等，其剪纸贴花、木叶纹、玳瑁釉、鹧鸪斑花釉等品种，极具特色。

福建地区的瓷窑可分为三类，即黑瓷、青白瓷和青瓷。烧造青白瓷的窑口多数集中在闽南晋江地区，有德化、永春、安溪、南安、泉州等窑。生产青瓷的有崇安，浦城，松溪，建阳，泉州，同安，厦门等窑，以同安、松溪二窑纹饰最为特色和丰富，是生产外销瓷为主的瓷窑。出产黑瓷的有崇安、光泽、浦城、松溪、建阳、宁德、泉州等窑，其中以建阳黑釉兔毫盏最负盛名，对临近地区瓷窑有较大影响。

广东地区宋代窑址在广州、潮州、惠州、佛山、南海等16个县市都有发现，遗址以潮州窑范围最大，窑址密集，有百窑村之称。制品分青白瓷、青瓷与黑瓷三类，以青白瓷及青瓷为主。烧制青白瓷的有潮州、广州、惠州及封开等窑，以潮州及惠州窑质量较好。西村窑及潮州窑有青白瓷刻花外加褐彩装饰，西村窑青釉以印花装饰居多，部分碗类具有耀州窑的印花风格特点。

广西地区发现的宋代瓷窑有十几处，主要为青白瓷、青瓷两类，青白瓷仅在西江流域的藤县、容县、北流和桂平等窑发现，以藤县、北流遗址规模较大。青瓷约占广西地区宋代瓷窑总数的 2/3 以上，多数集中在湘江、漓水上游的全州、兴安、灵川、桂林、永福、柳城等县，以光安、永福两窑最具代表性。

宋代江南地区制瓷业的主要成就：①选用优质瓷土，瓷胎质地洁白、釉质如玉；②大窑体出现，一窑装烧量可达两万多件；③粉青、梅子青青瓷烧制成功；④釉面装饰不断翻新；⑤覆烧工艺广泛运用[1]。

---

[1] 冯先铭主编. 中国陶瓷. 上海：上海古籍出版社，1996：375-435.

　　宋代为我国陶瓷美学开辟了一个新的境界，钧瓷灿若晚霞的铜红釉，变化如行云流水的窑变釉，汝窑汁水莹润如堆脂的质感，景德镇的青白瓷，龙泉窑的梅子清，皆是釉色之美的极致；哥窑满布裂纹的缺陷美青釉，建窑黑釉中油滴、兔毫、鹧鸪斑式结晶釉和乳浊釉，磁州窑粗犷豪放的白釉黑花装饰，又美出了另一种境界；定窑莹白的釉色与工整严谨的印花，耀州窑犀利洒脱的刻花，都是超越前代的新风范。其中汝窑、官窑、哥窑、钧窑、定窑这宋代的"五大名窑"，流传至今的瓷器价值连城。这些宋金瓷器作品，是我国陶瓷历史画廊中的杰作与瑰宝，其意态和风范也是后世瓷业长期追仿的榜样，千载之下，至今仍然使我们赞叹和折服。

「48」 南宋官窑有哪些特点和主要成就？

宋代官窑瓷器，由官府直接营建。有北宋官窑、南宋官窑之分。宋顾文荐《负暄杂录》记"宣政间京师自置窑烧造，名曰官窑"，据此可知，北宋后期在汴京（今河南开封）设官窑，现称"汴京官窑"或亦称"北宋官窑"[1]。具体窑址至今尚未发现。

宋高宗南渡后，在临安（今杭州）另立新窑，为南宋官窑。宋叶寘《坦斋笔衡》载"中兴渡江，有邵成章提举后宛，号邵局，袭故宫遗制，置窑于修内司，造青器名内窑，澄泥为范，极其精致，油色莹澈，为古所珍。后郊坛下别立新窑，比旧窑大不侔矣。"此文表明，南宋初营建的"官窑"有二：一是"修内司官窑"，亦称"内窑"；二是"郊坛官窑"，位于杭州市南郊乌龟山一带，亦称"乌龟山官窑"。

郊坛官窑考古发掘的资料表明，南宋早期的青瓷产品，为薄胎薄釉青瓷，胎薄质细，色黑褐或深灰，釉色以粉青为主，兼有青灰、青黄和炒米黄等色调，釉层薄而润泽，有纹片，满釉支钉装烧，器底有圆形支钉痕，工精质高[2]。青瓷的形制、胎、釉和支烧工艺都与北宋汝、官窑青瓷特点相类。南宋后期官窑青瓷的烧造追求玉石质感，采用素烧胎多次施釉后二次烧成的工艺，烧制出薄胎厚釉青瓷，釉质如玉石般光亮莹润，釉面上显露横竖交织的蟹爪纹片或层层叠错的冰裂纹片，诗赞其"不着一字，尽得风流"。

南宋官窑的厚釉工艺，使釉厚如堆脂。厚釉采用将制品圈足底端釉刮掉露胎，以垫饼垫烧的方法。由于青瓷胎料中铁含量较高（达3.5%~5%），致使制品的口缘釉薄处露灰或灰紫色，圈足底端露胎处呈黑褐或深灰色，随形成"紫口

［1］ 沈岳明. "官窑"三题. 故宫博物院院刊，2010（5）：16-25，196.
［2］ 李合，丁银忠，沈琼华，沈岳明，唐俊杰，邓禾颖，陈铁梅，王光尧，苗建民. 杭州南宋遗址出土官窑类瓷片的科技研究. 南方文物，2013（2）：72-80.

铁足"的特征[1]。

南宋官窑是在汝窑和北宋官窑的基础上，于宋王朝南迁后在官窑器的烧造上的又一发展。无论是在胎釉和工艺上，都可以看到这种承接和发展的关系。南宋官窑器的胎骨，因为加入了杭州当地所出的紫金土，胎质虽也比较细密，然较之北宋官窑要显得差些，里面杂质较多。加上这种土内含铁成分高，又有烧造温度不同等的原因，胎骨的色相也较深，胎色有紫灰、黑灰、黑褐、黑色等多种。南宋官窑多为黑胎，凡垫饼烧圈足露胎的，一般都可看到"紫口铁足"的现象。除了垫饼烧的以外，支钉烧的器物底足也可见棕褐色支烧痕。晚期用垫饼托烧的也见有一些灰白色胎的，这种胎上常刷以酱色护胎釉，因此烧成后也有"紫口铁足"的效应。早期南宋官窑与汝窑一样，采用支钉托烧，但支烧痕呈圆形，数量也比汝窑器多，大器可达到20个，晚期多采用垫饼托烧[2]。

台北故宫博物院藏南宋官窑
弦纹瓶[2]

在施釉上，早期南宋官窑多薄胎薄釉，晚期多薄胎厚釉。厚釉器施釉多至几层甚至十几层，釉的厚度甚至超过胎骨。釉色以粉青为主，也有青灰、青黄、灰绿、黄绿和炒米黄等色。釉面有开片，以蟹爪纹为主，也有冰裂纹等，大多是较稀疏的浅黄色开片。在开片中以暗红色的所谓"鳝血纹"为上品，黑色的"梅花片"次之，墨纹再次之。

官窑是中国宋代"官、哥、汝、定、钧"五大名瓷之一，是我国古代制瓷技艺最为特殊、器型设计最为崇古、胎釉瓷质最具特色的宋代名瓷[3]。

［1］叶佳星. 南宋官窑釉色艺术与工艺研究. 中国陶瓷工业，2014，21（4）：25-27.

［2］王芳. 南宋时期龙泉窑与官窑比较研究. 中央民族大学硕士学位论文，2012.

［3］叶宏明，叶国珍，袁敏智. 宋代官窑瓷器型风格与特色. 中国陶瓷工业，2005，12（5）：13-16.

「49」 汝窑有哪些特点和主要成就？

汝窑为宋代五大名窑之一，窑址在今河南省平顶山市宝丰县清凉寺附近，此地宋属汝州，故名汝窑。汝窑烧制始于宋初，盛于北宋晚期，终于元末。从窑址采集的标本及传世器物来看，汝窑在北宋后期元祐至崇宁年间20多年里为宫廷烧造御用青瓷器。到北宋晚期，烧制的御用品以名贵玛瑙入釉，出现了特殊色泽，工艺愈加精湛，产品优良，在当时的各个窑口曾有"汝窑为魁"之称[1]。

汝窑主要器物有盘、碟、洗、瓶、樽、碗、盏托、水仙盆等。盘、碟、洗、碗多为圈足外卷，足底心有3至5个支烧痕。盘、洗数量较多，盘有花口、圆口、敛口、敞口等不同形式，三足盘是较为独特的器形。碗仅见3件，一为莲花式，较深，是宋代盛行的注碗形式；其余两件为口径在16～17厘米之间的大碗。瓶有纸槌瓶、长颈瓶、长颈撇口瓶，尊有三足尊、出戟尊，盏托有六瓣花式，水仙盆为椭圆形。汝窑器物胎较薄，质地细腻，呈香灰色，修坯精细，一丝不苟。釉色有天青、粉青、豆青、虾青、天蓝、月白等，尤以天青为贵，粉青为尚，天蓝弥足珍贵，有"雨过天晴云破处"之美誉。釉面较为光亮，一般都有细密开片，隐若蟹爪、鱼子、芝麻花。烧造方法多采用满釉裹足支烧[2-3]。

宋代汝窑天青釉碗（故宫博物院藏）

目前传世的汝窑器物不足百件，分别收藏在北京故宫博物院、台北故宫博物院、上海博物馆、英国大维德基金会以及美国、日本、香港等国家和地区的私人收藏家手中。正是因为汝瓷的稀少珍贵和它的艺术美感，深受宫廷和世人的喜爱

［1］ 王团乐. 试析汝窑的性质及相关问题. 中原文物，2005（4）：76-81.

［2］ 赵向青，廖永民. 巩县窑早期白瓷综述. 中原文物，2011（4）：73-79，113-114.

［3］ 冯先铭. 中国古陶瓷图典. 北京：文物出版社，1998：290-291.

和赞赏，故明前期景德镇御窑厂曾一度仿烧。清代雍正、乾隆帝授意年希尧、唐英等督窑官大量仿制，其中有乱真者，但多数只仿釉色，器形则为清式。雍正仿品有汝釉大碗、花盆、象耳弦纹瓶、贯耳瓶、长颈扁腹瓶；乾隆仿品有高足盘、五孔尊、菱花式花盆、三联葫芦瓶、水丞、四方贯耳瓶、八方花盆、双环尊、蒜头瓶、三栖梅瓶、花口缸等。现代仿汝窑器物形、釉均仿，有出戟尊、三足尊、莲花式碗和各式瓶、盘、碟、洗等。但与宋代汝瓷相比，无论造型、胎釉和工艺水平均有差距，无法与真正宋汝瓷相比[1]。

汝窑的成就主要体现在对其他窑口制瓷工艺的影响。钧釉瓷、越窑低岭头类型、龙泉窑、南宋官窑等均与汝窑工艺有传承关系。对于钧窑来说，最初可能作

清乾隆仿汝釉花囊（故宫博物院藏）

为汝民窑的一部分或一个分支，在对汝窑的仿烧中经历了"亦汝亦钧"的演变过程，并最终逐渐形成了一个独立的品种。汝窑窑工随宋室南迁后，主持或直接参与了越窑和龙泉窑宫廷专用瓷的生产，打破了南方青瓷的原有格局，从而影响并改变了越窑和龙泉窑的烧造工艺，完成了汝窑制瓷工艺在特定政治环境下的移植和交融[2-3]。

［1］郎剑锋，崔剑锋. 临淄战国齐墓出土釉陶罍的风格与产地——兼论我国铅釉陶的起源问题. 华夏考古，2017（2）：95-101.

［2］故宫博物院古陶瓷研究所. "故宫博物院汝窑学术研讨会"会议综述. 故宫博物院院刊，2016（3）：152-158.

［3］王睿. 略说汝窑与钧窑. 考古，2015（10）：111-120.

「50」定窑有哪些特点和主要成就？

定窑为宋代五大名窑之一，是继唐代邢窑白瓷之后兴起的一个巨大的瓷窑体系，主要产地在今河北省曲阳涧磁村及东西燕山村，曲阳宋代属定州，故名定窑。它创烧于唐，发展于宋，延续烧瓷至金、元时期。以烧白瓷为主，兼烧黑瓷、酱色釉瓷和绿釉瓷等品种。

不同朝代的白瓷产品特征如下所示：

① 唐、五代产品胎色灰白，较粗，胎釉之间往往敷一层化妆土，釉色白中泛青。器物以碗为主，碗身较浅，唇口多见。底足见有平底、玉璧形足和圈足三种，平底碗一般外施黄釉内施白釉；玉璧形足碗里外施白釉，底足无釉露胎；圈足碗则足端无釉，足内有釉。尤以印花鱼鸟海棠式碗别具一格。器外底有的刻划"易定"和"官"字款。

② 北宋产品

a. 胎薄而轻，胎色洁白。

b. 白釉呈乳黄色，积釉处多见泪痕，隐现黄绿色。器外壁薄釉处能看出胎上的旋坯痕（俗称"竹丝刷纹"）。

c. 器形以盘、碗、瓶、碟、盒和枕为多，还有净瓶、海螺等佛前供器。

d. 主要装饰技法有印花、刻花和划花，印花以花卉纹为多，常见莲、菊、萱草、牡丹、梅等，也有鸳鸯、龙凤、狮子等动物图案，画面严谨整齐，讲究对称，印花定器是宋瓷中的佳品。刻划花常见莲纹、水塘双鱼和莲池游鸭等，刻划花纹多装饰在器物的一面，或里或外，里外都刻划纹饰的极少见。

e. 北宋早、中期定窑覆烧法尚未出现，使用匣钵仰烧，器物口沿均有釉，有些器物的底黏附着垫烧的砂粒或支烧痕。北宋后期广泛使用覆烧法，口沿上多不施釉，俗称"芒口"，其他部分满釉。芒口处往往镶上金、银、铜的边圈，芒口为定窑产品的一大特征。

f. 北宋定窑器底有刻划"官""新官"及"尚食局"等字款的，多见于盘、碗、小罐等外底部。

宋代定窑白釉刻花花卉纹梅瓶
（故宫博物院藏）

③ 金代产品胎质细白，釉色多呈乳白色，胎釉与北宋定窑并无多大差别。但装饰大为逊色，无论印花还是刻划花，均差于北宋产品，少有佳作。纹饰流行印花石榴纹、印花犀牛望月纹及刻划花萱草纹，还有缠枝石榴、缠枝菊、鸳鸯纹等。盘、碗内心印双鱼、器用北宋后期的覆烧法，烧制"芒口"瓷外，一部分产品则采用砂圈叠烧法，器物的内底（以盘碗为多）刮釉一圈露胎。金代定瓷产品有纹饰，较好的一般采用覆烧法，反之，往往采用砂圈叠烧法。

④ 宋代景德镇所仿定窑瓷器，称为"粉定"，亦采用覆烧法，口沿无釉，用金属镶包口沿，刻划花水平也较高，几可乱真。区别之处是景德镇仿定瓷釉面光亮，无泪痕特征，足内可见放射状跳刀痕[1]。

定窑黑釉釉色黑如漆，与其他窑黑釉器的不同点是胎体极白，细而薄，与白瓷的胎一样。酱釉器有的为内白釉外酱釉，这种一件器物上施两种色釉的器物北方窑比较常见，定窑碗中就有白釉酱口、黑釉酱口的。绿釉标本发现最少，只有碗。此外，定窑还烧其他窑系品种。属磁州窑系的，汝白地黑花点彩碗，里心书"段""刘""李""元""王""液"等姓氏；白地褐花枕，有腰圆与长方各式。青釉系统有碗、钵等。

定窑的印花白瓷及覆烧方法影响了当代一批瓷窑，河南鹤壁，山西介休、霍州、阳城、孟县、平定，四川彭州，江西景德镇都

宋代定窑酱釉盖碗（故宫博物院藏）

模仿定窑烧白瓷，形成了以定窑为中心的定窑系。霍州窑仿定产品有土定之称；景德镇仿定有南定之称。明、清景德镇仍有仿定窑的器物[2]。

---

[1] 陈文平. 中国古陶瓷鉴赏. 上海：上海科学普及出版社，1990：222-223.

[2] 冯先铭. 中国古陶瓷图典. 北京：文物出版社，1998：285.

「51」 钧窑有哪些特点和主要成就？

钧窑地处河南省禹州，清代道光年间《禹州志》记载："州（即禹州）西南六十里，乱山之中有镇曰'神垕'。有土焉，可陶为磁。"窑变是钧瓷的一大特色，清代《景德镇陶录》赞美钧窑窑变一为天工，一为人巧。为天工者，火性幻化，天然而成；由人巧者，则以釉作幻色物态而成。窑变和乳光现象是构成钧瓷艺术美的两个外观特征。乳光是指钧窑釉那种像青玛瑙或蛋白石一般美丽的天青色半乳浊状态，不仅使钧釉产生一系列由浅到深的蓝色，而且还赋予一种含蓄的光泽和优雅的质感。窑变是指钧釉在烧成中随着温度和气氛等变化产生不同的色彩，且多种色彩交融流动，发生复杂的交错变化而使釉色变得绚丽多彩，紫、红、蓝、青交相辉映，"烟光凌空星满天，夕阳紫翠忽呈岚"，展现出一种瞬息万变的美。

蚯蚓走泥纹，是钧釉的另一特点，它或形成于釉层过厚，干燥过程中釉或已开裂，烧成后又融合一体形成纹理，或是气泡一个个串联一体，均呈现出像蚯蚓的爬行痕迹。

钧窑鼓钉三足洗（故宫博物院藏）

钧窑玫瑰紫釉菱花式三足花盆托
（故宫博物院藏）

钧窑玫瑰紫海棠式瓷花盆[1]

钧瓷铜红釉的烧制成功，是中国古代劳动人民的伟大创造，在中国陶瓷工艺美术发展史上谱写了光辉的篇章。钧釉在化学组成上的特点：Al_2O_3 含量低，而 SiO 含量高，还含有 0.5%~0.95% 的 SiO。早期宋钧在 SiO_2 与 Al_2O_3 之比介于 11~11.4 之间，P_2O_5 多数占 0.8%。窑变釉是一种艺术釉，变化最多，色彩最丰富，形态也最复杂。它的最初出现完全是偶然的。人们按一定的配方，制成某些釉料，施于制品入窑焙烧后，产生了意料之外的颜色和形态，钧窑的釉色基调是青色，偶然有在青色中出现或深或浅的红色或紫色来，而这种紫色，有时像云后进射出万道霞光，有时像万里晴空飘浮的彩云，变化无穷。人们对此现象无法解释，就称之为窑变。在长期实践中，瓷工逐渐认识并掌握了铜红的成色技艺。钧窑是早先运用铜红工艺的窑场，这说明当时已经能充分掌握铜元素的还原技术，这是瓷艺史上的一项重大成就。

"钧瓷无对，窑变无双"，是形容几乎不可能生产出一对相同的钧瓷器。

"钧窑无对，窑变无双"[2]

［1］钧窑玫瑰紫海棠式瓷花盆. 中国国家博物馆馆刊，2017（5）：162.

［2］陈平. 五彩珍瓷——钧窑. 大众理财顾问，2015（7）：100-101.

窑变花釉，顾名思义是窑炉作为者。早期的制釉原料多以天然矿物为主，着色元素也是直接矿物原料引入法，加之窑炉结构的原因，温差、气氛变化较大，因而，不仅颜色釉色调变化范围大，稳定性、重复性差，而且会产生意想不到的釉面斑纹效果。古人因不知其然与所以然而惧怕，竟以"物反常而为妖，窑户亟碎之"，或是"多毁藏不传"。随后，在人们认识到其艺术价值后，又转而仿之。窑变花釉以钧红花釉为代表，曾引发时人纷纷效仿，至清代，景德镇已能把这种幻化而成的窑变变成有规律可循的技术，直至今天，钧花釉、宋钧花釉依然珍贵无比[1]。

一般来说，可能产生窑变的条件有以下几点：

① 色釉中着色元素存在多种呈色能力；

② 釉中存在微量的其他着色元素；

③ 基础釉中存在可能促使釉层不均匀分布的成分；

④ 烧成温度较高，时间长，窑内温差大，气氛稳定性差；

⑤ 原料纯度低，组成复杂，特别是复层釉，底、面釉之间有反应等。

窑变的产生，有时可能是上述因素之一形成，有时可能是综合作用的结果。特别是生料釉和直接引入着色元素呈色的色釉，组成中挥发成分大，呈色稳定性差；窑炉温差大特别是烧成温度过高时，会使釉中着色元素及某些其他组分产生复杂的物理化学变化形成窑变；复层施釉，随着温度、气氛等变化，底、面釉间发生反应的几率程度和形式也变化，因此，窑变的可能性很大且较为复杂。在今天的低温快速烧成釉中，着色元素以成品色料引入，窑炉温度气氛均较稳定，产生窑变的可能性很小，因此，花釉多以复层釉法获得，以至流传至今的仿钧花釉亦不例外[2]。

［1］ 卢青. 钧瓷非物质文化遗产的价值及其传承策略. 许昌学院学报，2017，36（3）：37-40.

［2］ 叶春生. 活化民俗遗产使其永保于民间. 民间文化论坛，2004（5）：84-86.

「52」磁州窑有哪些特点和主要成就？

磁州窑，是我国古代北方最大的一个民窑体系，也是著名的民间瓷窑，窑址在今河北邯郸磁县的观台镇与彭城镇一带，磁县宋代属磁州，故名。

风格独特的磁州窑瓷器，在中国瓷器发展史中占有相当重要的地位，继承了唐代南北民窑的特点，融入本地特色，精细粗犷并存，豪放工致兼有，与同时期的五大名窑相比，有很大不同，其作品更具有浓厚的民间情趣，装饰形神兼备，别开生面，颇具北方特色。磁州窑以生产白釉黑彩瓷器著称于世，黑白对比，强烈鲜明，图案十分醒目，刻、划、剔、填彩兼用，并且创造性地将中国绘画的技法以图案的构成形式，巧妙而生动地绘制在瓷器上，具有引人入胜的艺术魅力。

磁州窑开创了我国瓷器绘画装饰的新途径，同时也为宋以后景德镇青花及彩绘瓷器的大发展奠定了基础。素有"南有景德，北有彭城"之说。

磁州窑即有长方形、腰圆形、如意头形、花瓣形、鸡心形、六角形、八方形、银锭形、虎形、人形等瓷枕，品种繁多，形式新颖别致，侧重实用性。磁州窑最突出特点是淳朴、粗犷，大件器皿豪放雄伟，神态端庄古朴，有气魄。小件器皿制作精美，盘、碗、碟类注重灵巧实用，形体比例，轻重适度，线条干净利落，造型与装饰能够达到完美的和谐统一[1]。

磁州窑的装饰手法主要是釉下彩绘，即用毛笔醮釉料在胎体上绘制花纹。这时期的纹饰题材不拘一格，具有特殊的美感和鲜明的时代性，大部分来源于民间生活，取材于自然界中的植物、动物和人物故事，生动亲切，情趣浓郁而富有幽默感，表现了当时人民群众传统的审美观念。布局上以传统的中国画写意手法结合图案变化特点，画面既简洁又生动。花卉纹行笔舒畅流利，花形描绘普遍肥大饱满，活泼多姿，具有典型的民间艺术风格。动物纹、人物纹及常见的婴戏图纹画意格调清新，平易近人，突出神情描绘，生动传神，具有很强的感染力。磁州窑还大量题写诗文做器物的装饰，这种装饰风格最初始于唐代长沙窑，而磁州窑

---

[1] 张文娟，刘晓冰. 磁州窑产业的现代化转型. 中国陶瓷工业，2013，20（5）：39-41.

得到进一步的发展和完善,其书写方法无一定规格,非常随意。

　　磁州窑在中国陶瓷发展史上的独特贡献有两点:其一是白底黑褐彩绘,把传统的书画艺术与制瓷工艺结合在一起;其二是把诗词、谚语、警句和文学作品作为纹饰,苏轼的诗词就与磁州窑有着密切的关联,深深地影响了磁州窑瓷器的纹饰装饰内容与风格,这是很有历史价值的文化遗产[1-2]。

磁州窑瓷枕[3]

---

[1] 夏文峰. 苏轼与磁州窑. 东方收藏, 2017 (9): 49-53.

[2] 张子英. 磁州窑瓷枕. 北京: 人民美术出版社, 2000.

[3] 徐云山. 民窑代表: 磁州窑瓷器. 集邮博览, 2015 (6): 36-37.

「53」 耀州窑有哪些特点和主要成就？

耀州窑是中国传统制瓷工艺中的珍品，宋代八大窑系之一。位于今陕西省铜川市的黄堡镇，宋时属耀州治，故名耀州窑[1]。

该窑唐代开始烧陶瓷，经五代、宋、金、元朝。早期唐时主要烧制黑釉、白釉、青釉、茶叶末釉和白釉绿彩、褐彩、黑彩以及三彩陶器等。中期（宋、金）以烧青瓷为主。北宋是耀州窑的鼎盛时期，据记载且为朝廷烧造"贡瓷"。后期（金、元）开始衰落，而终于元初。

产品特征表现在：唐和五代时胎质稍松，呈灰色，釉质失透，有乳浊感；宋代青瓷胎体较坚薄，胎色灰褐或灰紫，釉质莹润透明，釉色青绿如橄榄，釉薄处呈姜黄色；金、元时胎质稍粗，胎色呈浅灰或灰色，釉面多数姜黄，青色者少，釉质稀薄而不润。

五代耀州窑一改唐代多品种的烧造特点，转向烧制单一青瓷，并成功创烧出黑胎和白胎两个系列天青瓷。尤其白胎天青瓷，上乘者釉面光亮润泽，釉质细腻无裂纹，釉色青翠类官汝，但又较之异常光亮润泽；其薄胎质地纯净致密，光照即透，其上刻划纹饰者，有景德镇玲珑瓷光影之效，非比寻常。不少研究者指出，就目前的考古发现与资料来看，与古文献记载"青如天、明如镜、薄如纸、声如磬"以及"滋润细媚、有细纹"的柴窑诸特征相论，唯耀州窑五代天青瓷，具备此类特征，由此引发了耀州窑与柴窑的关系之问。

宋代耀州窑青瓷以橄榄绿釉色和刻花、印花装饰为主，刻花尤为精美，刀法犀利流畅，刚劲有力，立体感较强。装饰艺术上，纹饰丰富多彩。纹样有动物、人物、花卉和图案等。耀州窑的烧造工艺和装饰技法，对全国各地的影响较大，除陕西境内的一大批窑仿烧外，它的技艺还传到河南省的临汝、禹县、宝丰、内乡等窑，传到广东的西村窑、广西的永福窑，形成了以黄堡镇窑为首的一个庞大

---

［1］ 王芬. 耀州窑陶瓷. 西安：陕西科学出版社，2000.

耀州窑青釉刻花鼎式炉（陕西历史博物馆藏）　耀州窑青釉刻花葵口盘（陕西考古研究院藏）

的窑系[1]。耀州窑青瓷的主要特点：纹饰刻的非常清晰，带有北方人的性格特点，史籍上记载又叫刀刀见泥。

耀州窑黑釉瓷生产历史悠久，兔毫黑釉盏是其生产规模仅次于青釉瓷的一个品种[2]。耀州窑以铜川黄堡镇为中心窑场，沿漆河两岸密集布陈，史称"十里陶坊"。同时还有立地、上店村、陈炉镇、玉华村等窑场，依次排列，绵延百里。经过金元兵灾及各朝代的动荡变迁，各陶场均已停烧，惟有陈炉镇延续至今，成为西北地区的制瓷重镇。陈炉镇 11 个村庄几乎家家烧瓷，被誉为"陈炉不夜"。中华人民共和国成立后，全镇作坊并为国营陶瓷厂。20 世纪 70 年代，在李国桢等专家的帮助下，恢复了耀州窑的传统技艺，生产出耀州青瓷、黑釉及剔花瓷、白釉及剔花瓷、兰花瓷、铁锈花瓷、花釉等六大系列陶瓷，成为铜川市的支柱产业。

[1] 朱铁权，朱明敏，李蔚然，毛振伟，易西兵. 宋代西村窑与耀州窑青瓷胎釉化学组成特征. 岩矿测试，2010，29（3）：291-295.

[2] 李伟东、张玮、鲁晓珂、郑乃章、罗宏杰. 中国古代兔毫黑釉瓷的组成及结构. 建筑材料学报，2011，14（3）：329-334.

「54」 龙泉窑有哪些特点和主要成就?

龙泉窑是中国历史上的一个名窑,宋代六大窑系之一,因其主要产区在浙江省龙泉市而得名。创造于北宋早期,南宋中晚期进入鼎盛时期,至明代中叶以后渐趋衰落,传世的龙泉青瓷下限至清康熙年间,烧造历史达七、八百年之久。是中国制瓷历史上最长的一个瓷窑系,它的产品畅销于亚洲、非洲、欧洲的许多国家和地区,影响十分深远。

陶瓷专家冯先铭先生曾说:"达到青瓷釉与质地之美顶峰的则应属宋代窑工创造的龙泉青瓷,它是人工制造的青玉。"[1]其典型特点为:胎质较粗,胎体较厚,釉色淡青,釉层稍薄。

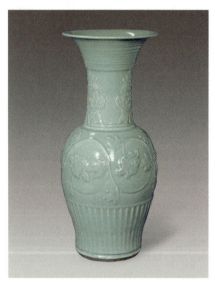

龙泉窑青釉刻花尊(故宫博物院藏)

明龙泉官窑器延续了元代的大器风范,将厚实雄浑的审美理念发挥到极致。从处州青瓷博物馆征集到的一批明初龙泉官窑青瓷碎片并结合传世完整器来看,明龙泉官窑青瓷在烧造工艺上达到了一个难以企及的巅峰,无疑代表着龙泉窑瓷器烧造史上的最高水准。以刻花为例,明龙泉官窑青瓷主要以刻花为饰,精美绝伦,花纹与青如翡翠的釉色融为一体的刻花工艺达到了炉火纯青的艺术高度。刻花是龙泉窑青瓷的传统装饰工艺之一,北宋时期的刻划花装饰曾经盛极一时,但到了南宋,由于石灰碱釉的运用和多次上釉技术的掌握,龙泉窑青瓷往往素面朝天,转向以釉色取胜。其实釉色的玉质感固然是世之所好

---

[1] 方净观. 龙泉青瓷点彩装饰工艺溯源、应用及其美学特征探析. 设计艺术(山东工艺美术学院学报),2015(4):89-93.

者，但釉层加厚，原先的刻划花很容易被厚釉所覆盖[1]。

龙泉窑在不同历史时期表现出不同的工艺特点：北宋时施石灰釉，釉层薄而透明，光泽较强；南宋以后施石灰碱釉，釉层厚，柔和淡雅；元代时，造型高大，胎体厚重，胎色与南宋基本相同，釉色青中泛黄；明与元代基本相同，但趋于粗糙[2]。

从造型上看，宋代炉一般较矮，轮廓鲜明，板沿口外伸，束腰，廓线起伏明显，整体造型优美细腻。而明代的同类炉整体造型较呆板，轮廓不够流畅。从细部看，宋代炉器足底部较圆，而明代炉器足较平呈蹄形。

从胎体上看，宋代龙泉窑器物胎土颜色为白中泛灰，底足露胎处可以看到橘红色窑红，胎体适中，较元、明时期的胎体要轻薄得多。明代龙泉瓷胎体厚重，胎色灰黄，底足露胎处显现褐色窑红。

从釉色上看，典型的宋代龙泉瓷釉层较厚，釉色青翠，光泽柔和，釉层中有气泡，分布大且稀。明代龙泉瓷釉层比较薄，玻璃化程度高，透明度好，表面光泽强，釉色或绿中带棕，接近艾绿，或黄中带灰，二者都很不悦目[3]。

从纹饰看，宋代龙泉窑器物纯以釉色取胜，纹饰装饰极少，即便有纹饰也多是刻花装饰辅以篦点和划纹，以及波浪、云纹、蕉叶等图案，构图极为简练，手法生动。而明代器物上的纹饰，装饰较为繁复，图案带有了明显的象征意义，是明代龙泉窑器物比较常见的装饰手法。

龙泉窑青釉刻划缠枝莲纹梅瓶（故宫博物院藏）

在龙泉窑的鼎盛时期，除了在龙泉市诸多瓷窑之外，旁及周边各地，形成一个比较庞大的窑系[4]。在江西、福建等地也有烧造龙泉风格的青瓷，彰显了龙泉青瓷亘古不变的生命力。

[1] 夏侯辉，夏侯文. 龙泉青瓷装饰研究. 上海：上海辞书出版社，2017.

[2] 陆明华. 明代龙泉官用青瓷问题探索——上海博物馆相关藏品的辨识与研究. 文物，2007（5）：67-77.

[3] 周健儿. 日用瓷釉的针孔与光泽度的影响因素探讨. 景德镇陶瓷，1986（2）：10-19.

[4] 叶维德，张磊. 龙泉窑瓷业历史浅析. 美术大观，2013（11）：74.

「55」 景德镇窑有哪些特点和主要成就？

景德镇窑在今江西省景德镇，故称景德镇窑，实际上由数个窑口组成，故又称景德镇窑系。

景德镇窑为我国传统窑炉中独具风格的窑。它的烧成室型呈一头大一头小的长椭圆形，近窑门处宽而高，靠近烟囱则逐渐狭窄矮小，故有"鸭蛋窑"之称，全长约15~20米，容积为300~400立方米，是以松柴为燃料，火焰长而灰分少，因不含硫黄或者含量极少，适宜烧还原焰，对于白瓷、青花瓷、颜色釉瓷等传统瓷的釉面呈色效果良好，可装烧高火、中火、低火的瓷坯。因窑内腔较高（最高高度不超过6米），便于装烧大件制品，适合多品种生产的条件。因此，景德镇窑（在景德镇也叫柴窑）单位千克瓷的燃料消耗量小[1]。另外，其结构简单，镇窑建筑速度快，基建费用少，产量大，周转期快，可以快速烧成和快速冷却，适应于景德镇附近制瓷原料的特性和瓷器的传统风格。

青花将军盖罐[2]

北宋初期的产品有碗、盘、壶等，薄沿、深腹、厚底、高圈足。胎洁白细密，釉色白中稍泛黄，装饰以素面居多，仅少量器外有刻划纹，有的内底有印花或文字。北宋中期除碗、盘外，盒、壶、罐等增多，出现覆烧芒口器，釉为青白色的影青釉，薄处泛白，厚处呈青绿色，光泽透明。碗的形制多斜腹、薄壁、厚沿、厚底、小低圈足，装饰以刻划为主，采用一边深、一边浅的"半刀泥"刻花法，刻线流利[2]。北宋晚期至南宋器形品种多样，多直口弧壁或撇口斜壁的

［1］汪和平，陆琳，冯青. 景德镇窑挂窑口高度的理论研究. 中国陶瓷，2008，44（4）：38-40，73.
［2］青花瓷的历史悠久、源远流长. 文物鉴定与鉴赏，2019，153（6）：160-161.

芒口碗，碗口、腹壁胎皆薄，仍以影青釉为主，装饰多为印花，题材更丰富，有花草虫鸟、人物、动物，造型极生动。

元代时开始烧青花瓷、釉里红和其他品种，成为全国的制瓷中心，同时还继续烧制青白瓷。产品有梅瓶、玉壶春瓶、罐、碗、盘、匜、炉和高足杯等。元代著名制品有釉里红、青花，所烧卵白釉器，色白微青，器内有"枢府"字号，人呼"枢府窑"。

明代时景德镇已成为瓷都，青花瓷大大发展起来，被称为"国瓷"，同时还烧釉上彩、斗彩、五彩、素三彩和各种单色釉瓷。

清代时烧瓷技术大大提高，品种有青花三彩、粉彩、珐琅彩，还有各类仿玉石、木纹、漆、铜釉色等，都达到了历史最高水平[1]。

明成化斗彩鸡缸杯（故宫博物院藏）

景德镇窑青白瓷，销售市场不仅销于国内，也大量销往国外市场。正如丹特可尔《中国陶瓷见闻录》一书中所说："构成白瓷胎料的白不子和高岭土，不是来自外地，而是从距景德镇极近处获得。导致'高岭'一词起因的高岭山就是景德镇东侧的一座山，这早已为人悉知。"[2]纵观历史，陶瓷的发展总是与窑炉的改进和装烧工艺的革新分不开的[2-4]。所以，研究景德镇瓷窑的演变过程，与研究景德镇陶瓷发展史的研究密不可分。

[1]　陆琳，冯青，汪和平，江丽，潘小勇. 景德镇窑外形演变历史的研究. 中国陶瓷，2008，44（2）：51-53，56.

[2]　黄山，方娟. 浅析现代粉彩瓷艺术. 美术大观，2011（8）：97.

[3]　（日）弓场纪知. 刘志国译. 论宋代景德镇窑. 陶瓷研究，2002，17（1）：41-42.

[4]　齐彪. 略论景德镇瓷窑的变迁. 东南大学学报（哲学社会科学版），2005，7（1）：104-106，125.

「56」 吉州窑有哪些特点和主要成就?

吉州窑作为江南地区（江西吉安）一座举世闻名的综合性瓷窑，它具有浓厚的地方风格与汉民族艺术特色。吉州窑的丰富烧瓷经验和众多的名工巧匠对江西地区瓷业的发展提高曾起过相当重要的促进作用。吉州古窑兴于晚唐，盛于两宋，衰于元末，因地命名，距今已有1200多年的历史[1]。

吉州窑陶瓷在中国宋元时期是重要的商品之一，它为促进中国和世界各国的贸易往来和文化交流做出了重大贡献。世界各地的很多博物馆和收藏家都藏有吉州窑的名贵产品。1975年，在东京国立博物馆举办日本出土的中国陶瓷展览，吉州窑的兔毫斑、鹧鸪斑和玳瑁斑都是传世珍品，日本珍藏的剪纸贴花盏被誉为国宝。1976年，在新安海域发现一艘开往朝鲜、日本的中国元代沉船，从沉船中打捞出1.5万余件中国的古陶瓷，不少属吉州窑烧制。韩国中央博物馆陈列的42件吉州窑瓷器被视为稀世珍品。英国博物馆所藏的吉州窑产凤首白瓷瓶堪称瓷中尤物，木叶天目盏则被列为国宝。自1982年成立了"吉州窑古陶瓷研究所"和"吉州陶瓷厂"之后，吉州窑的名贵产品逐步得到恢复，有的仿古瓷、陈设瓷相继进入了美、英、法、日等国[2]。

吉州窑瓷器种类繁多，纹样装饰丰富多彩。按胎釉可分为青釉、黑釉、乳白釉、白釉彩绘和绿釉等类。在装饰技法上采用洒釉、剪纸、贴花、剔花、印花、彩绘、划花和堆塑等，变幻无穷，在瓷器的实用性与艺术性上得到统一。

（1）青瓷类

吉州窑白地褐有青绿、米黄、酱褐等釉色。青瓷器质粗夹细砂，胎釉间先施"化妆土"，再烧一层酱褐釉。

---

［1］ 张会安，曾军宏，曾向阳. 吉州窑瓷塑的工艺特征及文化内涵. 中国陶瓷，2006，42（12）：73-74，84.

［2］ 胡巍. 吉州窑陶瓷装饰艺术试析. 华夏考古，2009（3）：90-91，152.

吉州窑黑地彩绘月影梅纹斗笠碗[1]　　　　吉州窑黑地彩绘双凤纹碗[1]

（2）乳白釉瓷类

以碗、盏、碟、钵为多。釉色白中泛青黄，釉薄不及底，近似早期影青瓷。乳白釉瓷以印花装饰为主，多见于碗、瓶、碟。印花碗内底多饰梅花、缠枝花卉、双鱼戏水或牡丹图案，吉州窑不仅富于创新，还善于博采众长。

（3）白釉彩绘瓷类

彩绘瓷属釉下彩，是直接在胎坯上彩绘，然后施加薄釉，纹样装饰多为吉祥如意等与民间习俗相关联的写意画。

一般来说，瓶类颈部饰弦纹、回纹，腹部饰海涛或六、四连弧开窗，内多绘跃鹿、双鸭戏水图案，有的则绘芍药、飞蝶、梅花，点缀以竹叶或缠枝花草，构图静中有动，具有安定、和谐、新颖的美感。罐类器亦多饰连弧开光、跃鹿、海涛、花蝶、芦草和莲瓣纹；盘多绘双鱼戏水，与器物的形制配合得十分协调。壶类器多饰花蝶、缠枝蔓草、梅花、芦草纹样。杯形器多饰弦纹、梅蝶纹。粉盒盖面多为弦纹、葵花、梅花、芦草、芦雁、莲瓣纹样。瓷枕边沿多为宽带弦纹，内为三弧、八弧开窗，窗内绘以梅竹、松枝、海涛纹，有的为四边或六边连续"山"字形构图。鼎炉颈部多饰回纹，腹为连弧开窗，内绘梅竹、莲花、跃鹿、八卦、鸳鸯戏水、窗外衬托以莲瓣、四边或六边几何纹样，装饰和造型十分统一。

[1] 李荔. 吉州窑瓷碗装饰赏析. 文物天地，2019（3）：44-48.

（4）黑釉瓷类

黑釉瓷是吉州窑开放"异彩的山花"，又称之为"天目瓷"。它利用廉价的天然黑色涂料，通过独特的制作技巧，产生变化多端的釉面与纹样，达到清新雅致的效果，表现出民间的"实用艺术和朴素风格"。

黑釉瓷纹样装饰大体有剪纸贴花、彩绘、洒釉、剔花、刻花、划花、木叶贴花和素天目等。其中剪纸贴花和木叶贴花装饰仅见于吉州窑，是风格独具的装饰。而"油滴""兔毫""洒釉"等窑变色斑更是黑釉瓷中的名贵品种。瓷塑技艺也颇具盛名，各种瓷塑包括人像、牧童骑牛、鸡鸭、牛、虎、象棋、瓷珠等。这些优秀的装饰艺术对研究宋代窑业、地方历史和服饰具有重要的借鉴意义，至今仍是我们陶瓷工艺上值得继承和发扬的珍贵遗产。

（5）绿釉瓷类

绿釉瓷属于低温铅釉。主要器型有盆、枕、碗、盏、碟、长颈瓶、壶、三足炉、器盖和建筑饰物等，以枕为多。胎质粗松。主要纹样有弦纹、蕉叶、乳钉、缠枝牡丹和水波纹等，均系釉下刻画或压印。瓷枕以北部各窑堆积发现最多，这类瓷枕在江西修水、临川和丰城等地均有发现。

（6）黄釉瓷类

吉州窑还烧造黄釉瓷。主要器型是三乳足鼎炉、炉壁压印有凸瓣牡丹或水波纹样。

窑场内遗存的 24 座窑包如山似冈，文物丰富，是世界上已知的现存最大的古窑包遗址群。2001 年，吉州窑被列入全国重点文物保护单位名录，并准备申报世界文化遗产。吉州窑在材料的化学组成与制作以及烧成工艺上具有独特性，所以在瓷质和色彩上表现出了绚丽多彩的艺术特色。今天看到它，有一种对陶瓷历史文化的回归感，是人类陶瓷史上一笔宝贵的物质与精神财富[1]。

---

[1] 陈国典. 从吉州窑的陶瓷材料看传统陶瓷工艺. 江苏陶瓷，2011，44（3）：3-5，8.

「57」 建窑有哪些特点和主要成就？

建窑遗址位于福建省南平市建阳区水吉镇，是宋代黑瓷著名产地之一。这里是宋代文献多处述及的兔毫盏的主要产地。

建窑以产黑瓷而著称。晚唐五代始创烧，到了宋代尤其是南宋为其极盛时期，至清代而终。宋代建窑黑瓷对福建地区瓷窑有很大影响。建窑原是江南地区的民窑，北宋晚期由于上层社会饮茶、"斗茶"风尚的兴起，烧制了专供宫廷用的黑盏，部分茶盏底部刻印有"供御"或"进盏"字样。北宋徽宗曾说"盏色贵青黑，玉毫条达者为上"[1]。能够得到皇帝的评价，可见建窑瓷在当时受到皇室的重视程度。它的胎体厚实、坚致，色呈浅黑或紫黑，器型以碗、盏为主。由于帝王的好尚，上行下效，不仅促使了建窑黑盏的大批量生产，也使得更多的瓷窑倾向于烧制黑釉茶盏。黑色釉面本不是令人讨喜的色彩，但是智慧的窑匠们经过不断尝试与创新，利用釉中含氧化金属的呈色机理，烧制出富有层次的结晶釉甚至是窑变花釉。例如，建窑中烧制出黑釉上闪耀银光、细如兔毛的结晶釉，就是建窑最富特色的产品——建窑兔毫盏。

总而言之，建窑器物主要表现出以下特点：

① 胎体厚重坚致，胎色紫黑。

② 釉色黑而润泽，器内外施釉，底部露胎，釉汁垂流厚挂，有的凝聚成滴珠状。釉面呈现褐黄色、银灰色和褐蓝色。因釉色细而下垂，酷似兔毫，故称"兔毫盏"，按其釉色又分"金盏""银盏"和"蓝盏"。

③ 建窑器物以碗盏为多。其造型口大足小，形如漏斗，有敞口和合口两种，以敞口为多。底为浅玉环圈足，有旋坯纹。有的器物底足刻有"进王戋""供御"铭文，为朝廷贡品[2-3]。

---

［1］ 胡小军. 宋代分茶、斗茶技艺与建窑黑釉瓷茶盏研究. 茶叶科学，2010，30（6）：489-492.

［2］ 刘水清. 建窑建盏的造型文化探析. 中国陶瓷，2008，44（1）：80-82.

［3］ 冯向前，冯松林，栗建安，李德金. 建窑古瓷胎的产地和年代特征的 NAA 和 WDXRF 分析研究. 核技术，2007，30（6）：548-552.

建窑茶盏[1]   微距下的建窑茶盏斑纹[2]

　　宋代建窑黑瓷对福建地区的瓷窑有很大的影响。时过境迁，福建地区依然发现并保留了多处黑瓷窑址。不仅如此，建窑黑瓷的生产也对江南广大地区带来深远影响。目前，已在广西、广东、浙江、江西等诸多省份发现有烧制黑瓷的宋代瓷窑。

［1］　徐斌. 赏析建窑茶盏. 理财：收藏，2018（10）：100.

［2］　许家有. 初探现代建窑建盏烧制工艺. 东方收藏，2019（8）：44-47.

「58」 御窑厂是什么时候、在哪里建立的？官窑和民窑的区别是什么？

"御窑厂"也称"御器厂"。明清两代为供应宫廷所需瓷器而设的机构。明洪武年间始设于江西景德镇。明代一般由宦官充任督陶官；清初由工部、内务府派员，或由江西巡抚主管。所产瓷器称"官窑器"。[1]

官窑起自唐，有两种涵义，一是指贡器，二是指官厂。自唐代至元代，宫窑多有贡器，少有官厂，采取的形式是"官监民烧"，烧出的瓷器，"千中选十，百中选一"，进贡给统治阶级。这种瓷器就叫作贡瓷和宫窑瓷。那时，唐代在产瓷区设有司务，如唐景隆初（707～709年）褚绥为新平（景德镇）司务，奉诏监烧献陵祭器。宋代设监，如太平兴国年间（976～983年），派殿毅前承旨赵仁济监理越州窑务。到了元代则设局，以提领监陶，后改为本设总管。他们烧出的"景德年制""枢府"等款式的瓷器，分别称为"景德窑""枢府窑"等。明代采取"宦官办民烧"的形式，开始有官厂，专烧进贡的瓷器。

民窑是相对官窑而言的。广义地讲，凡属非官府经营的，进行商品性生产的瓷窑及其产品，都是民窑。民窑的历史远比官窑早得多，陶瓷器均产生于民间，到了唐代，瓷成了重要的出口商品之一：远销印度、埃及和波斯等地。民窑于此已有较大的发展，并带有商品生产的性质。

唐代以后，各地民窑辈出，竞相媲美，往往有供不应求之势。宋代著名的民窑有钧窑、汝窑、定窑。宋元时，民窑发展较快，仅景德镇的民窑就增加300座之多。此时的民窑完全属于商品生产的性质，民窑在产量上所占的比重比官窑大得多，在质量上也有一定的发展。到了清代，民窑占了压倒性优势，官窑瓷器也为民窑所出。

---

[1] 程贤达，张德山，叶水英. 唐英与御窑厂的管理. 中国陶瓷，2008，44（2）：73-74，77.

「59」 明代景德镇官窑有哪些特点和主要成就?

　　景德镇是元、明、清三代皇家瓷厂所在地,中国的官窑制度在这里延续了632年,景德镇也由此是烧造时间最长、规模最大、工艺最精湛的官办瓷厂。明代时景德镇已成为瓷都,青花瓷大大发展起来,被称为"国瓷",同时还烧有釉上彩、斗彩、五彩、素三彩和各种单色釉瓷。

　　明代景德镇瓷业在宋元发展的基础上,呈现出一派繁荣昌盛的景象。在宋元以前,名窑遍布全国,各名窑产品各具特色,并且都有各自市场,制作水平相差无几。从明代开始,景德镇瓷业的技术水平和烧造规模都明显地超过各地窑场,中西文化的交流与南北制作技术的融合,使景德镇文化发展进入飞速发展阶段,其产品几乎占据了全国主要市场[1],而至精至美的宫廷用瓷也几乎全部由景德镇供应。

　　由于商品经济发展,景德镇民窑的分工很细,从瓷土开采到瓷器烧成,要经过72道工序;同时,官窑的分工也极其细致,御窑厂内有大碗作、酒盅作等23种专业分工。专业化分工提高了生产力,也提高了产品质量。当时,所产瓷器的瓷质细腻,釉色精美,艺术造诣相当高。在青花的制作和青料的运用上,明代已经达到了炉火纯青的境地,成为中国青花瓷发展的顶峰。嘉靖、万历时期景德镇瓷远销海外,在明代各朝的外销瓷中,瓷器造型制作主要根据各客户国的宗教信仰、文化需求、生活习惯等来定,充分体现了文化的交流[2]。

　　明代中期官窑青花瓷器后人评价极高。从观赏的角度来看,成化青花与永乐青花、宣德青花相比也自有特点。成化青花主要用双勾线条勾勒图案,然后在图案内进行渲染,双勾线用浓笔,渲染用淡笔,因而,烧成作品呈色大多数浅淡雅致。开创了青花瓷画龙点睛的新画法,对后世影响极大。弘治时期,新上台的皇帝比较崇尚节俭,尽管如此,这一朝有不少好的作品,但基本保持着成化时期的

［1］ 熊樱菲,霍华,李一平,周进. 景德镇明代洪武瓷的化学组成研究. 文物保护与考古科学,2014,26(3):59-64.

［2］ 汪冲云,李美珍. 明朝社会文化与景德镇陶瓷. 中国陶瓷,2007,43(5):71-72.

烧造风格，无多大创意。正德时期，景德镇御器厂的烧造规模较之前有了很大程度的扩张，并一改前朝精美的风格而向质朴厚重的风格转变，造型丰富，往往一器多式，采用的原料也多种多样。

明代后期，景德镇的青花瓷有了更大规模的发展。其数量远远超过明初洪武至正德时期的官窑青花烧造的总数。所以，这一时期，是明青花瓷器烧造的又一重要历史时期。嘉靖时期青花瓷器有一个显著特点就是其青花呈色带有浓艳红紫的色调，这种青花器中所用的青料是产于新疆一带的"回青"。这是嘉靖朝最好的青料，其发色浓艳、鲜艳葱翠。到了嘉靖中期，由于嘉靖帝崇尚道教，因而此时期作品多与宗教有关。隆庆一朝仅六年，因而景德镇官窑烧造的瓷器不多。万历一朝长达四十八年，是明代皇帝在位最长的一个，青花瓷器烧造的品种多样化，一应俱全。其烧造量之大，可从大量的传世品中得到验证明。明代的最后三个皇帝是泰昌、天启、崇祯。这三朝政局处于风雨飘摇的动荡时期，此时的官窑瓷器少见存于世。

下面我们从瓷器的胎骨、造型、釉色、装饰、款识几个方面介绍明代景德镇瓷器。

（1）胎骨

明代景德镇的瓷器，选料和淘炼技术提高，胎质细致、洁白，在器物露胎处，因胎内含有杂质，经入窑烧制出现火石红的现象，胎体较清代厚重、透明，声音清脆，大件器物胎薄，并且还出现了薄如卵幕、莹似玉石的脱胎瓷器。

（2）造型

此时瓷器的造型给人一种浑厚古朴、优美大方的感觉，器物的线条比较柔和，中小型的盘、碗等器物的底心下塌，底足微向里收敛，盘、碗底足多见切削痕迹，在明代中期以后的一些器物上较为常见。明代后期的圆器底足常见有沾沙和放射状跳刀痕迹，造型也不规整，常有变形现象出现。

（3）釉色

我国的瓷器到了明代无论在单色釉和彩瓷上都比以前有了发展和创新。明代釉质多肥厚滋润，除宣德时期外，釉面都较平静，很少有棕眼，器物的口沿足边有轻微的垂釉痕迹，青花瓷的釉色多白中闪青，俗称亮青釉。

单色釉方面，明代有了釉汁肥润如脂的"甜白"、釉色浑厚艳丽的"鲜红"、鲜艳透明的"宝石红"、嫩黄莹明如鸡油的"黄釉"以及烧制非常成功的近似孔雀羽毛颜色的"孔雀绿""孔雀蓝"色釉。

明代以前的中国瓷器基本上以单色釉为主。明代这一时期青花瓷器无论从数量和质量上都有很大提高。明初期仍用元代色泽浓艳、晕散的"苏泥勃青"料。明代中期用发色淡雅、柔和的"平等青"。明代晚期用蓝色闪紫、艳丽的"回青"料。青花瓷器在明代瓷器中占的比例比较大，除青花瓷器外，明代彩瓷有了新的发展，出现了斗彩、五彩。金彩的使用也比以前多了。

（4）装饰

这时纹饰装饰主要以绘画为主，也有刻花、划花、印花、镂雕等装饰。从绘画风格上看，无论人物、花鸟、飞禽走兽都极为生动豪放、富于画意，不拘一格，线条舒展流畅；加之釉色纯朴浑厚、丰富多彩使画面更加优美。明代早期多用一笔点画的手法，以后用勾勒填彩，生动地表现了对现实美好生活的愿望。画面题材很丰富，人物、花鸟、飞禽走兽无所不有，有些画面取材于锦缎上的纹饰，或受小说木刻插图的影响，或取材于戏剧、民间故事传说等。有些内容尤其是出现在官窑器物上的，反映了当时封建统治者的思想意识，有些带有封建迷信色彩。

（5）款识

明代年款的字体豪放、不拘一格。字体生动有气魄，有"永乐款少、宣德款多、成化款肥、弘治款秀、正德款恭、嘉靖款杂"的说法。

明代瓷器带官窑年款很普遍，有楷书、篆书，以楷书较为常见。款的排列有横款、竖款、单行款、双行款，还有极少数环行款、十字款、四字款、六字款，款的外圈有双圈线，也有不带圈线的。明代时款多为青花楷书款，明中、晚期时款偶有用其他颜色的，如红色、紫色。另外也有刻款、印款的。青花款在放大镜下看好像深入胎里，而清初仿明，尤其是清后期仿明的青花款用放大镜仔细看，款多浮在釉中，色也较浅。

「60」清代景德镇官窑有哪些特点和主要成就？

在景德镇陶瓷的发展历史上，清代是一个极其辉煌的时代，其品质之精良、造型之繁杂、彩釉之丰富，无不登峰造极。清代是景德镇陶瓷发展史上，也是中国陶瓷发展史上的巅峰时期。但同样也经历了兴、盛、衰的过程。

清代初期，景德镇陶瓷业处于停滞状态。满清政府入关后，于顺治十一年在明代御器厂的基础上进一步扩建，并逐步恢复其生产。顺治瓷造型、胎釉、纹饰都带有明显的明末过渡特征。顺治瓷造型古朴、胎体厚重、釉质青白。

清代前期的康熙、雍正、乾隆三朝，景德镇的陶瓷业得到空前的蓬勃发展，制瓷技艺更趋娴熟精湛，品种更加丰富多彩，可谓集南北历代名窑之大成。自康熙以后景德镇的制瓷业得以复苏并蓬勃发展，与朝廷的重视是分不开的。

康熙青花瓷青翠艳丽，莹彻明亮，而且还十分讲究中国画的水墨韵味，有"料分五色"之说。所谓"料分五色"即将青花的料色分为"头浓、正浓、二浓、正淡、影淡"五个色阶，笔触之间极富层次。康熙五彩瓷较之明万历，色彩更加瑰丽丰富，画工更加考究精妙。除用红、黄、绿、蓝、紫外，还以黑色、金色来调和各种色彩关系，使画面更显高雅华丽。

青花龙凤纹瓷砚[1]

---

[1] 魏威. 一方康熙青花龙凤纹瓷砚. 黄河. 黄土. 黄种人，2019（现14）：51-52.

清雍正粉彩梅花纹盘[1]

雍正及乾隆时期，景德镇的瓷业发展到顶峰。雍正六年以后，造办处内炼珐琅成功，烧制珐琅彩料成功，烧制珐琅彩瓷开始进入鼎盛时期。雍正粉彩瓷色泽粉润，较之五彩瓷更显得柔丽俊逸、娇艳明媚，故而相对五彩而言又称粉彩为"软彩"。雍正粉彩将陶瓷装饰艺术引入了一个全新的境界，其色彩之明媚柔丽，装饰之精巧秀逸均达无以复加之境地。

雍正时期首创以青花料在坯体上勾勒纹样轮廓，成瓷后再以粉彩颜料填画，拼斗成完整纹样的斗彩新工艺。使粉彩的明丽，青花的幽靓争妍斗艳，相得益彰，令人耳目一新，较之康熙以前的斗彩更别具一番清俊华丽之美。雍正时期的另一个创新则是研制成功窑变釉。在单色釉中添加其他不同成分，使之在高温下流淌变幻，从而使原单色釉变得如霞光般绚丽斑斓，流光溢彩，美不胜收。雍正时期虽然在历史长河中仅仅是短短的十三年，却在景德镇陶瓷乃至中国陶瓷发展史上书写了极其亮丽的一页。

乾隆时期是清代社会发展的顶峰时期。这个时期的瓷器制造为满足宫廷需要，制作不惜工本，胎釉精良细腻，绘画工整考究，造型极尽其巧。其工艺之精巧新奇，装饰之繁缛华丽，均登峰造极。乾隆二年至十四年，乾隆十七年至二十一年，内务府员外郎唐英任景德镇御窑厂督陶官。乾隆时期的"唐窑"器极负盛名。各式各样的镂雕粉彩瓷是乾隆时期的一大特色。除镂空透雕的香熏、花篮、灯罩等，结构之严密，制作之精确，构思之奇妙，均可谓鬼斧神工之制，令人叹为观止。乾隆时期还流行仿生瓷。象生器有动物、植物、瓜果等；仿器有仿青铜器、仿竹木器、仿漆器、仿玉石珊瑚等等。其色泽质感无不惟妙惟肖，几可乱真，构成乾隆时期景德镇瓷器又一大特色。

总之，乾隆时期的瓷器，技艺精湛，工艺完美，制作奇巧，花样繁多，均无不极其所能之极。然而，从其艺术性来看，却失却了康熙时期的一份豪洒与雍正

---

［1］ 邹华. 雅俗共赏——雍正粉彩之审美分析. 现代交际，2017（21）：81-82.

时期的一份清丽。

进入晚清后，清王朝渐至没落，加上鸦片战争，太平天国运动，以及英法联军焚毁"圆明园"等，使清王朝更加动荡不安，景德镇的瓷业也因时局而每况愈下。此时景德镇的窑炉有重大改进，称为蛋形窑，具有容积大、装烧量多等优点。烟囱顶部呈尖状，倾向窑头，防止了风向改变时抽力波动或倒灌。窑顶逐渐下降，窑的高度大于宽度，烟囱高度等于或稍小于窑长，从而使室内温度及气氛便于控制，并可充分利用热量。这种窑炉可同时烧制多种产品，燃料消耗较少，在建窑的时间及费用上更加节约，沿用了很长时间。

清代时烧瓷技术大大提高，品种有青花三彩、粉彩、珐琅彩，还有各类象生瓷和仿玉石、木纹、漆、铜釉色等，都达到了历史最高水平。

「61」 德化窑有哪些特点和主要成就？

德化窑在今福建省德化县，故名。其创烧于宋代，宋元时期烧青白瓷，明代盛烧白瓷，清代又有进一步发展，除烧白瓷外，还烧青花和彩绘瓷器。

德化瓷特点鲜明突出，主要表现在以下几点：

① 宋元时期所烧青白瓷釉色偏白，主要以刻花、篦划纹装饰为主。器物中盒子多见，式样有圆式、八角式和瓜棱式等多种，盖面多印有折枝花卉纹饰。

② 明代白瓷胎质致密，透光度极好。釉面为纯白色，色泽光润明亮，迎光透视下，釉中隐现粉红或乳白色，故被称为"猪油白""象牙白"。

③ 清代德化白瓷与明代白瓷的区别是釉层微微泛青，与明代相比釉感较硬。

④ 白瓷产品有爵杯、梅花杯、香炉、瓶、壶、碗、洗及瓷塑等。一般来说，明代以生产供器和瓷塑为主，清代以生产碗、壶等日用器物为主。

⑤ 德化瓷塑极为著名，白瓷观音、达摩等塑像，胎釉浑然一体，不仅面部刻划细腻，衣纹深而洗练，而且都能很好地表现人物的性格。这类作品往往印有名匠何朝宗、张寿山、林朝景等人的印记。

明代德化窑白釉弦纹双耳三足炉
（故宫博物院藏）

⑥ 德化青花瓷器的特征是青花中有深蓝色的线痕，图案花纹除花卉、山石外，人物故事题材也常见[1]。

德化瓷器因这些独具优点在国内外备受欢迎，在国际上享有很高的声誉，被誉为"中国白"。近年来，根据国外调查、发掘出土的有关资料看，德化生产的白釉瓷器等各类产品，自宋代以降曾销往国外，日本、菲律宾、印度尼西亚、马来西亚、新加坡等国

[1] 陈文平. 中国古陶瓷鉴赏. 上海：上海科学普及出版社，1990：209.

家及非洲的一些国家都有发现。德化古瓷的外销，在中国制瓷史和中外文化交流史上留下了光辉的一页[1]。

---

[1] 徐本章，苏光耀，叶文程. 略谈德化窑的古外销瓷器. 考古，1979（2）：149-154，203-204.

「62」 宜兴紫砂有哪些特点和主要成就？

宜兴紫砂陶是宜兴日用陶瓷中的一枝奇葩，它有着悠久的制作历史，自宋代初创到明清成熟发展，迄今仍盛开不衰。究其原因，主要有三条：一是宜兴县境内蕴藏着极其丰富的、性能优异的紫砂泥原料，这是宜兴紫砂不断发展的主要物质条件；二是历代陶工在长期生产实践中积累和形成的精湛制作技艺，它是形成宜兴紫砂独特艺术风格的必备条件；三是宜兴紫砂有着优良的实用功能，既是实用品又是工艺品，深受人们的喜爱和欢迎。

清雍正宜兴窑紫砂扁圆壶（故宫博物院藏）

（1）原料特性

① 宜兴紫砂泥原料，藏量丰富，开采历史悠久。紫砂泥有紫泥、红泥和绿泥三种，以紫泥居多，其地质成因属沉积矿床，紫泥、绿泥的矿层层位为晚泥盆系上统五通组，贮存于五通组甲泥矿内，故与甲泥性质颇接近。

② 宜兴紫砂泥具备坯体必需的化学组成，紫砂泥中的紫泥和红泥氧化铁含量较高，分别为8%～11%和18%～22%；绿泥中的氧化铝含量较高（26%～31%），氧化铁含量则较低，约2%～3%。紫泥的矿物组成则为水云母、高岭石、石英、赤铁矿，绿泥则主要为高岭石与水云母。紫泥中还有少量伊利石、长石、锆石、屑石、电气石等。

③ 宜兴紫砂泥原矿内部呈黏土团粒状结构是其主要的特征。它烧成后，紫砂坯体内部便形成双重气孔结构（链状气孔与团粒内部各矿物之间相连的微气孔），宜兴紫砂从而有良好的实用功能。

④ 宜兴紫砂泥还有优良的工艺性能，即较好的可塑性、结合性能、干燥性

能和在较低温度下烧结，较宽的烧成温度范围等[1]。

（2）成型工艺

紫砂陶的成型方法有手工成型、注浆成型、旋坯（机制）成型和印坯成型，其中手工成型最为传统。凡是工艺产品的成型，全系手工搓制而成。这一传统技艺的形成和发展，与紫砂泥的特性和丰富多彩的产品造型有着密切的关系。紫砂泥具有良好的可塑性能，较小的干燥收缩和较高的生坯强度，为多种多样的造型提供了良好的工艺条件。丰富多姿的造型，千变万化的线条，对制作技巧不断提出新的要求，促使手工成型达到了超高的水平，形成独特的风格。而精巧的手法，超群的技艺，也促成了紫砂工艺陶器造型丰富多变的特色。

手工成型的方法基本上可分为"打身筒"与"镶身筒"两大类。"打身筒"法适用于圆类型产品，将泥料打成泥片，用在转盘上，用手工拍打成空心体壶身，再粘接上用手工搓制成的壶咀、把、颈、脚、并另加制壶盖。"镶片法"是将泥料打成泥片，按设计意图，配成样板，依样裁成泥片，镶合而成。

手工成型工艺的关键在于泥坯表面的精加工和手工成型过程中的精加工。系指用竹片、明针、刀具以及用这些材质制成的专用工具，对已经加上颈、脚、咀、把手的壶身整体、壶盖、花盆或其他产品的表面，进行精细的刮平修整。这是紫砂陶器成为工艺产品的关键之一[2]。

（3）实用性

紫砂茶壶具有保持茶香清醇、不易变质发馊等良好性能。紫砂壶的材质是一种双重气孔结构的多孔性材质，气孔微细、密度高，具有较强的吸附力，故能吸收茶之香味并保持较长的时间，而施釉的陶瓷茶壶这种功能则比较欠缺。紫砂茶壶与施釉的陶瓷茶壶相比，茶汁不易变质发馊。这种功能由茶壶本身精密合理的造型所决定。紫砂壶嘴小，壶口壶盖配合密切，位移公差小于 0.5 毫米，口盖形

［1］　贺盘发. 宜兴紫砂泥综述. 江苏陶瓷，1988（1）：30-38.

［2］　韩人杰，叶龙耕，贺盘发，李昌鸿，高海庚. 宜兴紫砂陶的生产工艺特点和显微结构. 硅酸盐通报，1981（4）：26-35.

式多呈压盖结构。而施釉瓷壶的壶嘴大多口朝上，口与盖的位移公差达 1.5 毫米左右，口盖形式多呈嵌盖结构。由于紫砂茶壶比施釉瓷壶制作的精度高，从而减少了混有黄袖霉等霉菌空气流向壶内的渠道。因此，相对地推迟了茶汁变质发馊的时间。

紫砂壶经久耐用，虽然它的线膨胀系数比瓷器略高，但因内外表均不挂釉，无坯釉应力。此外，坯料中含铝量高，玻璃相少，有一定的气孔率，足以克服冷热温度差所产生的应力，故寒冬用沸水注茶不会炸裂、用以烹蒸不会胀裂、使用不烫手、能用温火炖烧。这些功能是其他非金属茶具所不及的。

宜兴紫砂陶是我国具有独特民族风格的陶瓷工艺品。历经一千多年，代代相传，不断发展，形成了独特的风格。20 世纪 80 年代中期至 90 年代中期为紫砂发展鼎盛时期，出口欧美和亚洲新加坡、马来西亚等国家和中国香港、台湾地区，同时在全国掀起了紫砂热，尤其是人们对紫砂产品的日用功能、保健功能、艺术功能、收藏价值有了进一步的深刻了解和认识。因此，宜兴紫砂陶产品未来的发展将有更大前途。

「63」青花瓷的发明及发展过程是什么？青花色料是什么？

青花瓷是我国古代陶瓷中最富民族特色的优秀品种之一，其名声享誉海内外，深受人们的喜爱和赞赏。青花瓷是以含有钴元素的矿物质为着色剂，在胎体上描绘纹饰，再罩上一层透明釉，经高温还原焰一次烧成所得的瓷器。青花瓷呈现白地蓝花的艺术特征，在釉下彩瓷中的成就最为辉煌。

目前，青花瓷发现了唐代标本。1975年，江苏扬州唐城遗址出土的瓷枕残片上所绘制的釉下蓝彩清晰可见。1983年，扬州唐城遗址又出土了一批唐青花标本。经科学测试，其原料为钴，胎、釉、彩与河南巩义窑产品相同，说明早在唐代巩义窑就开始了青花瓷器的制作。

宋代，在浙江东阳地区也烧造过青花瓷，其纹饰为屈原诗意画"山鬼图"。青花料发色黑褐，胎釉粗糙。宋代后期到元代初期，青花瓷在江西景德镇开始烧造。

元代，青花瓷器普遍烧制成功，尤以景德镇窑最具代表性。青花纹饰清晰华美，蓝色沉静，白色透明釉微微闪青。元青花所使用的钴料有进口料的特点，钴料中含锰的成分少，含铁量高，且含有钾，与国产青料含锰的成分少、含铁量低截然不同。用进口料绘画的青花色泽浓艳，釉面有黑色斑点。而国产青料色调较淡，没有黑斑，所绘纹饰也比较简单[1]。

明代，青花成为瓷器的主流。洪武青花色泽一般偏于暗黑，是使用国产青料之故。永乐、宣德时的青花瓷器质量最佳，被称为青花瓷器的黄金时代。青花色泽浓艳，其青料是郑和下西洋从西亚地区带回的"苏泥勃青"。这种青料含锰量低，减少了青色中的紫红色调，用适当的火候可烧成宝石蓝一样的鲜艳色泽。宣德最有代表性的青花颜色有两种，一种浓艳深沉，色泽黑蓝或深蓝。因钴料中含铁量高，在凝聚处有自然形成的黑褐色结晶斑。另一种含铁量较低，呈现幽雅青纯的色泽，多用于描画人物。正统至天顺时期的青花瓷器在景德镇出土很多，其

---

[1] 冯先铭. 中国古陶瓷图典. 北京：文物出版社，1998：215-216.

青花呈色有宣德时期的遗风。成化、弘治时期使用国产平等青料，特点是清新淡雅，色泽蓝中泛灰，透澈而明晰，少数发色灰黑，带有浓重的铁锈结晶斑。弘治时期，有少数青花色泽浓艳呈灰蓝色，与正德时青花相似。正德晚期改用回青料。使用回青料烧制的青花瓷器，最为成功的应属嘉靖时期。这一时期，是明代青花瓷发展史上又一个突出的阶段，青花色泽为蓝中微泛红紫，浓重而鲜艳。隆庆朝仍用回青料。万历早期，青花色泽凝重艳丽，蓝中泛紫；中期蓝中闪灰，发色渐浅；晚期更浅。

清代，青花瓷器使用的是云南珠明料，以康熙民窑最为典型。早期色调为灰蓝色，中期为鲜艳的翠蓝色，层次分明，蓝色透底，莹澈透亮。同一种青料可分出浓淡层次，形成多至八九层的色阶，类似中国画中的"墨分五色"。而康熙晚期的青花则颜色浅淡，蓝中微闪灰色。雍正青花不如康熙时色阶丰富，色泽艳丽。此时，仿明宣德、成化和嘉靖制品较多，以青花黄彩和青花金银彩器更为名贵。乾隆时，青花以正蓝为主，色泽明艳，呈色稳定，无晕散现象。

中国青花瓷起源于北方，发展、兴盛于南方。其中，景德镇青花瓷烧造历史悠久，品种丰富，装饰绚丽，在青花史中有着极其重要的地位。浙江、云南、福建、广东、台湾等地，日本、朝鲜虽然都曾烧造过青花瓷，但是经过沧海桑田的历史变迁，各地的青花瓷基本上都停止了生产，而景德镇的青花瓷，却仍然有着旺盛的生命力[1]。

明宣德青花缠枝花纹天球瓶（故宫博物院藏）

---

[1] 刘拾云. 青花瓷的起源与发展. 陶瓷研究，1999，14（3）：47-51.

「64」 如何科学地表达古陶瓷的颜色?

中国古代瓷釉的颜色非常丰富,通常可以分为单色釉瓷和彩瓷两大类。其中,单色釉瓷主要有黑瓷、白瓷、青瓷、蓝釉瓷、绿釉瓷等。彩瓷的品种比较多,有青花、五彩、斗彩、珐琅彩、粉彩等。在传统的描述青瓷颜色的词语中,就有碧蓝、天蓝、淡天蓝、天青、月白、豆绿、粉青、翠青、灰青等。很显然,这种表述是个性化的,很难清晰地描述这些颜色之间的差异,没有统一的标准。因此,科学、准确地描述古陶瓷绚丽多彩的颜色,对于古陶瓷的研究极为重要。

古陶瓷颜色的定量测定可采用 CIE 色度测定法和分光光度测定法[1]。

(1) CIE 色度测定法

物体选择性吸收或反射不同波长的色光,进而呈现不同的颜色,因此依据物体的反射光谱数据能够区分物体颜色的差异。为了能够用数值表示物体的颜色差异,通过测定光谱的反射率因数,按照照明的光谱功率分布计算颜色的三刺激值,即 X、Y、Z,代表红、黄、蓝光谱三原色值;再转换为 CIE 三刺激值空间色度坐标。为了统一颜色评价的方法,1976 年 CIE 推荐了新的颜色空间及其有关的色差公式,即 CIE1976L*a* b* 色变系统。这是目前国际通用的测色标准,它适用于一切光源色或物体颜色的表示与计算。

CIE1976 L*a* b* 空间由 CIEXYZ 色变系统通过数学方法转换得到,转换公式为:

$$\begin{cases} L^* = 116 \, (Y/Y_0)^{1/3} - 16 \\ a^* = 500 \, [(X/X_0)^{1/3} - (Y/Y_0)^{1/3}] \quad Y/Y_0 > 0.01 \\ b^* = 200 \, [(Y/Y_0)^{1/3} - (Z/Z_0)^{1/3}] \end{cases}$$

---

[1] 吴隽. 古陶瓷科技研究与鉴定. 北京:科学出版社,2009:51.

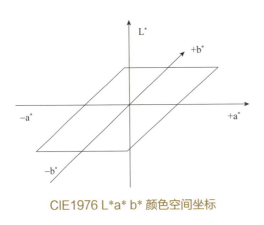

CIE1976 L*a* b* 颜色空间坐标

其中 X、Y、Z 是物体的三刺激值，代表红、黄、蓝三原色；X_0、Y_0、Z_0 为 CIE 标准照明体的三刺激值；L* 表示明度，a*、b* 为色度。经过上式转换后，马蹄形光谱轨迹转换成笛卡儿直角坐标体系，如图所示。在这一坐标系统中，+a* 表示红色，–a* 表示绿色，+b* 表示黄色，–b* 表示蓝色，明度 L* 指颜色明暗程度，变化范围为 0（黑）至 100（白）。

（2）分光光度测定法[1]

分光光度法是采用分光光度计测定古陶瓷样品，得到其在不同波长范围内（380～780纳米的可见光谱）的光谱反射率。如以波长 λ 为横坐标，光谱反射率 R（%）为纵坐标，即可绘制出一条该样品色的分光光度曲线。

从所测定颜料的光谱反射率曲线上，可以直接或间接地反映出该样品的颜色属性，即色相（色度）、明度、饱和度（色彩的纯度），以达到描述和评价颜色的目的。

① 曲线的反射率峰值所对应的波长色光的颜色即为该样品的色相。

② 曲线反射率的高低表明了颜色明度的不同。样品的总反射率高，则表现为具有较高的明度，色彩更为鲜艳。

③ 曲线反射峰的宽窄表现为颜色饱和度的高低。宽度越窄，则颜色的饱和度越高。此外，曲线的最高反射率与均衡反射率的差值大小也反映出颜色饱和度的高低，差值越大，则所含的消色成分比例就越小，颜色饱和度就越高。

必须指出，分光光度测定是在标准白光（即等能白光）下进行的。当测定光源改变，则所测结果是不同的。

古陶瓷的颜色检测，必须结合主观目视评判法和客观颜色测量法来综合评

［1］ 丁银忠，赵兰，黄卫文，侯佳钰，苗建民. 故宫博物院藏宋代官窑瓷器釉的颜色无损测定. 故宫博物院院刊，2010（5）：146-152，203.

价该样品颜色的色相、明度、饱和度。主观评价法受主观因素影响较大，但此法不需测量仪器，而且当评价者具有丰富的颜色检测与评价经验时，尚有一定的准确性。因此，主观评价法仍是一种简便易行的评价法，但不便于数据化、标准化控制。CIE 色度法和分光光度法客观测量法，能快速测定颜色，并准确地以图表、数字化形式反映颜色特性，但它还必须结合视觉心理来理解颜色特性。因此，在进行颜色检测与评价时，必须做到主观与客观的统一，理论与实践的统一[1]。

---

[1] 刘明亮. 陶瓷颜料的颜色测量与评价. 中国陶瓷，1994（2）：33-39，49.

「65」什么是结构色？结构色是如何形成的？有哪些代表性窑口？

通常结构色被定义为由物质内部的微观结构，对可见光进行选择性反射、透射、散射或衍射而呈现出的颜色。结构呈色的机理来源于以下几种光学效应之一或其组合产生的结果：即单层或多层薄膜的干涉效应，表面衍射光栅，光子晶体或体衍射光栅（具有光子带隙的材料）和光线的散射效应，简单概括即薄膜干涉、质点散射和光子晶体结构呈色。釉玻璃体中的分相液滴或者各种第二相杂质粒子，呈现离散质点状，而多数分相液滴亦呈现近程序结构，这使得其中存在着散射呈色与光子晶体结构呈色等多种机制的可能。当然，这里的光子晶体结构是一类在二维空间介电结构既没有平移对称性，又没有转动对称性，只具有短程有序的结构，又称为非晶态光子晶体或胶体光子晶体结构。

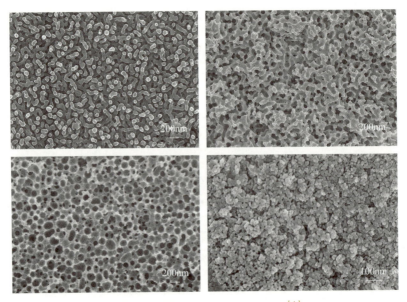

陶瓷釉中不同分相结构的 SEM 图[1]

---

[1] 杨长安. 分相釉及其结构呈色的研究. 陕西科技大学博士学位论文. 2016.

（1）非晶态光子晶体呈色

近年来，有关自然界非晶态光子晶体的结构色，已有较为深入的研究。研究发现，自然界生物体羽、翅、鳞等部位的多种结构色，多源自其类蛋白石胶体晶体的结构；其看似无序的结构，实则具有一定周期性。令我们在陶瓷釉研究中最感兴趣的是，规则的周期结构形成具有虹彩效应的结构色，而准周期或非规则的结构，可以形成没有明显虹彩现象的结构色。像翠鸟和蓝鸟羽毛中的泡沫结构，即能形成艳丽的蓝绿色。

与蛋白石的微观结构相比，不难发现分相釉的微观结构与其十分相似，似乎可以定论：分相釉中存在非晶态光子晶体结构色！然而，在无色料存在的分相釉中，这种结构色并不显而易见。分析原因可能是分相釉中两玻璃相的折射率比值太小之故。

全光子带隙研究得出，在蛋白石光子晶体结构中，实现全光子带隙的条件是两相的折射率之比大于 4，即使在反蛋白石结构中，两相的折射率之比也要达到 2.8。如此说来，折射率之比决定着光子晶体结构的质量，其结构呈色亦如此。折射率对比度高的胶体晶体具有较大的半宽，半宽的增加能有效地抵消次峰对颜色的影响。所以，折射率对比度大的胶体晶体能获得较高的颜色质量，即高的饱和度和明度。但一般玻璃的折射率在 1.5～1.6 之间，普通分相釉中的两玻璃相，均为普通玻璃组分，因此，其折射率之比较小，非晶态光子晶体结构色显然难以展现[1-2]。

（2）散射呈色

分相釉中粒子散射对釉色的影响通常以瑞利散射和米散射来分析。密集的气泡相区域，存在着较为明显的瑞利散射蓝色，而在分相区域，这种散射蓝色却很微弱。瑞利散射强度除与粒子尺寸紧密相关外，亦与两相折射率比有关，因此，

［1］ 杨长安. 分相釉及其结构呈色的研究. 陕西科技大学博士学位论文. 2016.

［2］ 王芬，杨长安，苗建民，侯佳钰，林营，朱建锋. 钧瓷釉与乳光、窑变及结构色. 中国陶瓷，2015，51（5）：1-8，13.

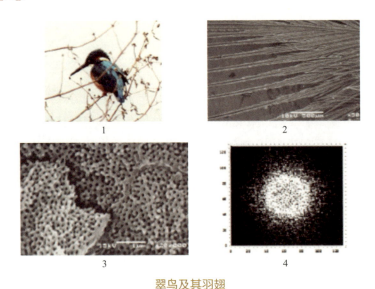

翠鸟及其羽翅

1. 翠鸟　2. 羽翅结构的 SEM　3. 羽枝断面的 SEM 图　4. 羽枝断面的 2D FFT 图[1]

要在釉中看到明显的瑞利散射色，也需要提高两相的折射率之比。

需要指出，瑞利散射仅适用于小微粒的稀溶液状态中，分相釉中常常存在的连通状分相结构，某些一维尺寸已接近或超过微米级结构，以及那些密集而又规则的分相结构，或其微滴尺寸过大或其微滴的分布密度过高，均已不在瑞利散射范围内，这些体系中的结构色，已不适用瑞利散射关系式。分相微滴过大，或呈不规则形状时，则为米散射乳浊机理[1-3]。

（3）分相结构呈色

玻璃体中的分相结构，多为热力学不稳结构，陶瓷釉因成分的不均性以及受到坯体中组分扩散、气体逸出等影响，变化尤为多端。此外，釉中的分相结构，

［1］　杨长安. 分相釉及其结构呈色的研究. 陕西科技大学博士学位论文，2016.

［2］　王芬，杨长安，苗建民，侯佳钰，林营，朱建锋. 钧瓷釉与乳光、窑变及结构色. 中国陶瓷，2015，51（5）：1-8，13.

［3］　王芬，罗宏杰，李强，李伟东. 分相呈色陶瓷釉的特性及呈色机理. 硅酸盐学报，2009，37（2）：181-186.

可以说除组成外, 几乎是温度的函数。下图为以 BaO-SiO$_2$ 二元系统相图为模型, 展示釉中分相结构随温度和组成的变化示意图。玻璃中的经典分相结构研究, 仅显示了 X 轴的变化趋势。此外, 在一定条件下, 分相结构随着烧成温度显著变化, 甚至使微相功能发生改变, 即 Y 轴展示的分相结构变化。虽然 Y 轴与 X 轴展示的分相结构变化形式不可能完全相同, 但却有着类似的结构化趋势。烧成温度高低影响到釉层冷却速度的快慢, 自然影响到分相液滴的大小与分布变化。因此, 釉中的结构色, 除各种光学机理外, 分相结构本身有着对色彩的辅助着色或消减作用。这一作用在化学着色剂存在下, 有可能被高倍地强化。

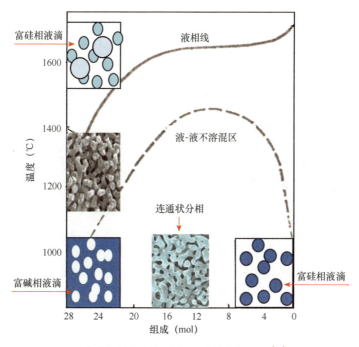

釉中分相结构随组成与温度的变化示图[1]

首先, 如果化学着色剂为离子场强较大或折射率较高的元素 (如 Fe 元素等), 那么, 这种元素的引入既可能促进熔体分相, 也可能大大提高分相玻璃两相的折射率比值, 这一作用将极大地强化釉玻璃体中的光子晶体结构色与瑞利散射色, 即物理色与化学色产生耦合作用, 强化了釉中分相结构着色的效果。

[1] 杨长安. 分相釉及其结构呈色的研究. 陕西科技大学博士学位论文, 2016.

其次，分相液滴有聚集或偏聚着色元素的作用，使其呈现作用加强，这种作用是分相本身的结构功能，所以，其机理为分相结构呈色或分相结构"提色"。

有关玻璃微相的成分研究发现，少量的 3d 元素（Fe、Cu、Ni、Co 等着色元素），着色离子几乎 100% 富集在富网络外体、配位能力最大的微相中，并非统计性地分布在各种微相中。这种聚集着色元素于部分微相中的作用，使着色离子浓度大大提高，其或过于饱和析出晶花，或因浓度提高着色能力得到强化。此即引入矿渣于陶瓷分相釉中，产生丰富多彩的釉色之原理。

分相微滴本身不仅有聚集着色元素的作用，而且与气泡同样地提供了熔体中的相界面，使杂质元素（着色元素）沿相界富集，有效地利用了熔体中的着色成分，使其着色能力提高，如下图所示。如果釉中着色离子浓度较高，则能析出晶花，如果熔体中的着色离子浓度较低，亦能产生饱和度较高的釉色。因而，分相色釉中，不仅能够使劣质矿渣原料实现资源化利用，也能够降低一般色釉中色料的引入量。

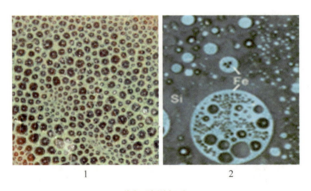

分相釉微相斑

1. 分相釉中着色元素聚集产生的色斑　2. 多级分相现象[1]

最后，分相微滴大小或性质随温度或其他工艺因素改变，使色彩随之改变。例如，随着热处理温度提高或保温时间延长，分相液滴增大，相应微相中的某些离子浓度或提高或降低，这种成分变化使得着色离子周围的介质性能发生改变，釉色亦会改变，此与基础釉对釉色的影响原理相同。除此，在一定工艺条件下，釉中微相可能产生二次或多次相分离现象，这样的分相釉会产生多种意想不到的

---

[1] 杨长安. 分相釉及其结构呈色的研究. 陕西科技大学博士学位论文. 2016.

花色效果。

　　铁、铜元素为多价态元素，随着釉组成与温度、气氛的变化，各自能够呈现多种色彩，因此，将其引入分相釉中，着色元素偏聚于某一微相中，随着工艺条件或组成变化，微相的性质与各种成分发生变化，影响到着色离子的浓度、周围介质发生改变，使化学色与分相产生的结构色耦合，因此能够呈现出多姿多彩的釉色，这正是钧釉"入窑一色，出窑万彩"的根本原因[1]。

---

［1］　杨长安. 分相釉及其结构呈色的研究. 陕西科技大学博士学位论文，2016.

「66」 陶瓷成型技术分为几类？每一类的特点是什么？

对已制备好的坯料，通过一定的方法或手段，迫使其发生形变，制成具有一定形状大小坯体的工艺过程称为成型。根据坯料含水量（或含调或剂量）的不同，成型方法可分为注浆成型（≤38%）、可塑成型（≤26%）和压制成型（≤3%）[1]。

（1）注浆成型

注浆成型是基于石膏模（或多孔模）能吸收水分的特性，有空心注浆和实心注浆两种。注浆过程基本上可分为三个阶段。

从泥浆注入石膏模吸入开始到形成薄泥层为第一阶段。此阶段的动力是石膏模（或多孔模）的毛细管力，即在毛细管力的作用下开始吸水，使靠近模壁的泥浆中的水、溶于水中的溶质及小于微米级的坯料颗粒被吸入模的毛细管中。由于水分被吸走，使浆中的颗粒互相靠近，靠石膏模对颗粒、颗粒对颗粒的范德华吸附力而贴近模壁，形成最初的薄泥层。

形成薄泥层后，泥层逐渐增厚，直到形成注件为第二阶段。在此阶段中，石膏模的毛细管力继续吸水，薄泥层继续脱水，同时，泥浆内水分向薄泥层扩散，通过泥层被吸入石膏模的毛细孔中，其扩散动力为薄泥层两侧的水分浓度差和压力差。泥层犹如一个滤网，随着泥层逐渐增厚，水分扩散的阻力也逐渐增大。当泥层增厚达到所要求的注件厚度时，把余浆倒出，形成雏坯。

从雏坯形成后到脱模为收缩脱模阶段（也称坯体巩固阶段）。由于石膏模继续吸水和雏坯的表面水分开始蒸发，雏坯开始收缩，脱离模型形成生坯，有了一定强度后就可脱模。

注浆成型适用于生产一些形状复杂且不规则、外观尺寸要求不严格、薄壁及

---

[1] 马铁成. 陶瓷工艺学. 北京：中国轻工业出版社，2011：280-331.

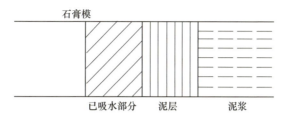

泥浆注浆过程示意图

大型厚胎的制品。一般日用陶瓷中的花瓶、汤碗、椭圆形盘、茶壶、杯把、壶嘴等均可用注浆法成型。

优点：适应性大，不拘于生产量的大小，投产容易。

缺点：生产周期长，不易实现自动化，占地面积大，石膏模用量大。

（2）可塑成型

可塑成型是利用模具或刀具等工艺装备运动所造成的压力、剪力、挤压力等外力，对具有可塑性的坯料进行加工，迫使坯料在外力作用下发生可塑变形，制成坯体。

优点：外力小、模具要求不高、操作简单。

缺点：水分高、易变形、泥性要求高。

分类：拉坯、旋压、滚压、挤压、车坯、塑压、注塑、轧膜。

① 拉坯成型

拉坯又称做坯，是一种万能成型法，它是在陶轮或辘轳上进行的。

特点：设备简单，产量低。但坯体表面粗糙、尺寸精度差、易变形。

成型产品：碗类、盘碟、壶类、杯类、瓶类等。

② 旋压成型

旋压成型，俗称旋坯，利用旋转运动的石膏模与只能上下运动的样板刀来成形。

特点：设备简单，适应性强，可以旋制深凹制品。但旋压质量较差，手工操作劳动强度大，生产效率低，坯泥加工余量大，占地面积较大，而且要求有一定的操作技术。

成形产品：圆形制品如盘、碗、杯、蝶、缸等。

③滚压成型

滚压成型是由旋压成型法演变过来的，滚压与旋压不同之处是把扁平的样板刀改成回转型滚压头。成型时，盛放泥料的模型和滚头分别绕自己轴线以一定速度同方向旋转，滚头一面旋转一面逐渐靠近盛放泥料的模型，并对坯泥进行"滚"和"压"而成型。

特点：坯体强度大，不易变形，表面质量好，规整度一致，容易自动化。但需要大量模具，坯体表面有时会有排不出的空气而引起"鼓气"。若滚头离坯面太快，容易出现"抬刀缕"。

成型产品：圆形制品如盘、碗、杯、蝶、缸等。

④挤压成型

挤压成型是采用真空练泥机、螺旋或活塞式挤坯机，将可塑料团挤压向前，经过机嘴定型，达到制品所要求的形状。

特点：便于与前后工序联动，实现自动化生产。

成型产品：陶管、劈离砖、棍棒和热电偶陶管等管状、棒状、断面和中孔一致的产品。

⑤车坯成型

根据坯泥加工时装置的方式不同，车坯成型分为立车和横车。根据所用泥料的含水率不同，又分为干车和湿车。立式湿车近年来有了很大的发展，主要原因是它采用光电跟踪仿型修坯和数字程序控制等半自动仿型车坯机，使工效和产品质量大大提高。

成型产品：外形复杂的圆柱状产品，如圆柱形的套管、棒形支柱和棒形悬式绝缘子的成型。

（3）压制成型

压制成型是利用压力将置于模具内的粉料压紧至结构紧密，成为具有一定形状和尺寸的坯体的成型方法。

优点：生产过程简单，生产效率高，坯体收缩小，致密度高，产品尺寸精确，且对坯料的可塑性要求不高。

缺点：对形状复杂的制品难以成型，多用来成型扁平状制品，且模具造价高，坯体强度低，坯体内部致密性不一致，组织结构的均匀性相对较差等。

分类：干压成型和等静压成型。粉料含水量为 3%～7% 时为干压成型；粉料含水量在 3% 以下时为静压成型。

① 干压成型

将含一定水分的粒状粉料填充到模型之中，施加压力使之成为具有一定形状和强度的陶瓷坯体。

特点：生产效率高，人工少，废品率低，制品密度大、强度高，适合大批量工业化生产。但成型产品的形状有较大限制，模具造价高，坯体内部致密性不一致，组织结构的均匀性相对较差。

成型产品：墙地砖

② 等静压成型

装在封闭模具中的粉料各个方向同时均匀受压成型的方法。

特点：弹性模具代替石膏模，坯体不必干燥即可直接入窑烧成，从而简化了生产工序，提高了产品质量。但设备的一次性投入较高，对原料的流动性和含水率等要求严格，以及弹性软模等技术问题也是较难满足的。

成型产品：盘、碟、斗碗类产品。

目前，陶瓷成型技术在社会发展驱动下已经有了新的快速的发展方向，例如注射成型、3D 打印、逆向工程等高新的计算机技术，但是技术融入大规模的生产制造还需要一定的时间[1]。

［1］ 胡鹏程. 陶瓷的注射成型技术及其研究进展. 中国陶瓷工业，2018，25（5）：14-18.

「67」 油滴、兔毫、鹧鸪斑是如何形成的?

油滴、兔毫、鹧鸪斑釉是我国传统的名贵釉种，均属于天目釉系列，主要产于福建建安窑与江西吉州窑。

（1）油滴釉

油滴釉的釉面上分布许多银灰色大小不一且有金属光泽的圆点，后代称之为油滴。

由于釉中含有 6%～10% 的 Fe_2O_3，在升温过程中，Fe_2O_3 分解转化为低价 FeO 且分解放出许多 O_2，在釉中形成大量气泡。此时，釉料已经开始熔融，釉表面封闭，气体排出受阻，在釉层内部产生气泡。在釉熔体黏度与表面张力合适的条件下，小气泡合并成为大气泡并上浮冲破釉面，在釉表面留下痕迹。在气体排出过程中，铁分会随之一起上升，在泡痕附近形成富铁玻璃相，并与主体液相发生相分离。富铁相中形成铁的过饱和溶液，在气泡的边界处或釉泡痕迹处以及还没有完全熔融的原料颗粒残余处，将是非均相析晶的晶核发源地，油滴的成核在这些部位开始，并逐渐发育长大。保温过程，可以看到油滴尺寸的变化情况，由于这一过程是在釉表面进行的，所以此时油滴部位光泽极差。之后继续升温，导致釉熔体黏度的下降，促使晶体适量熔解，其形状逐渐圆整，尺寸略有变小，并向釉层内部沉降，在油滴表面覆盖一层玻璃相，使油滴处光泽得以加强[1]。

我国南方、北方均生产油滴盏，从目前考古资料检测结果分析，福建建窑烧制油滴盏使用龙窑，主要以还原焰烧制，油滴呈蓝银灰色；北方油滴盏用馒头窑烧制，主要采用氧化气氛，故油滴呈棕红色。各窑的产品都亚于建盏[2]。

［1］ 王金锋，王黔平. 油滴釉的形成机理及烧成工艺探讨. 陶瓷科学与艺术，2003（5）：51-54.

［2］ 冯先铭. 中国古陶瓷图典. 北京：文物出版社，1998：60.

（2）兔毫釉

兔毫釉的特点是在黑底釉上透出黄红色流纹或黄棕色底釉上透出黑色流丝，自然流淌，恰似兔毛悬浮在釉面上，釉质明净光润、兔毛清晰、富有韵味[1]。

宋代建窑兔毫的形成，首先在升温到 $1100\sim1200$ ℃时析出大量的钙长石针状晶丛，使得基质相中富 Fe_2O_3 而相对贫 Al_2O_3，导致晶间液相获得不混溶性而发生液相分离，形成均匀散布于晶间液相中的富 Fe_2O_3 液滴。进而，在冷却过程中析出含铁微晶，形成兔毫纹。兔毫釉从外观上可以细分为金兔毫釉、银兔毫釉、灰兔毫釉、黄兔毫釉，也有纯黑釉。氧化气氛下，析出 α-Fe_2O_3 微晶，形成黄兔毫。若是在偏重于还原的气氛下烧成，则析出 Fe_3O_4 微晶，而得到银兔毫。如果同时析出 Fe_2O_3 和 Fe_3O_4 微晶，且这些微晶晶面有规则地平行釉面排列，就会形成许多较大的闪光面，使毫纹呈金黄色，也就是所谓的金兔毫[2]。

由于耀州窑兔毫釉的釉式，在给定的碱金属含量下，Al_2O_3 含量比建窑兔毫釉低，所以釉中即使有钙长石晶丛析出，其量也低。因此，两者的形成原理略有不同。

耀州窑兔毫釉在烧成过程中一般都经过高温"沸腾"过程。此时，釉中有大量的釉泡生成，釉泡在冲向釉面的过程中长大、合并，同时以釉泡中的气—液界面为基地带动釉液中的富铁微粒和富铁熔体一同到达釉面。釉泡爆破，形成一个个微细的"火山口"，随后"环形山脊"塌陷，形成棕眼。最后，逐渐平复，形成浅的凹坑。在高温下这些地方随着釉液的流淌而被拉伸成条纹。由于这些部位富铁，形成一个个细小的局部富铁区，使这些区域的 K_2O-Na_2O-CaO-MgO-Al_2O_3-SiO_2 多元非平衡系熔体因富铁而具有强烈的不混溶性趋势。在烧成后期，该处熔体冷却至会熔温度以下时，即发生二液相分离，产生了纳米尺度的无数富铁孤立小滴相，分布于贫铁的连续相之中，成为一个个局部的分相小区。在适当的温度下，靠近表面的小滴以釉表面作为气—液界面的异相成核区开始析出氧化铁微晶，并且发育长大而形成棕榈叶状针晶，而其下部仍为分相小滴的纳米结构[3]。

[1] 温得有. 油滴釉和兔毫釉的研制及其形成机理. 山东陶瓷, 1999, 22（3）: 35-37.

[2] 孙洪巍, 高力明. 分相—析晶釉的组成结构及应用. 陶瓷, 1995（1）: 3-7.

[3] 陈显求. 宋耀州兔毫天目瓷釉的分相与析晶. 自然杂志, 1995, 17（6）: 329-331.

（3）鹧鸪斑

鹧鸪斑建盏主要特征有两点：其一，黑色的釉面上随机分布着许多大小不等的银白色或金黄色的卵形斑点，斑点内部有毗纹；其二，釉流动性强，与兔毫盏一样，在盏外釉下边沿有一圈聚釉。

鹧鸪斑釉的斑点是液相分离的产物。烧成过程中，在特定的物理化学条件下，釉主体相分离出富铁的另一相。在重力与表面张力等作用下，富铁相易浮在釉表面层。随着过程的推移，浮在釉面的富铁相越来越多。它们随机而遇，三五成群，拼合成一个个大小不同的包裹团，包裹团越大，其中的液相小滴也越多。但这些液相小滴仅仅挨在一起，没有熔为一体。当烧成进行到一定程度后降温冷却，在冷却过程中，当环境条件适合包裹团中的铁氧化物析晶时，便形成鹧鸪斑[1-2]。

［1］ 李达. 论鹧鸪斑建盏. 陶瓷学报，1998，19（2）：97-104，120.

［2］ 李达. 鹧鸪斑建盏仿制及形成机理探讨. 福建轻纺信息，1994（12）：3-6.

「68」 木叶天目是如何形成的？

木叶天目，作为我国宋代吉州窑天目釉瓷中的精品，制作工艺难度极高。天然树叶经腐蚀后，贴在素器上，施釉焙烧，树叶的形状及脉络便清晰地留存在器壁上。这种木叶贴花装饰是宋代吉州窑的独特创造，装饰于黑釉盏的内壁上，在黑釉的底色中显现纹饰美丽的黄颜色。木叶纹有单片树叶的，也有两片或三片树叶叠在一起的，错落有致。叶形或残叶稀疏，或满叶铺地，极富天趣和诗意[1]。

木灰的主要成分为 SiO_2、Al_2O_3、CaO、MgO、K_2O、Na_2O、P_2O_5 等，配以适量的瓷土就可以作为釉用原料。木叶在底釉中呈现纹样的反应就是木叶灰与底釉融合形成一种新釉质的反应。当窑内温度达到木叶着火点时，木叶迅速燃烧，在燃烧时要收缩变形，若此时窑中没有气流吹动，待燃烧后白色木叶灰会完整的平铺在木叶底釉上，随着温度的升高，木叶灰开始和底釉发生反应。由于木叶中含有 P_2O_5，焙烧时与铁釉互不混溶，产生液相分离，故其与底釉融合形成的新釉质与铁釉颜色不同。由于叶脉、叶片的成分不一样，因此叶子脉络也就清晰可见了。若在木叶灰与底釉发生反应时保温时间过短，止火急，只能使较细的脉络融平于底釉中，而粗大的主脉络仍凸在釉面上，用手触摸可感觉得到。

大多数木叶均能在底釉上留下木叶痕迹。但要想得到效果较好的木叶纹样，就必须得对木叶有所选择。首先，Mg、Si、Fe、P、Ca 是构成木叶纹样的必不可少的元素，只有具有上述元素，而且这些元素在叶脉和叶片内的分布有明显差异，才能构成清晰的纹样。典型的数

南宋吉州窑黑釉木叶天目盏（东京国立博物馆藏）

---

[1] 杨树林，曾军宏."吉州窑木叶天目盏"兴起的历史渊源探析. 牡丹，2018（29）：28-31.

据是叶脉中钙的净含量约比同条件下叶片中的钙高一倍，而硅则低一倍。其次，叶片含碱性氧化物量不能过高，否则找不到木叶的经脉。最后，吉州木叶盏上木叶纹样的基本色彩大体上分为以黄、绿为基调和黄、红为推调的两类。木叶中的 Fe 和 Cr 是主要着色剂，若木叶中含 Mn 过多，则往往使纹样灰暗，失去吉州窑产品的风格[1]。

[1] 敖镜秋，许作龙. 吉州天目盏木叶纹样形成过程的探讨（第一部分）. 中国陶瓷，1987（2）：38-44，64.

「69」 什么是瓷釉的"玉质感"和玻璃质感？如何表达？

（1）瓷釉的"玉质感"

瓷釉的"玉质感"是通过乳浊实现的。乳浊釉即是在釉层中存在与基础玻璃相性质相同的第二相（或多相），使得入射光线在多相的界面上产生复杂的散射、折射、漫反射等光学显现，造成光线透不过釉层而达到乳浊。乳浊釉中的第二相既可以是气相，也可以是液相或固相。第二相颗粒的大小、数量、分布、折射率等直接影响乳浊釉的乳浊度。

① 气相乳浊釉

一般釉玻璃相的折射率为 1.5 左右，气体的折射率一般为 1，两者之间存在差距，可以构成乳浊。直径小于 0.1 毫米的釉泡会使釉层混浊不透明，气泡尺寸大到肉眼能分辨时，会使釉面产生暗哑的光泽而失去美感。

② 液相乳浊釉

液相乳浊釉是在釉玻璃中出现了与基础玻璃相互不混溶的液相，也就是说在釉中存在液相分离。

③ 固相乳浊釉

固相乳浊釉是在釉基础玻璃相中存在晶体（晶体既可以是残留的也可以是析出的，或两种状态并存），且晶体的折射率与玻璃相的折射率相差较大，使得入射光线在釉层中的散射、折射、漫反射等光学现象反复进行，最终失透。根据对釉层透光度的研究可知：釉的失透与乳浊相折射率的大小，乳浊相粒子大小、数量、分布均匀程度等有关[1]。

具有代表性的"玉质感"乳浊釉有北宋汝窑青釉、南宋官窑青釉和金代耀州窑月白釉。

---

[1] 马铁成. 陶瓷工艺学. 北京：中国轻工业出版社，2011：209-210.

①北宋汝窑青釉

汝瓷以其素洁釉面的含蓄之美著称，釉色有天青、粉青、天蓝和豆绿等。釉层物理结构中细分散的非均质微粒，如微米级晶体、气泡、未熔物以及纳米级晶间分相结构，对入射光的散射作用提高了釉面的乳浊度和光泽度，从而使得釉面呈现出玉质感。

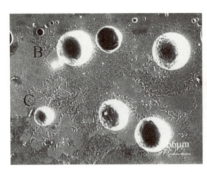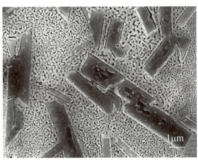

北宋汝窑青瓷样品断面釉层的 SEM 图[1]

②南宋官窑青釉

玉质感是南宋官窑青瓷艺术特色的重要标志之一。南宋官窑青釉具有玉质感艺术效果主要由众多不同大小气泡相、少量未熔物相和钙长石析晶相的形成决

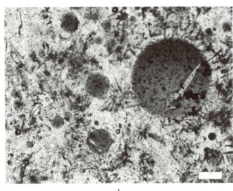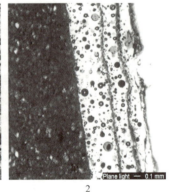

1   2

南宋官窑青瓷样品的单偏光显微镜照片

1. 断面釉层　2. 断面胎釉[2]

［1］ Li W D, Li J Z, Deng Z Q, Wu J, Guo J K.Study on Ru ware glaze of the Northern Song dynasty: One of the earliest crystalline-phase separated glazes in ancient China [J]. Ceramics International, 2005, 31: 487-494.

［2］ 赵兰，沈琼华，唐俊杰，李合，苗建民. 南宋官窑窑址青瓷瓷片的光学显微结构研究. 广西科技大学学报，2014，25（3）：98-102.

定。此外，多层釉施釉技艺制瓷，也是釉质具有玉质感的重要原因。

月白釉的釉质呈半乳浊状，来自其釉中大量的气泡与釉内未熔融的晶体，属于一种自乳浊月白色釉。它既具有较高的遮盖性，又具有半透明性，光亮温润，如同水色饱满、晶莹润泽的美玉[1]。

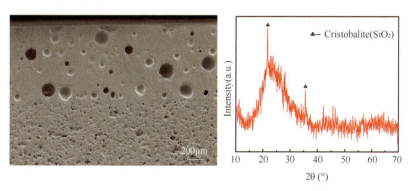

金代月白釉的断面 SEM 图结合 XRD 图谱[2]

（2）瓷釉的玻璃质感

瓷釉的玻璃质感是通过玻璃相实现的。玻璃相的含量不仅取决于瓷釉的化学组成，还取决于工艺因素，如烧成制度和施釉厚度。当釉料化学组成中碱金属和碱土金属含量较高时，釉的玻璃质感强，透明度高；当釉烧温度高，保温时间长，且釉层较薄时，釉面光泽较强。具有代表性的玻璃质感釉有宋早期龙泉青瓷釉和宋代耀州窑青瓷釉。

① 宋代龙泉青瓷釉

龙泉青瓷的制作有一定的年代特征，即釉料的使用逐渐发生变化。宋早期龙泉青瓷釉是 CaO 含量高的石灰釉，釉层薄而透明，玻璃质感强。南宋以后，龙泉青瓷釉中 K_2O 含量明显提高，釉已成为石灰碱釉。石灰碱釉、多次施釉技术

［1］王芬，罗宏杰，李强，Anderson R. 耀州窑月白釉瓷. 2009 年古陶瓷科学技术国际学术讨论会（ISAC'09）论文集，2009：345-350.

［2］朱建锋，施佩，王芬，董龙龙，吕臣敬. 耀州窑月白釉的复仿制及呈色机理研究. 陕西科技大学学报（自然科学版），2014，32（2）：36-40、45.

和还原气氛控制等的联合运用，使瓷釉可以获得如软玉般的质地和各种青翠娇艳的釉色[1]。

②宋代耀州窑青瓷釉

耀州窑青瓷发展到宋代，由于从柴烧改用煤做燃料，青瓷釉质、釉色发生了改变，五代时期略失透的青釉变得清澈、透明，富玻璃质感，釉色由灰青、粉青、淡青、淡绿变得青绿泛黄褐。早期青瓷数量尚少，釉色、造型皆有类似五代青瓷之处，器物中素面居多，有少量划花、刻花瓷。宋代中期以后，橄榄绿色的青釉成为主流，顺应这种透明的玻璃釉特征，釉下花纹逐渐增多[2]。

———————

［1］郭演仪，李国桢. 宋代汝、耀州窑青瓷的研究. 硅酸盐学报，1984，12（2）：226-235.

［2］王小蒙. 耀州窑青瓷的美学理念及风格变迁. 四川文物，2009（5）：49-54.

「70」 什么是釉表面析晶？能形成哪些装饰效果？代表性窑口？

在基础釉中引入一种或两种以上的结晶剂，使其在釉的熔融过程中过饱和，在冷却过程中析出，形成釉中析晶，即通常所说的"结晶釉"。而天目釉则多是釉表面析晶形成的。两宋时期的"茶叶末""铁锈花""油滴釉"等，都是这类结晶釉名贵品种。

结晶釉可以按晶花的大小、形状或形态来分类，如"兔毫""星盏""砂金"等；以晶体的形状而言，有菊花状、放射状、条状、冰花状、星状、松针状闪星及螺旋状等。工艺更多的是按结晶剂的种类来分类命名，如氧化锌系、氧化钛系、氧化锰系、铁系结晶等，其中最为常见的当属铁系结晶釉。

天目釉是指以铁的化合物为主要着色剂的黑釉，特指曜变天目、油滴天目、兔毫天目等品种[1]。天目釉以宋代福建建阳、江西吉州天目为代表，其特点主要是：色调丰富多彩，有茶黄黑、浓黄黑、酱油黑、棕黑、褐黑、绀黑、艳黑等；釉面光泽稍差，有的会出现各种 Fe_2O_3 的流纹、斑块和斑点。天目釉在我国宋代就有很多产瓷区生产出来，由于各地生产的天目釉的颜色和纹样不同，就给予很多不同的名称。如建阳天目、吉州天目、河南天目以及灰被天目、油滴天目、玳瑁天幕、兔毫天目等。有的通过剪贴装饰，在制品上呈现出图纹，如梅花天目、木叶纹天目等。

（1）曜变天目

曜变天目是天目釉中最珍贵的品种，其特点是黑色表面上悬浮着大小不一的斑点。斑点周围闪烁着晕色似丰富多彩的蓝色光辉，且随观察角度的不同，呈现不同的颜色。

曜变天目产生的原因，主要是釉熔体中产生了多级液相分离。釉中的斑点，

---

[1] 王芬，张超武，黄剑锋. 硅酸盐制品的装饰及装饰材料. 北京：化学工业出版社，2004：275-278.

实际上是细微的铁氧化物结晶的集合体，其结晶非常小，即使放大 400 倍，也不能清楚地分辨其形状。斑点周围有很薄的膜层，厚度约为万分之几毫米。曜变即是由于釉面斑点周围的薄膜受到光波干涉而产生不同的颜色所致。

对比宋代曜变天目、油滴天目、兔毫天目釉的化学组成，可以得出，三种釉都以石灰釉为基础，并且所含 CaO、Al_2O_3、Fe_2O_3、MgO 都较接近，故其化学组成基本相似。但由于烧制工艺的不同，形成油滴、兔毫或曜变等。在烧制过程中，如果高温缓慢冷却的结晶后期，烧成温度突然升高又快速冷却，使形成油滴天目釉中铁氧化物的结晶体微量溶解而形成薄膜，从而获得曜变天目；如果温度升得较高，使形成的油滴流动，则成兔毫。因此，曜变天目釉的烧成条件非常局限。

宋曜变建盏（日本静嘉堂文库美术馆藏）[1]

（2）油滴天目

油滴天目是在黑色的釉面上布满许多闪亮的圆星点，恰像水面漂浮的油滴。根据星点颜色的不同，有红油滴、银油滴之称。特别是银油滴，"盛茶闪金光，盛水闪银光"，别具风格。油滴天目亦以建盏为代表，在宋代数处都有生产，如河南、四川、广东、广西等，但能做到釉面光亮、星点圆润者仍如凤毛麟角。

一般情况下，油滴是釉中氧化铁过饱和后从釉层中随釉泡上浮至釉面，在釉表层附近析晶长大，形成的比较厚的、以赤铁矿或磁铁矿或其混合物为主要成分的镜面。磁铁矿反射率比一般硅酸盐高得多，且其反射色为银白色，故在宏观上使油滴反射成银白色斑。赤铁矿反

宋华北油滴盏（日本龙光院藏）

---

[1] 李达. 建盏揭秘——铁系结晶釉斑纹的形神之变. 收藏家，2008（8）：77-81.

射色为黄红色，则形成红油滴斑。有的油滴在高温下流动拉长，变成类似兔毫的长条纹。油滴釉料中 Fe_2O_3 含量要控制适当，低于 4% 无晶体，高于 8% 出现铁锈，都不能形成油滴。同时，坯料也应采用含 Fe_2O_3 较高的黏土原料配制，以便对黑釉产生衬托作用。

油滴的烧成和普通黑釉的烧成基本相同。但烧成温度要恰到好处，温度低了，不能形成油滴，温度高了形成的油滴会流开，或者流成"兔毫"。这是由于温度高，形成油滴的铁氧化物微晶和釉都发生流动，由于流速不同，而形成不同呈色的兔毫纹。所以，兔毫的烧成温度较油滴要高。

（3）兔毫天目

兔毫天目因黑釉中透出状如兔毛般的细流纹而得名，纹色有淡棕色、金红色或银灰色，因而又有"金豪""银豪""玉豪"的称谓。由于宋代"斗茶"风的盛行，多数窑场都生产有黑盏，但能生产兔毫盏者并不多。目前所见除建窑外，还有定窑、耀州窑、吉州窑和河南、四川等地的窑场，但以建窑产最为出名。

兔毫是通过析晶和液—液分相共同作用形成的。其釉中含有大量的 CAS_2（钙长石）析晶，而且晶间液相分离为基相与微相，铁富集于孤立小滴内，小滴聚集粗化成"巨滴"。在还原气氛下，"巨滴"中的 Fe_3O_4 较完整析晶则生成黄毫纹。当然也有 Fe_3O_4 或 Fe_2O_3 不析晶、析晶不完整或杂乱析晶等形式，则表现为兔毫发灰、发黄、不够光亮等状况。

宋兔毫建盏（日本京都国立博物馆藏）[1]

除天目釉外，世人推崇的铁系结晶釉还有茶叶末釉、铁绣花釉和铁红结晶釉。

（4）茶叶末

茶叶末釉是黄褐、黄绿或墨绿色的釉面，呈现有许多碎屑状斑点，颇似茶叶的

---

[1] 李达. 建盏揭秘——铁系结晶釉斑纹的形神之变. 收藏家，2008（8）：77-81.

清雍正茶叶末釉钵缸[1]

细末而得名。其最早出现于唐代耀州窑，清代景德镇茶叶末釉有"古雅幽穆，足当清供"的美誉。

茶叶末釉中析出晶体较多，是辉石类型的析晶釉，其主晶相为普通辉石类中伪深绿辉石，第二相为斜长石中的培长石。深绿辉石本身呈黛绿色，含铁的斜长石为褐色。釉中析出辉石的种类、含量、晶体的粒度、分散度以及釉中铁的浓度，决定了釉呈黄绿色还是墨绿色。同时釉中玻璃相在显微镜下呈深棕色，局部呈棕黄色，其铁浓度甚至超过了晶体中的铁浓度。铁在釉中分布不均匀，使釉呈色浓淡不一，表现出类似茶叶末的外观效果。

（5）铁锈花

铁锈花是一种 Fe_2O_3 含量较高的微晶结晶釉。《陶雅》载："紫黑之釉，满现星点，灿燃发亮，其黑如铁"，谓之铁锈花。

铁锈花是在石灰釉中引入大量的 Fe_2O_3 和 MnO_2。由于釉熔体高温流动性大，加上 MnO_2 的存在，抑制晶体的长大，故 Fe_2O_3 高度分散在釉中。由于 Fe_2O_3 的含量过高，且它的亲氧性和釉玻璃的不混溶性，导致局部出现 Fe_2O_3 的富集而析出微晶。这些微晶的斑点犹如铁锈一般，若冷却缓慢，结晶也会长大成为完整的晶型。

宋黑釉铁锈花涡纹罐[2]

（6）铁红结晶

铁红结晶是棕褐色的釉面散布有橘色或大红色的晶花，随着组成和工艺条件的不同，有的会形成红色的花蕊，周围有金环包裹，有时釉底层中散布有大小不

［1］ 陈润民，杨静荣. 谈茶叶末釉瓷器. 故宫博物院院刊，2004（1）：112-117，160.

［2］ 柴菲. 出身与传承有绪是点石成金的"金手指"评纽约苏富比拍卖行宋黑釉铁锈花涡纹罐的流拍. 收藏，2014（19）：153.

等的分相液滴或小气泡，类似水珠，随着入射光线角度改变，水珠似乎也在转动，奇妙无比，也非常难得。

　　釉玻璃分相随后析晶的物理化学过程是这种铁红釉的整个艺术形象显现和大红花形成机理的基础。实际上由于各种工艺因素的变化，瓷釉所呈现的艺术花样也是丰富多彩的，例如由于某种原料来源不同或工艺上的改变，使深棕色的背景除了红花之外，还间杂了黄色小花等。

现代铁红釉花瓶

「71」 釉为什么开裂？裂纹是缺陷还是装饰？

　　裂纹釉作为众多釉料中的一种，其独特的风格和艺术魅力往往能一下就吸引人们的眼球。裂纹釉是在陶瓷制作初始被人们偶然发现的，其最初出现应是一种不成功的釉，它是坯体与釉面之间的依附关系出现了问题，虽然没有脱落，但是却产生了很多裂纹。然而，正是这种裂纹让人们发现了它的残缺美，使人们在后期又开发出更多品种的裂纹釉，像鱼子纹、冰裂纹、牛毛纹、蟹爪纹等等。裂纹釉的工艺原理是由于坯、釉二者的膨胀系数不匹配所致。一般情况下是釉的膨胀系数大于坯体的膨胀系数，在烧成后冷却过程中，釉层受到张应力而产生开裂现象。裂纹釉面的形成也分为两种：一种是指坯体与釉面的收缩率不同，在高温烧成过程中，釉面的膨胀率大于坯体的膨胀率，到了冷却过程中，釉面的收缩率又大于坯体的收缩率，这种互相的拉力使陶瓷釉面形成开裂的效果。这种方法在古代就已经被人们很好的掌握并广泛地运用到器皿类的生产中，像南宋官窑的青瓷开片，宋代哥窑的瓷器等。正是古代的这些能工巧匠大胆地使用了这些手法，

官窑青釉弦纹瓶（故宫博物院藏）

我们才能在现代欣赏到这些绝美的传世瓷器。而到了现代，随着科学技术的不断发展，陶瓷釉料也在古代裂纹釉的基础上不断地被人们创新，发明了很多新的裂纹釉料。古代的裂纹釉大多是一种釉料与坯体之间发生开裂现象，而到了现代，人们经过不断地研究创新，发现若两种收缩率不同的釉料先后施于同一泥坯之上，釉面也会产生一种裂纹效果，这两种釉料又分别称之为面釉和底釉。当底釉的收缩系数与坯体的收缩系数相同时，面层釉料的收缩系数大于底层釉料，那他们之间就会分崩离析，就会产生各种不同的裂纹效果。这

种方法是现代人们开发出来的，它与以往的裂纹釉料相比，更具有艺术性，富于变化，在陶瓷雕塑的应用中也起到了别具一格的装饰作用。

过去，裂纹釉因釉面裂缝不易清洗干净而只能用于艺术观赏瓷，随着装饰技术的进步，现在，裂纹釉经施面釉、重烧等方法处理，亦可用于一些使用器皿的装饰。

裂纹釉的分类与其他釉相同，亦有根据色彩、温度的分类形式，除此常以裂纹的形态分类，有冰裂纹、百坎碎、鳝血纹、蟹爪纹、螺旋纹等。

「72」 釉的复合装饰技术是什么？

应用两种或两种以上的装饰方法装饰同一制品，令装饰效果更加丰富称其为复合装饰。如彩釉墙地砖采用颜色釉、丝网印花和干式熔块釉；瓷质砖采用色坯和渗花等。陈设艺术瓷和墙砖中的腰线砖，因其艺术效果中的点缀作用，是采用综合装饰最多的品种。

如果将以上所介绍的各种装饰方法以两种或两种以上的形式组合，可以产生很多种的综合装饰方法。然而，综合装饰的运用既有其随意性，也有一定的规律可循。随意是因装饰中为了模拟其一肌理，可采用不同的方法去实现，如仿天然石纹可以用印彩渗花，也可以用色粒坯法等。规律则是按一定的材料性能所要求，如彩釉、贴花、描金等综合运用时，有时需要采用二次烧或三次烧工艺，而且对先后次序也有一定要求。采用综合装饰要注意安排好各种装饰方法的使用次序，各种方法使用的色料、釉料应与坯料及烧成相匹配，不能互相干扰。常用的基本的装饰方法有以下几种。

① 白釉或颜色釉加彩饰（包括彩金、贴花、印花），加堆釉等：此类综合装饰在各类瓷器中都有广泛应用，由于釉烧与印彩、贴花或彩金后的彩烧温度不同，有时需要采取二次烧、三次烧甚至多次烧工艺。

② 艺术釉加彩饰：在干粒上印彩，在冰裂纹釉上彩绘梅花等。

③ 色泥加彩饰：在色泥坯或色坯后再加渗彩、印彩、贴花或透明釉等装饰。

④ 颜色釉或艺术釉加雕刻、堆塑、沥粉等：唐三彩壁挂需采用沥粉与颜色釉综合装饰方能显示出更好的装饰效果，因其颜色绚丽适于装饰使用，又因釉的流动性大必须用沥粉线将不同的色釉阻隔。

⑤ 色釉加刻、划、剔等：在坯体上刻划花或印贴花纹后再施以透明或半透明的青釉或其他釉色，以刻痕的深浅造成釉色的深浅变化显现出纹饰。古代越窑、耀州窑、龙泉窑、定窑等都采用过此类装饰，获得了极高的艺术效果。

⑥ 三次或多次烧成装饰：墙地砖"腰带砖"多属此类，其装饰过程包括印刷、撒干釉粒及挤釉、堆釉、烧成、描金、印特殊效果釉、再烧成等多种工艺过

程。此装饰手法的立体感及艺术性强，高贵华丽，有的可视为艺术品，但此类产品的重复性差，对操作人员有较高要求。

⑦ 贴花、彩绘、描金：此装饰大多在已烧成的成品上完成，有时需多次烧成工艺。以日用陶瓷装饰多用。

⑧ 色釉印刷与刻板印刷技术相结合，此过程要求整体色彩与使用场合相吻合，再加上刻花机的应用已能大批量工业化生产。

⑨ 色点地砖加镜面装饰：将白色基体料与色剂混合，经造粒机制出彩色大颗粒料将其不规则地与基体混合，大颗粒斑点料（2～15毫米）可以有一种或多种，产品经抛光机抛光处理，可以得到像珍珠镶嵌似的、表面柔和、晶莹的镜面效果。

⑩ 渗彩、压釉再抛光：用特制的模具，在产品压制过程中，可以将干釉粉压制到部分坯体中（釉粉要有一定厚度），结合渗彩印花，再经抛光处理，可以得到像日用瓷中"玲珑釉"玲珑剔透的质感，色泽丰富多彩，光滑晶莹，集天然花岗岩与天然大理石装饰为一体的丰富装饰效果。

⑪ 印花、干粉施釉、釉面抛光：印花后将透明干釉部分撒到釉面上，再经较细的磨头抛光，得到立体感较强、高贵典雅的装饰效果[1]。

---

[1] 王芬，张超武，黄剑锋. 硅酸盐制品的装饰及装饰材料. 北京：化学工业出版社，2004：275-278.

「73」 什么是辘轳机（快轮、慢轮）？有什么作用？

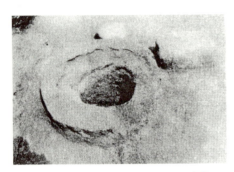

唐代辘轳坑（陕西铜川黄堡窑）[3]

轮制成型是将泥料放在转动的陶轮上，借其快速转动的力量，用提拉的方式使之成形。辘轳，又称陶钧、陶车、转轮，是轮制成型的重要工具。明朝宋应星《天工开物·陶埏》记载："造此器坯，先制陶车。车竖直木一根，埋三尺入土内，使之安稳。上高二尺许，上下列圆盘，盘沿以短竹棍拨运旋转，盘顶正中用檀木…。"[1-2]

（1）构造

辘轳机主要是由轴顶碗、轴、转盘、荡箍等部件组成。轴顶碗又称"轴顶帽"，嵌于旋轮背面中心部，覆置在插埋于土中的直轴顶端，分为瓷质、铁质两种。轴承置于转盘轴顶帽和转轴之间，使转盘自由转动。转盘有瓷质和陶质两种，皆圆饼形，陶质大多正中心有一圆孔，瓷质无孔。荡箍是陶车上的一个部件，安装在陶车直轴的下部，与直轴两侧的复杆下端相连，是使陶车平稳旋转的重要部件，有铁质、瓷质两种。转盘拨动器是成型和修坯时安

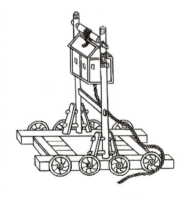

辘轳车示意图[4]

［1］冯先铭. 中国古陶瓷图典. 北京：文物出版社，1998：367.

［2］马一博. 北方地区唐宋元时期制瓷工具初探. 吉林大学硕士学位论文，2017.

［3］苗诗钰. 南方地区唐宋时期制瓷工具初步研究. 吉林大学硕士学位论文，2017.

［4］于洁. 试论轮制陶器技术及其特点. 南方文物，2015（4）：128-133.

装在转盘上，用棍拨动转盘时所使用的工具，上面有一个有转窝，皆瓷质[1]。

（2）分类

新石器时代的仰韶文化时期，一部分陶器开始使用结构极为简单、转动很慢的轮盘即慢轮辅助成型。它提高了劳动效率，为轮制技术的发展奠定了基础。同时，这种慢轮也可以用来修坯体和装饰花纹。用慢轮修整的坯体往往局部遗留有轮纹。

快轮成型即是将胎泥放置在陶车旋轮上面中间，拨动旋轮，使之快速旋转，然后以手工拉坯的方式制成所需要的器形。快轮成型技术出现于新石器时代晚期，一直沿用至今。快轮成型法比手工和慢轮结合的成型法有了明显进步，器形规整，厚薄均匀，可以制作器壁很薄的器物。快轮成型法的出现和普及大大提高了陶瓷器的产量和质量[2]。

（3）轮制陶瓷器的特点

器形规整，厚薄均匀，在器壁表面普遍留有平行的轮纹，器内外壁（通常情况下内壁的痕迹更容易保留）和内底上有螺旋式拉坯指印或拉坯痕迹，外底部有偏心涡纹、波纹或同心涡纹，内底部中心有乳钉状凸起，口沿规整[3]。

由于辘轳的使用，使制陶在某种意义上有了半机械化的工艺流程。但是，拉坯技术的优劣、陶工双手的灵巧程度、对造型的把握水准，仍然是决定作品艺术性高低的主要因素。

---

[1] 苗诗钰. 南方地区唐宋时期制瓷工具初步研究. 吉林大学硕士学位论文，2017.

[2] 于洁. 试论轮制陶器技术及其特点. 南方文物，2015（4）：128-133.

[3] 王芬. 耀州窑陶瓷. 西安：陕西科学技术出版社，2000：5.

「74」 什么是水碓，其原理是什么？

"土人籍溪流设轮作碓，舂细淘净，制如土砖，名曰白不（dǔn，下同）。"
意为本地人借助河流水力安轮作碓，把瓷石舂细淘净，制成土砖状，叫作白不即
水碓。水碓舂碎淘洗工艺制成的瓷石粉体成型性能好、饱水率高、生坯干燥强
度高。

碓舂机由水轮、碓杆和碓臼三部分组成，如下图所示。水轮是由水力带动的
原动机，一般由松木制作，其外径 φ1.25～2.33 米不等。水轮轮径越大，转矩也
越大，能扳动的碓杆重量越大，但水轮轮径还受水流落差所限制，水轮轮径随落

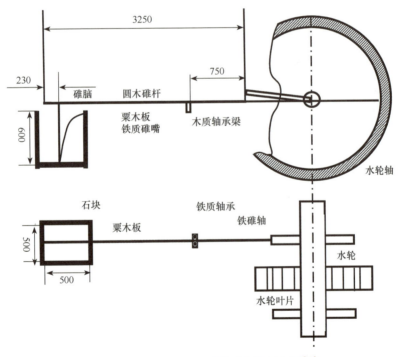

由水轮、碓杆和碓臼组成的碓舂机示意图[1]

---

[1] 祝桂洪. 景德镇瓷石碓舂淘洗制不工艺的研究. 景德镇陶瓷，1987（1）：15-19.

差而增大。碓杆由碓杆、碓脑、碓嘴三部分组成。碓杆由圆木（φ60～100毫米，L 3250～4000毫米）制作；碓脑（φ120～160毫米，L 800～1000毫米）由一般木料制作；石质碓嘴（φ100～120毫米，L 150～200毫米）外表面用翻砂铸造的生铁包起来，重约10千克。碓嘴是平头而不是圆头或锥头，主要作用是借冲击力将瓷石击碎和压碎而不是碾碎或劈碎。铸铁碓嘴是套在碓脑下端的，碓臼是方形的（边长为500～600毫米），碓臼底用瓷石或石英打入土中，非常坚实，底部呈凹锅形。碓臼四方壁中里面一方用栗木板打入土中并有一定斜度，其他三方用石块垂直砌成。

春碎效率随碓嘴冲击力增大和碓臼容量增大而提高；碓嘴的抬举高度又随碓杆长度和水轮轴上横梁长度的加长而增高。但碓杆和横梁加长则水轮轮径必须增大，否则力矩小了就扳不起碓杆。然而水轮轮径增大转速势必相对减慢，碓杆加长碓杆抬举高度提高则春频势必减小，即使设法增大水轮轮径同时加快转速，而碓杆抬举和落下的周期长了还是不行，因为水轮转速加快则水轮轴上横梁可能会扳空或把碓杆折断。必须设法增大水轮直径同时加快水轮转速，并且碓杆升降周期不至于随碓杆加长、碓杆加重而增长，春频与扳频必须吻合同步。例如湖田水碓因水流落差小而流量较大，故水轮直径为φ1260～1400毫米，而胜梅亭和进坑碓因水流落差较大而流量较小故水轮轮径φ2000～2330毫米。除此之外，水碓的春碎效率还与水轮底下排水沟深度或排水沟流速流量以及勤过筛等有关。排水沟深些或排水量大些，则水轮底下的阻力小些，否则水轮底下的水面高过水轮转动的轨迹，则水轮转动时受到水的阻力而减速；勤过筛，把细颗粒及时筛分出来，以免细颗粒起垫褥作用，有效地春碎粗颗粒。

由于碓嘴对碓臼中瓷石重复性冲击的位置是固定不可调的，而被粉碎物料即不规则的块状瓷石是填满整个碓臼的，这样碓嘴春得着的瓷石会春得过细，而春不着的瓷石依然是粗的，因不规则的块状瓷石不会自行滚动而调换位置。要使碓臼中瓷石全部春细有三种可能的办法：

① 碓嘴春入碓臼的位置必须可调，碓嘴可调或碓臼可调均可，但都困难；

② 用手或手持工具将碓臼中未春着的粗瓷石拨向碓嘴春得着的位置，但此法不安全，而且要增加工序；

③ 设法使碓臼中瓷石在春碎过程中自行翻动，粗物料自动移到碓嘴春得着的位置，使碓臼中瓷石全部春细。

如何使碓臼中的瓷石在春碎过程中自行翻动？关键是要在春碎过程中借助碓

嘴的冲击力使碓臼发生振动。但碓臼是石质材料，弹性模量大，很难发生振动。木料的弹性模量小，在冲击力作用下容易产生振动，但木材的耐磨性不如石材，需要经常更换碓臼。于是正方形碓臼的三方用石材，一方用木材，这样既能产生振动又更换不多。然而哪一方用木材为宜？从碓嘴上下运动的轨迹呈弧线形可知，碓嘴有向碓臼里面一方拨动物料的作用，即碓嘴有一个横向力作用于碓臼里面一方的下部，这样会产生一个力矩，碓嘴每舂下一次，碓臼里面一方的下部则受到横向力推一下，而其上部则向反方向，即向碓臼中心推一下，从而使物料上下翻动，碓臼中的物料被全部粉碎，故木材以安在碓臼里面一方为宜。为了便于物料翻动，舂嘴不宜对准舂臼中心，而是尽可能偏向碓臼外面一方，使碓嘴更好地向里面拨动物料。

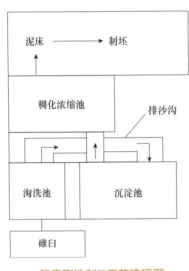

碓舂陶洗制不工艺流程图

瓷石舂细后，淘工用铲子将舂臼中瓷石粉铲入淘洗池中进行淘洗。根据斯托克斯定律，不同粒径的颗粒在水中有不同的沉降速度的原理，颗粒如石英很快沉到池底，而黏土细粒水化为悬浊液，用木桶舀入排砂沟，较粗的颗粒再沉降在排砂沟底。悬浊液流入沉淀池，经过一定时间的沉淀后，上面清液放回淘洗池。沉淀池中浆体舀入稠化池进一步沉淀浓缩，面上清液放回沉淀池。再将稠化池中浓缩的稠浆舀到泥床上，待含水率一定时用木模印不。为了加速沉降，在舂碎瓷石时加入 0.05% 的石膏到舂臼中和瓷石一起舂细，石膏是作为沉淀剂而加入的。从碓臼、淘洗池、排砂沟、沉淀池、稠化池、泥床、制不都在一间小屋里，布置紧凑而合理，如图所示[1]。

---

[1] 祝桂洪，李萍. 景德镇瓷石采用水碓舂碎淘洗制不工艺研究. 2005 年古陶瓷科学技术国际讨论会，2005：513-518.

「75」 古代陶瓷制作原料大多都要经历淘洗工序，为什么？

淘洗为陶瓷原料加工过程中的一道工序，其过程是将开采、粉碎之后的原料放在水里簸动或加水搅动，以除去杂质，使其符合工艺的要求[1]。

景德镇制瓷的传统配方，历来是以瓷石配入高岭土作胎，釉石中掺入釉灰作釉。瓷石、釉石、高岭土、釉灰等都是事先在矿山附近，采用水碓（或机碓）粉碎，水簸淘洗的方法，加工成不子，运到工厂备用[2]。

水碓加工是碓嘴对碓臼中的瓷石进行反复的冲击做功使瓷石粉碎，碓嘴与碓臼的位置是固定的。虽然在碓舂的过程中，碓臼里的瓷石会因为受到震动而改变位置，但是仍然会有一部分瓷石无法被碓舂，也就是说瓷石在水碓过程中受到冲击粉碎的机会是不同的，这就导致在水碓时能被碓舂到的瓷石颗粒越来越细，而碓舂不到或碓舂几率较小的瓷石颗粒依然较粗，从而表现为颗粒粒径分布更为分散。根据斯托克斯定律，不同粒径的颗粒在水中沉降速度不同，水碓后的瓷石粉中较大的颗粒沉降速度较快，会迅速的沉降到淘洗池底部，而较细的颗粒会悬浮在淘洗池的中上层，形成悬浮液，淘洗池中的悬浮液会被引入排沙沟进行进一步沉降，去粗留细，这样一来，在水碓过程中，由于碓舂不充分而遗留的大颗粒、粗颗粒会被大量去除。同时，水碓处理后，形成形状较为圆润的瓷石颗粒与周围颗粒接触的质点更多，接触面积更大，也有利于增大颗粒的比表面积，水碓淘洗处理的瓷石粉料也具有更高的阳离子交换量[3]。

因此，经历淘洗工序的原料粒径均匀、组成均匀，加工出来的不子，可塑性、黏性等工艺性能都较好。此外，制瓷原料的淘洗工序还可以调节胎和釉的矿物组成分布范围，从而改善胎、釉性质[4]。

[1] 冯先铭. 中国古陶瓷图典. 北京：文物出版社，1998：367.

[2] 江德太. 不同加工工艺对陶瓷原料理化性能的影响. 景德镇陶瓷，1983（1）：10-14.

[3] 祝桂洪. 景德镇瓷石碓舂淘洗制不工艺的研究. 景德镇陶瓷，1987（1）：15-19.

[4] 郭演仪，邹绎如. 古代龙泉青瓷和瓷石. 考古，1992（4）：375-381，391.

「76」 为什么古人采用植物灰作为制釉原料？

釉灰的使用和配制，是中国古代制瓷业重要的工艺技术。它是将植物灰和石灰石熔炼，经陈腐、淘洗而成，主要成分为碳酸钙（$CaCO_3$），通常作为釉料的添加剂。关于釉灰，古代的文献中早有记载。《陶记》称："枚山、山搓灰之制釉者取之，而制之之法，则石坐炼灰，杂以搓叶木柿火而毁之，必剂以岭背釉泥，而后可用。"清乾隆八年（1743年），景德镇御窑厂督陶官唐英所著的《陶冶图说》第三图中对此则有更加详细的论述，其云："其三日炼灰，配釉。釉无灰不成。釉灰出乐平县，在景德镇南百四十里，以青白石与凤尾草制炼，用水淘细而成，调合成浆，按器种类，以为加减，盛之缸内。……泥十盆，灰一盆，为上釉，泥七八，灰二三，为中釉，若平对，或灰多，为下"。[1]

釉灰在釉料中可以起到下列几个作用：

（1）助熔剂

釉灰中含有碳酸钾、石灰和氧化镁等，其中所含的碱金属和碱土金属离子可在釉中起到助熔作用，故用釉灰作助熔剂配釉。

（2）着色剂

釉灰中含有铁、锰和钛等着色元素，它是形成景德镇瓷器"白里泛青"传统风格的重要因素。

---

[1] 秦大树. 釉灰新证. 考古，2001（10）：78-82.

（3）发泡剂

釉灰中含有大量水分、空气、氯化物、碳酸盐和硫酸盐等。釉烧过程中，水分、空气的排出，以及氯化物、碳酸盐和硫酸盐的分解，都会在釉中形成气泡。

（4）分相促进剂

釉灰中含有磷酸盐，故其他陶瓷釉烧成过程中会促使釉玻璃体发生液—液不混溶现象，可提高釉面的乳浊性。

在植物灰的选择上，观台窑所使用的植物茎枝尚比较杂，各种作物的秸秆和树枝都有，还没有专门选用某种植物茎秆，对精选某种植物灰的重要性尚无认识。反观景德镇窑，在植物灰的选用上还是比较讲究的。《陶记》中记载用"搓叶、木柿"，明万历年间宋应星所撰《天工开物》中记用"桃竹叶灰"，《陶冶图说》记用"凤尾草"，《南窑笔记》则记用"蕨"。可见，随着所配釉的发展变化，窑工们也在选用不同的植物来炼制釉灰，但所用植物较单纯、固定，这是景德镇窑强于磁州窑之处[1]。

---

[1] 秦大树. 釉灰新证. 考古，2001（10）：78-82.

「77」 瓷釉和瓷胎复合在一起，才能形成陶瓷，如何才能达到最佳复合？

陶瓷的形成需要瓷釉与瓷胎之间具有良好的坯釉适应性。坯釉适应性是指熔融性能良好的釉熔体，冷却后与坯体紧密结合成完美的整体，釉面不致龟裂和剥脱的特性。影响坯釉适应性的因素是复杂的，究其根源，是由于釉层中不适应的应力所致。产生釉层不适当应力主要有四个方面的原因：坯釉之间的热膨胀系数差、坯釉中间层、釉的弹性与抗张强度及釉层厚度等。坯釉之间不能协调好，往往会产生釉裂或剥釉，特别是对于坯釉性能差异较大的产品，如日用精陶器皿等，要仔细控制。

（1）热膨胀系数对坯釉适应性的影响[1]

① 釉的热膨胀系数大于坯的热膨胀系数

这种情况下，釉层的收缩大于坯体的收缩，坯体受到了釉层的压缩，受到压应力；而釉受到了坯体的拉伸受到了张应力，当张应力超过了釉层的抗张强度时，就出现了釉层断裂的网状裂纹。热膨胀系数相差越大，龟裂程度就越大。当应力较小时，出窑后几天才会出现大的网状裂纹。利用这种性能，可以通过调整釉的配方，使釉的热膨胀系数大于坯的热膨胀系数，从而制作裂纹艺术釉。这种情况下坯釉所受应力和裂纹情况如下图所示。

② 釉的热膨胀系数小于坯的热膨胀系数

这种情况下，坯的收缩大于釉的收缩，则釉受到了坯体的压缩作用，在釉中产生压应力，如果这种应力较大，当大于釉的抗张强度时，则容易在釉中产生圆圈状的裂纹，甚至引起釉层的剥落。如果这种压应力不是太大，可以抵消一部分由于热应力或外加于釉面的机械力产生的张应力，从而提高釉面的抗拉机械强度和热稳定性。这种情况下坯釉所受应力和剥落情况如下图所示。

---

[1] 马铁成. 陶瓷工艺学. 北京：中国轻工业出版社，2011.

77 瓷釉和瓷胎复合在一起，才能形成陶瓷，如何才能达到最佳复合？

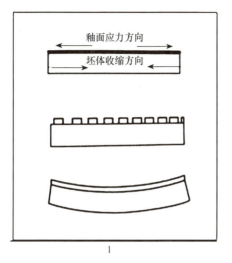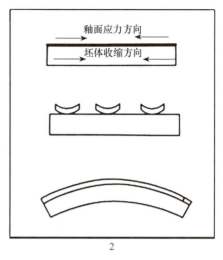

坯釉热膨胀系数不一致导致的受力情况

1. 釉面受张应力 2. 釉面受压应力

③ 坯釉的热膨胀系数相等或非常接近

当坯釉的热膨胀系数相等或接近时，釉中既不会出现张应力也不会出现压应力，釉层和坯体结合完美，但这只是最理想的状态，坯和釉的热膨胀系数不可能完全一致。因此，在实际配制釉的时候，应配制出热膨胀系数略小于坯的釉料，使釉中产生不大的压应力，可以在提高釉的热稳性及力学强度的情况下而不出现裂纹。

在实际生产中，为使瓷釉和瓷胎达到最佳复合，而不出现裂纹和强度下降，一方面需要增大坯体的热膨胀系数，另一方面要降低釉的热膨胀系数。适当提高坯料中 SiO_2 的含量，添加 CaO、MgO 等矿化剂，增加坯料细度，可以使坯体中产生更多的方石英提高其热膨胀系数。同时，工艺许可的条件下少用 Na_2O 和 K_2O 等体膨胀系数大的原料，用 Li_2O 代替。提高釉烧温度、延长高温保温时间，也会使釉的热膨胀系数降低，提高坯釉结合强度。

（2）中间层对坯釉适应性的影响

釉烧中，坯釉中的一些组分相互扩散迁移，在坯釉结合部位会形成中间层，其化学组成及物理性质介于坯与釉之间。中间层的形成可促使坯釉间热应力均匀，发育良好的中间层填满坯体表面缝隙，有助于釉牢固附着在坯体上，对提高坯釉结合性有利[1]。坯釉热膨胀系数相差不大时，中间层的作用很小。相差较大时则起着非常关键的作用。影响中间层发育的因素主要是坯釉化学组成和烧成制度。

①坯釉组成对中间层发育的影响

若坯釉化学组成之间相差较大，则反应得越激烈，中间层形成速度快而且厚，发育较好。实践证明：含 PbO、B_2O_3 的釉，中间层发育较好。坯体中含 CaO、Al_2O_3 和石英则容易被熔体侵蚀，提高了釉烧过程中釉的化学活性，促进中间层的形成，有利于坯釉的结合。

②烧成制度对中间层发育的影响[2]

烧成温度越高，时间越长，则釉的溶解作用越大，釉中组分的扩散作用越强，则坯釉反应越充分，中间层发育良好，则坯釉的结合性变好。

此外，釉料的细度和厚度也会影响坯釉适应性。釉料越细则越适于坯釉反应，扩散作用加强，中间层发育良好。釉层薄，熔化后釉组分变化大，中间层相对厚度增加，发育较好。

因此，在实际生产中，在生产工艺许可的条件下，可以通过坯釉配方调整，提高烧成温度，延长烧成时间，增加釉料细度等措施增加坯釉适应性，使其达到最佳复合。

（3）釉的弹性、抗张强度对坯釉适应性的影响

釉的弹性和抗张强度是抵抗和缓和坯釉应力的另一个重要的因素。一般来说具有较低弹性模量的釉，其弹性形变能力大，弹性好，抵抗坯釉应力或外界机械应力及热应力的能力强，于坯釉适应有利；而釉的抗张强度大，也可抵消部分坯釉应力，釉面不容易开裂，对坯釉结合也非常有益。

（4）釉层厚度对坯釉适应性的影响

釉层的厚薄，在一定程度上，对坯釉适应性也有一定的影响。一般说来，薄

[1] 李文贤，庄大宇. 中间层对碎纹釉生产初探. 中国陶瓷工业，2017，24（4）：57-60.
[2] 杨世源，何阳仲. 釉烧温度和保温时间对陶瓷坯釉适应性影响的研究. 陶瓷研究，1994，9（4）：192-196.

的釉层对坯釉适应有利。这是因为薄釉层在煅烧时组分的改变比厚釉层大，釉的热膨胀系数相对变化也多，使坯、釉的热膨胀系数相近。当釉层较厚时，坯釉中间层厚度相对降低，因而不足以缓和两者之间的热膨胀系数差异而出现的有害应力。但是，釉层太薄会出现干釉现象，因此，釉层的厚度应根据工艺需要适当控制，一般小于 0.3 毫米，如精陶透明釉厚度一般为 0.1 毫米左右。

总之，瓷釉和瓷胎达到最佳复合的影响因素很多，其中坯釉膨胀系数差值的影响最为显著，但不能只考虑两者的膨胀系数，还应充分考虑中间层的作用、釉层的弹性与抗张强度及釉层厚度等状况，在实际生产中应多方位调整，具体措施见下表。

常见改变坯釉适应性的措施

缺陷	调整坯体	调整釉料
釉产生网状裂纹	① 降低可塑性组分（黏土）的含量，相应提高石英含量。 ② 用塑性黏土代替一部分高岭土。 ③ 降低长石含量。 ④ 提高石英的研磨细度，并搅拌均匀。 ⑤ 提高坯体的素烧温度，并延长保温时间	① 增加 SiO_2 含量，或降低熔剂含量，以提高釉的熔融温度范围，但以不达到三硅酸盐为限。必要时可同时加入 Al_2O_3，使酸性氧化物不致过量而产生失透现象。 ② 在酸和碱间的比例保持不变的条件下，加入或提高硼酐含量，以部分地代替 SiO_2。 ③ 以低分子量的碱性氧化物代替部分高分子量的碱性氧化物，这样就相应地提高了 SiO_2 含量，从而提高了熔融温度。 ④ 增加釉的弹性模数，例如以锂代钠
釉产生剥落	① 增加可塑性组分，同时减低石英含量。 ② 用高岭土代替一部分塑性黏土。 ③ 提高长石含量。 ④ 降低石英研磨细度。 ⑤ 降低坯体的素烧温度	① 降低 SiO_2 含量，或增加熔剂含量。 ② 在酸和碱间的比例保持不变的条件下降低硼酐含量，并代之以石英。 ③ 以高分子量的碱性氧化物代替部分低分子量的碱性氧化物，以降低石英含量

「78」 中国古代二元配方制瓷始于何时？其特点和作用分别是什么？

　　我国古代制瓷原料南北方有着较大的差异，北方各窑区附近盛产较优质的黏土，多为二次沉积形黏土。我国南方各省盛产瓷石，如浙江、江西、福建、江苏和安徽南部等地区都蕴藏有大量瓷石矿。瓷石是由流纹岩、石英粗面岩、长英岩等岩石中长石类矿物，经受后期火山的热液作用绢云母化而生成的，其矿物组成主要是石英和绢云母，其中绢云母是水白云母的一种细颗粒组成，它既具有适当的可塑性，又具有相当的助熔作用，同时其化学组成也十分接近瓷胎的化学组成。因此，它可以单独用作制瓷原料，不用添加其他任何黏土类矿物，这种只用瓷石一种原料制作瓷胎的技术就是中国制瓷史上所谓的"一元配方"工艺，在我国古代很长的时间内，"一元配方"工艺是我国南方窑场所掌握的唯一制瓷技术。

　　瓷石虽然可以用来单独成瓷，但由于其中石英矿物较多，仅用瓷石这种单一原料制成的瓷坯高温烧成时容易形成大量的玻璃相，使瓷器产生变形塌陷等现象，限制了瓷器质量的进一步提高。要提高瓷器的烧成温度，必须提高瓷胎中 Al_2O_3 的含量，以使高温烧成时能形成较多莫来石晶体，从而达到增加瓷器的强度、改善瓷器质量的目的。要增加瓷胎中 Al_2O_3 含量、降低 SiO_2 含量，可以通过两种途径来实现：一是增加原料的淘洗程度，使坯料中细颗粒部分增多；二是在配方中加入含铝量较高的黏土类原料如高岭土等。实验证明，原料淘洗的越细，其中细颗粒部分就越多，由于细颗粒部分是以绢云母等矿物为主，因此不但可以提高 Al_2O_3 含量，还可以提高助熔剂碱金属及碱土金属氧化物的含量，因而能很大程度地改善制瓷原料的质量。但淘洗越细，所费工时和困难程度就越大，所能使用的原料就越少。因此，从工艺角度分析，在古代用第一种方法是难以实现的。要想大幅度提高瓷胎中 Al_2O_3 的含量，只有在配方中掺入富铝的黏土类原料才能实现这一目的，这就是我国陶瓷史上所谓的"二元配方"工艺。

　　对于"二元配方"工艺起源的时间问题，学术界有不同的认识，主要有以下两种：一是 20 世纪 80 年代初，经过对文献的系统考证和高岭土产地的考察后，所提出的高岭土引进瓷胎的年代，至迟在元泰定年间（14 世纪 20 年代），但不会早于元初。二是 20 世纪 90 年代初，在应用对应分析方法对景德镇历代瓷胎化学组成数据进行研究后，认为高岭土配合瓷石制胎的二元配方始于元代，成熟于明末清初。在元明时期，使用单一瓷石制胎的一元配方与瓷石配合高岭土的二元配方同时存在。一般认为景德镇元代以后开始使用"二元配方"制瓷工艺。景德镇宋代瓷胎中的 Al_2O_3 含量都在 20% 以下，进入元代以后，Al_2O_3 含量才略高于 20%[1]。

杨玉璋等人通过对繁昌窑瓷胎和制瓷原料的化学组成进行研究发现，繁昌窑瓷胎中 Al_2O_3 的含量远高于制瓷原料中铝的含量，这种量上的较大差异单纯依靠对原料的粉碎、淘洗过滤等物理过程是不可能达到的，只有通过在制胎原料中加入其他富铝的黏土类物质才能实现。繁昌窑创烧于五代时期，此时的繁昌窑已开始使用两种原料混合制胎的"二元配方"制瓷技术，以提高瓷器的烧成温度，改善瓷器的质量。这是目前已知的最早的"二元配方"工艺使用的记录，比过去传统认识的该种工艺开始使用的时间要早三百余年，对重新认识我国陶瓷科技发展史有着重要的意义[2]。

[1] 杨玉璋，张居中. 从繁昌窑青白瓷制作看"二元配方"工艺的产生. 考古与文物，2006（2）：89-92.

[2] 罗宏杰，高力明，游恩溥. 对应分析在景德镇历代瓷胎配方演变规律研究中的应用. 硅酸盐学报，1991，19（2）：159-163.

「79」 陶瓷入窑烧成前，为什么要进行干燥？干燥过程如何控制？

陶瓷成型过程中采用注浆法成型的泥浆，含水率一般在30%～50%，呈流动状态；可塑性成型的泥料，含水率在15%～27%，呈可塑状态；即使干压或者半干压的制品，其含水量也在1%～8%。这既不利于坯体的搬运，也不利于吸附釉层，更不能直接烧成。因此干燥的作用就是将坯体中所含的大部分机械结合水（自由水）排出，同时赋予坯体一定的干燥强度，使坯体能够有一定的强度以适应运输、修坯、粘接及施釉等加工工序的要求，同时避免了在烧成时由于水分大量气化而带来的能量损失和各种缺陷[1]。

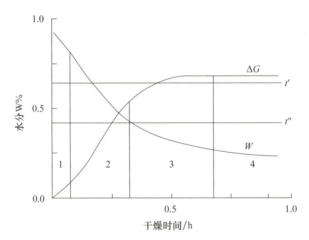

恒温制度下材料水分及排出水量的变化[2]

陶瓷坯体中含有化学结合水、大气吸附水和自由水，而干燥过程主要是指除去坯体内部的自由水的过程。假定在干燥过程中坯体不发生任何化学变化，干燥介质恒温恒湿，则干燥过程包含四个阶段：

［1］ 马铁成. 陶瓷工艺学. 北京：中国轻工业出版社，2012：333-338.

［2］ 张锐，王海龙，许红亮. 陶瓷工艺学. 北京：化学工业出版社，2013：119-122.

（1）升温干燥

这一阶段也叫加热阶段，坯体表面被加热升温，水分不断蒸发，直到表面温度达到干燥介质的湿球温度。由于升速阶段时间很短，所以此阶段排出水量不多。

（2）等速干燥阶段

该阶段是干燥过程中最主要的阶段，排出大量水分。在此阶段中，水分的蒸发仅发生在坯体表面上，干燥速度等于自由水面的蒸发速度，故凡足以影响表面蒸发速度的因素都可以影响干燥速度。因此，在等速干燥阶段中，干燥速度与坯体的厚度（或粒度）及最初含水量无关，而与干燥介质（空气）的温度、湿度及运动速度有关。

（3）降速干燥阶段

随着干燥时间的延长，或坯体含水量的减少，坯体表面的有效蒸发面积逐渐减少，干燥速度逐渐降低。此时，水分从表面蒸发的速度超过自坯体内部向表面扩散的速度，因此干燥速度受空气的温度、湿度及运动速度的影响较小。水分向表面扩散速度取决于含水量、坯体内部结构（毛细管状况）、水的黏度和物料性质等。通常非塑性和弱塑性料水分的内扩散作用较强。粗颗粒比细颗粒的强，水的温度越高，扩散也越容易。

（4）平衡阶段

当坯体干燥到表面水分达到平衡水分时，表面干燥速度降为零，坯体水分不再减少。当空气中干球温度小于100℃时，此时保留在坯体中的水分称为平衡水分。这部分水分被固体颗粒牢固地吸附着，平衡水分的多少，取决于物料性质、颗粒大小和干燥介质的温度与相对湿度。

干燥速度和干燥条件（空气的温度、湿度和流动速度）有如下关系。当空气温度升高时，蒸汽压随之增加。即使空气的相对湿度一定，等速阶段的干燥速度增大。在减速干燥阶段，对于干燥速度主要为内部扩散所决定的砖坯，此时说的黏度下降，扩散力增大，干燥速度增大。相对湿度对等速干燥期的影响较明显，对减速干燥阶段的影响则较弱。同样，空气流动速度对等速干燥阶段的影响较大，一进入降速干燥阶段，影响逐渐减少。

在干燥过程中，坯体内各部分水分不等，存在水分梯度，如下图所示。各曲线表示不同干燥时间坯体内各部分的水含量。在等速干燥阶段，这些曲线大致平行，但到某一时刻，曲线急剧弯曲，坯体表面水分逐渐接近于零。由于在干燥过程中，坯体表面和中心部分的含水量不同，所以坯体的干燥是不均匀的，不均匀的收缩会导致坯体内部产生应力，应力超过坯体的强度就会产生变形或裂纹。收缩的不均匀性往往是由于坯料的不均匀性引起的。为了减少局部应力的产生，在干燥初期，水分宜较慢地排除，先以高湿度的干燥剂使坯体升温，待砖坯温度升高后，再以湿度较低的干燥剂进行较快速的干燥。

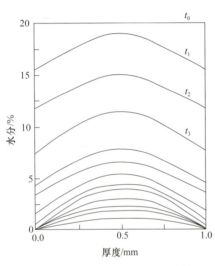

坯体干燥时内部水分的分布[1]

[1] 张锐，王海龙，许红亮. 陶瓷工艺学. 北京：化学工业出版社，2013：119-122.

「80」 陶瓷烧成过程中会发生哪些变化?

陶瓷坯体在烧成过程中一般经过预热阶段、氧化分解阶段、高温阶段、高火保温阶段和冷却阶段[1]。

（1）预热阶段（由室温至 300℃）

本阶段的工艺目的主要是坯体的预热和坯体残余水分的排除。这些残余水分主要是吸附水和少量的游离水，其含量约为 2%～5%。随着水分的排出，固体颗粒紧密靠拢，发生少量的收缩，但这种收缩并不能完全填补水分所遗留的空间，因此物料的强度和气孔率都相应的增加。

为了保证水分排出不致使坯体开裂，在此阶段应注意均匀升温，速度要慢（大制品 30℃/h，中小制品 50～60℃/h），尤其是厚度和形状复杂的坯体更应注意。此外，要求通风良好，以便使排出的水蒸气能迅速排出窑外，避免冷聚在坯体表面。该段对气氛没有特殊要求，通常为氧化气氛。

（2）氧化分解阶段（300～950℃）

陶瓷坯釉在此阶段发生的物理变化主要是质量减轻，强度降低（有机物等塑性物质分解）。发生的化学变化主要有结晶水的排出，有机物、硫化物氧化，碳酸盐分解，石英晶型转变等。本阶段的升温速率和气氛主要与坯料化学组成、颗粒组成、坯体尺寸、形状及装窑密度等因素有关。

（3）高温阶段（950℃至烧成温度）

坯体开始出现液相，釉层开始熔融。本阶段应根据坯釉铁、钛含量及对制品

---

[1] 马铁成. 陶瓷工艺学. 北京：中国轻工业出版社，2012：381-385.

外观的颜色要求来决定是否采用还原气氛烧成。在使用还原气氛烧成时，本阶段又可分为氧化保温期、强化原期、弱还原期三个阶段。

① 氧化保温期（950～1050℃）

在氧化保温期主要的化学反应是：继续氧化分解反应并排除结构水；偏高岭石转化为铝硅尖晶石和无定形的 SiO_2；液相开始出现，并开始熔融石英；在液相存在下，无定形石英和部分石英晶体转化为方石英；伴随液相的出现和铝硅尖晶石的形成。

② 强还原期（1050～1180℃）

在此期间发生的主要反应是：由铝硅尖晶石形成一次莫来石和方石英；硫酸盐分解和高价铁的还原和分解；液相大量生成，石英进一步被熔融；三组分的共熔物亦不断增加；二次莫来石的形成。

③ 弱还原期（1180℃至止火温度）

由于还原气氛是在窑内空气不足的情况下供给了较多的燃料形成的，燃料的不完全燃烧不仅造成燃料浪费，而且坯体和釉面长期处于还原气氛中还会沉积一层未燃烧的碳粒，导致制品"烟熏"。因此，在还原烧成操作后要换成中性气氛或弱还原气氛，这样使沉积的碳粒能充分燃烧，防止釉面污染，更重要的是使液相继续发展，促进莫来石晶体进一步长大。由于中性气氛很难控制，为了防止铁的氧化使瓷器发黄，更不希望出现氧化气氛，所以大多采用弱还原气氛。

通常将强还原期和弱还原期合称为玻化成瓷期。这是由于液相的大量生成填充坯体孔隙，将晶粒彼此粘结成为整体，形成了晶体均匀分布在大量基质中的显微结构，即所谓的玻化或瓷化。经过玻化成瓷后，坯体的气孔率趋于零；坯体急剧收缩；强度、硬度增大；具有所需的介电性能和化学稳定性；坯色由淡黄、青灰变成白色；显示光泽并且有半透明感。

（4）高火保温阶段（烧成温度至烧成温度）

此阶段的主要作用是减少制品不同部分、同一部分表层及内部的温差，从而使坯体内各部分物理化学反应进行得同样完全，组织结构趋于一致。同时，也减少窑内各部位的温差，使窑内不同部位的制品处于接近相等的受热条件下，从而具有基本相同的成品理化性能。

（5）冷却阶段（烧成温度至室温）

850℃以上，由于有较多的液相，坯体还处于塑性状态，故可进行快冷。快冷防止了液相析晶、晶体长大以及低价铁再氧化，从而提高了坯体的机械强度、白度以及釉面光泽度。同一产品，由于冷却时间不同，其中 Fe_2O_3 和 FeO 的相对含量有明显差异。可见快速冷却对防止 FeO 的再次氧化有很大作用。

850℃以下，由于液相开始凝固，石英晶型转化，坯体渐固化，故应缓冷，防止因坯体快速收缩而开裂。特别是对含碱和游离石英较多的坯体因为碱玻璃热膨胀系数较大，石英晶型转变也引起体积变化，降温过快后果尤为严重。

急冷时的降温速率可控制在 150～300℃/h，缓冷阶段的速率为 40～70℃/h。瓷器在 400℃以下可适当快冷，降温速度可达 100℃/h 以上。对含大量方石英类原料的瓷坯，在晶型转化温度段仍需缓冷。产品的出窑温度还应考虑外环境温度，一般掌握在 100℃以下。

「81」 什么是一次烧成和二次烧成？目的是什么？

（1）一次烧成

一般来说，釉是人工附于坯体表面的玻璃质层（自释釉除外），如釉层成熟温度与坯体烧成温度一致，可以在生坯上施釉后一次烧成。这时应注意两个问题。[1]

① 烧成时坯釉反应互相影响。坯体在预热带及烧成带前部，发生一系列物理化学变化，有大量气体产生，这时，釉层组分也发生类似的变化而开始熔融，由于釉覆盖于坯体表面，因此坯体中产生的气体必须通过釉层逸出。未产生液相前釉层是多孔体，气体通过顺利；而当釉层大部分熔融时，气体通过就很困难。气体以气泡形式通过液态的釉层逸出，这时往往会有气泡滞留在釉层中形成"釉泡"缺陷。另外，当釉熔体黏度较大或表面张力较小时，气体冲出釉层在其表面产生的凹坑不能恢复平整，最后形成"针孔""橘釉"等缺陷。同时，由于气体逸出不畅，坯体中有机物等物质的氧化分解反应进行不完全，残余碳素留在坯中形成"黑心"，严重时会使坯体鼓起，形成空心。这就要求仔细制定烧成制度，使釉层熔融前坯体中产生气体的反应进行得尽可能完全，以保证釉面和坯体质量。

② 高火保温结束，进入冷却阶段，如釉要求为光亮釉，则需要进行快速冷却（称为急冷），以防止釉熔体有结晶产生而影响表面亮度；在烧制结晶釉或亚光、无光釉时，情况正好相反，应当延长保温期，慢速冷却，促进晶体生成。因此，要针对具体情况，制定这一段的烧成制度。

（2）二次烧成

当釉层或者与釉层相关的装饰层成熟温度与坯体烧成温度相差较大时，一般

---

[1] 马铁成. 陶瓷工艺学. 北京：中国轻工业出版社，2011：380-381.

232

应采用二次或二次以上烧成，这时有以下两种情况：

① 当釉层成熟温度低于坯体烧成温度，则先烧成坯体（素烧），然后施釉进行二次烧成（釉烧）。如精陶质釉面砖及琉璃制品则采用这种方法。

② 釉层成熟温度与坯体烧成温度相同，但釉上装饰层如日用瓷贴花、彩绘所需温度与坯釉不同通常较低，则对施釉坯进行本烧。本烧后制品白坯进行装饰后烧成，又称为彩烤。为增强装饰效果，也有进行一次以上装饰，而进行三次甚至四次烧成的情况。这时，烧成温度依次降低以适应釉层和各层装饰对温度的要求。

在某些情况下，虽然釉层成熟温度与坯体烧成温度相近，也采用二次烧成，通常为低温素烧、高温釉烧，如我国青瓷、薄胎瓷。因为青瓷涂施的釉层较厚，薄胎瓷的坯壁太薄，不预先素烧以增加坯体强度则难以上釉。国外的瓷器习惯上大多是采用二次烧成，包括日用瓷及卫生洁具瓷（卫生瓷）等。二次烧成的优点是：

① 坯体组分中氧化分解反应产生的气体已在素烧中排除，施釉后釉烧时，不会产生"橘釉""气泡"等缺陷，有利于得到高品质的釉面及装饰效果。

② 低温素烧后坯体多孔，吸水性增强，易于施釉，釉面平整光滑。

③ 素烧后坯体机械强度提高，适于对施釉、装饰等工序进行机械化操作，降低半成品破损率。

④ 素烧时坯体已产生部分收缩，二次烧时收缩减少，有利于减少变形。

⑤ 素烧后可对坯体进行检选，剔除废品，可避免釉料损失，提高成品合格率。

二次烧成的缺点是能耗较高，坯釉中间层生长不良。要根据制品坯、釉的具体情况，决定使用一次还是二次烧成，并制定相应的烧成制度。

如坯料含铁量较高而烧制白瓷时，可考虑在一定阶段采用还原焰烧成，制定适当的气氛制度，提高釉层白度。

「82」 如何测试古陶瓷的烧成温度？

　　烧成温度是古陶瓷鉴定的一项关键数据，它对于古陶瓷的断代及各方面的物理化学特性的研究都起着重大的影响。确定古陶瓷的烧成温度，如果采用将坯体粉碎以后成型再加热的方法来测定，就破坏了原有的坯体细度和结构，得出的数据不准确，宜采用观察重烧曲线图及配合其他测试手段综合确定。

　　众所周知，陶瓷坯体的整个烧成过程可以用下图曲线来表示。在烧成曲线OAPH上，分为生烧、正烧和过烧三个阶段。处于P点以前的温度都属于生烧，P点到H点属于正烧，H点以后属于过烧。古陶瓷的瓷胎与现代陶瓷一样，由高岭土、其他黏土、瓷石等为主要原料，所以烧成过程与以上描述的曲线相同，一般采用加热的方法，就能得出其烧成温度。有些古陶瓷试样还要借助于外观观察、岩相分析、测吸水率、测釉的熔融温度范围、化学分析、X衍射仪等多种方法综合确定。

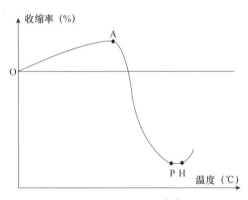

陶瓷坯体烧成曲线[1]

　　古陶瓷烧成温度的测定，首先用外缘切割机将古陶瓷坯体（不含釉质）切割为0.5～1厘米直径和3厘米长的圆柱体或长方体样品，放置于现代高温膨胀仪中，按一定的升温速率加热。通过高温膨胀仪自动描述装置，将坯体的膨胀收缩曲线自动且精确地描述下来。

（1）古陶瓷样品属于生烧

　　① 当烧成温度在A点以前，采用高温膨胀仪一种方法难以得出结论，需借

————————
[1] 马铁成. 陶瓷工艺学. 北京：中国轻工业出版社，2012：381-385.

助于上述多种辅助方法最终确定。

　　② 当烧成温度在 P 点以前，在烧成曲线图上可以发现一个急剧收缩的过程，这个急剧收缩开始一点相应的温度就是古陶瓷当时的烧成温度。

（2）古陶瓷样品属于正烧

　　在高温膨胀仪所描绘的曲线图上，可以发现一个突然急剧膨胀的过程，而开始膨胀那点相应的温度即是古陶瓷试样的烧成温度。

（3）古陶瓷样品属于过烧

　　在高温曲线图上没有明显的、剧烈的膨胀和收缩，就难以借助于高温膨胀仪这一种方法来加以鉴定，而要通过上述的一些方法综合确定。例如古陶瓷外观显著变形，器皿底部结存着大量的釉层，则可能是过烧现象。通过高温显微镜观察釉的熔融温度范围时，就取玻化晚期相应的温度，再结合坯的吸水率、岩相等分析手段最后确定。测试时所采用的釉是从古陶瓷器皿上剥离下来的[1-2]。

　　在古陶瓷烧成温度测定的工作中，所遇到的样品多种多样，有的有釉，有的无釉，有的是陶器，有的又是瓷器。重要的是根据各类样品的特性，灵活地采用各种分析手段，就一定能获得比较满意的、符合实际的数据[1]。

[1]　冯醉凤. 浅淡如何确定古陶瓷的烧成温度. 中国陶瓷，1989（5）：32，51.

[2]　李晓玲，郑乃章，苗立峰，莫云杰，熊春华. 物理化学在陶瓷科技史研究中的应用. 中国陶瓷工业，2011，18（3）：12-16.

「83」 古陶瓷的化学组成测试技术有哪些？特点是什么？

在古陶瓷研究中，化学元素组成的测量和分析占有重要的地位，因为它能提供关于陶瓷的起源、原材料的种类、产地、烧制工艺的演化以及产品流通等方面的信息。

古陶瓷的化学组成分析内容主要包括古陶瓷的胎、釉、彩的常量元素、微量元素和痕量元素的组成和含量。常量元素一般是指样品中含量大于或等于2%的元素，而且这些元素的比例是可以人为控制的；微量元素是指含量介于0.1%～2%的元素，这些元素通常是人们刻意加进去的；痕量元素是指含量低于0.1%的元素，因此通常用ppm（即百万分之一）单位来表示其测定的含量，对于这些元素的存在与否，古代先民是不能控制的，一般由制作古陶瓷的原产地所决定，所以痕量元素被广泛应用于古陶瓷的断源研究。

古陶瓷的化学组成可用多种方法测量，早期用的是经典的湿化学方法，后来中子活化（INAA）、X射线荧光（XRF）、质子激发X射线荧光（PIXE）、电子探针（EMPA）、电感耦合等离子体发射质谱（ICP-MS）等都被应用。这些方法各有优缺点，在一定程度上合理安排研究方法可以起到互补的作用[1]。

（1）湿化学分析

湿化学方法是最早发展，对物质体系的主次量化学组分进行定量分析的一种方法，主要包括各种滴定分析、等重量分析方法等。其灵敏度相对低一些，一般要求被测元素的氧化物含量在0.2%以上。在古陶瓷研究中主要测量Si、Al、Ca、Mg、K、Na、Fe、Ti、Mn、P等主次量元素。但该法的测量精确性甚高，可达0.2%，因此长期曾用此法来验证仪器分析的准确性。我国上海硅酸盐研究所早期的工作主要基于此法，1999年罗宏杰曾总结了硅酸盐研究所测得的700

---

[1] 吴隽. 古陶瓷科技研究与鉴定. 北京：科学出版社，2009：3-18.

个古瓷胎和 462 个古瓷釉的主次量元素含量数据[1]。

（2）中子活化分析

中子活化分析（INAA）是通过探测由中子核反应产生的核素衰变辐射强度来测量样品中有关元素的含量，它是随原子能反应堆的建成而发展的。中子活化分析灵敏度高，适合众多品种和含量低且差别大的元素分析，可同时测量 30 多种元素。它既可避免化学分析对测试样品的严重损坏，又可避免样品不均匀而产生的偏差。INAA 的缺点是不能测量 Si 元素，测量 Ca 元素的误差较大。如果 INAA 的辐照和测量时间间隔超过几分钟，Al、Ti、Mg、Mn 等元素则因辐照产生的放射性核素的半衰期太短而不能测量，对 K 元素的测量会产生较大的误差。这些元素都是陶瓷中重要的主次量元素，因此长辐照 INAA 不能满意地给出关于陶瓷原材料物质和工艺的信息，从而限制了其在古陶瓷研究中的使用范围。INAA 目前主要的应用是通过分析古陶瓷及原料的痕量元素组成而进行产地溯源[1]。

（3）X 射线荧光分析

X 射线荧光光谱分析（XRF），包括波长色散 X 射线荧光光谱分析（WDXRF）和能量色散 X 射线荧光光谱分析（EDXRF）。古陶瓷研究中常用 EDXRF，基本原理为，用 X 射线管产生的原级 X 射线照射到样品上，所产生的特征 X 射线（荧光）直接进入 Si（Li）探测器，便可以据此进行定性和定量分析。可以通过探测元素特征 X 射线的能量（每种元素的特征 X 射线都具有特定的能量），来判断被测样品中所含的元素种类。而具有某种能量的 X 射线强度的大小，是与被测样品中能发射该能量的荧光 X 射线的元素含量多少有直接联系，测量这些谱线的强度，并进行相应的数据处理和计算，就可以得出被测样品中各种元素的含量。EDXRF 在古陶瓷的鉴定中，主要是对古陶瓷胎、釉、彩的主量元素和微量元素进行测试，从而通过与标准样品数据进行对比，从而对古陶瓷样品进行断年、断代和断产地等测定。

---

[1] 陈铁梅，王建平. 古陶瓷的成分测定，数据处理和考古解释. 文物保护与考古科学，2003, 15（4）: 50-56.

该方法的主要优点有：

① 一种无损检测方法，对分析样品的形状、大小和材料没有特殊要求，被测样品在测量前后，无论其化学成分、重量、形态等等都保持不变；

② 分析速度快，可以预筛选大量的样品。一般情况下，检测一个样品中的诸元素只需几分钟；

③ 精度高，准确度好，绝对探测极限达到1～0.1纳克，相对分析极限可达ppm级，使用聚集微束X-射线分析还可进一步提高该方法的灵敏度，分析误差通常在1%～10%；

④ 自动化程度高；

⑤ 探测束斑较小，可以满足微区分析。

随着科技的不断发展，大样品室能量色散X射线荧光光谱分析仪的问世，更好地满足了对珍贵古陶瓷样品的无损测试分析[1]。

（4）质子激发X射线荧光分析

质子激发X射线荧光分析（PIXE），是一种多元素的分析方法。它是用加速器产生的高速质子束轰击待测样品靶，与靶原子相互作用，使样品靶中待测物质中的原子受到激发、电离，当所形成的内壳层空穴由外层电子填充时，会激发出表征某种原子（元素）固有的特征X射线，也称为荧光X射线。通过测量多种元素的特征X射线，就组成了样品的X荧光谱。通过对谱线峰能量和强度的精确计算就能识别元素的种类和相对含量。特征X射线的波长与元素的原子序数有关，随着元素的原子序数的增加，特征X射线的波长变短，这就是莫塞莱定律。即为 $\lambda = K(Z-S)^{-2}$，其中，K和S是常数。

近些年来，在科技考古等领域已有很多实验表明，PIXE能够广泛应用于古陶瓷、古玻璃、生物医学和材料等样品的成分分析，为古陶瓷的研究和鉴定提供了可靠的科学依据，是一个较理想的分析手段。该方法具有灵敏度高、取样量少、非破坏性、准确迅速，一般相对灵敏度优于ppm量级，测量一个样品仅需几十秒到几分钟的时间，能同时对多种元素进行定量分析等优点。另外样品置于大气中，不受靶室几何条件的限制，同时避免真空测量中由于样品表面电荷积累产生附加

[1] 郑乃章，吴军明，吴隽，苗立峰. 古陶瓷研究和鉴定中的化学组成仪器分析法. 中国陶瓷，2007，43（5）：52-54.

本底。PIXE 分析主要是对元素周期表中原子序数大于 11 的元素进行定量测定，对于原子序数小于 12 的 Na 等轻元素，则因为空气对 X 射线的吸收而不灵敏。

（5）电子探针分析

电子探针（EMPA）是一种微区成分分析的仪器，它利用初级电子和试样作用产生的特征 X 射线，测量它们的波长（或能量）和强度，就可以确定组成试样的元素及其含量，既可定性分析又可定量分析。该方法分析元素范围广，除 H、He、Li、Be 等几种较轻元素外，都可进行定性和定量分析，而且分析方式多，可进行点分析、线分析和面分析。电子探针的谱仪通常有能谱和波谱两种。

电子探针显微分析对微区、微粒和微量的成分分析具有分析元素范围广、灵敏度高、可定量分析等优点，这些都是其他化学分析方法无可比拟的。另外，电子探针分析，还可以观察样品的断面、表面形貌等显微结构，为研究古陶瓷的内部结构提供了极大的便利。因此，电子探针在古陶瓷研究鉴定中也逐步得到了广泛应用。

（6）电感耦合等离子体质谱分析

电感耦合等离子体质谱（ICP-MS）是利用电感耦合等离子体使样品气化，将待测样品分离出来，从而进入质谱进行测定，可与激光采样、氢化物发生、色谱法、毛细管电泳等进样或分离技术联用。它可以快速分析 40 多种微量元素，具有分析精度及准确度高（检测限接近 10^{-9} 量级）、取样量少（10～100 毫克）、可同时测量陶瓷中元素的同位素组成等优点，是痕量元素分析领域中最先进的方法之一。但该方法价格昂贵，易受污染，类似于中子活化分析，对操作者的水平和经验要求较高，制样也较复杂。尽管取样量少，为保证取样的代表性（针对非均匀样品，如古陶瓷），仍会对样品造成一定破坏，而且难于测量 Si 和 Ca 这两个陶瓷组分中的重要元素，因此在古陶瓷研究领域中受到一定的限制。

综上所述，INAA 和 XRF 是目前测量古陶瓷元素组成应用最普遍又互补的方法。前者可同时测量 30 多种元素，特别是稀土等痕量元素，后者能以较高的精确度测量陶瓷的全部主次量元素。而 ICP-MS 以更低的检测限、更高的精密度、可测元素的数目最多、同时测同位素组成等优点具有很好的发展前景[1]。

---

[1] 吴隽. 古陶瓷科技研究与鉴定. 北京：科学出版社，2009：3-18.

「84」 如何测定古陶瓷的显微结构？通过显微结构可以获得哪些信息？

古陶瓷的显微结构分析是古陶瓷科技研究中主要的技术分析手段。由于瓷器在烧成过程中会发生一系列非常复杂的物理化学变化，即使相同的配方、相同的化学组成，受原料处理、烧成温度、烧成气氛、升降温速率等的变化影响，陶瓷制品最终外观的显微结构也会大不相同。因此，通过对古陶瓷样品的显微结构进行深入研究，将对揭示我国古代名瓷的呈色机理，再现我国古代名瓷的制作奥秘提供有力的依托[1]。

（1）光学显微镜分析

光学显微镜（OM）包括偏光显微镜、反光显微镜和高温显微镜。偏光显微镜是利用直线偏光来研究陶瓷的光学特性、显微结构等的重要光学仪器。反光显微镜是利用试样的光洁表面对光线的反射来研究材料显微特征的一种装置。高温显微镜用于观察样品在加热过程中的高温形貌特征及变化规律。利用OM可以探索陶瓷的成分、结构、性能及生产工艺间的关系，分析影响陶瓷特殊性的各种因素。

在古陶瓷的显微结构研究中，其胎、釉和胎釉中间层的晶相结构分析已成为常用的研究手段。针对古陶瓷这种复合多相材料而言，OM是一种非常实用的结构分析方法，尽管随着电子显微镜的出现和应用，在其他很多领域光学显微镜的应用已逐渐减少，而在古陶瓷的结构分析领域一直使用至今，一般用于观测古陶瓷的胎釉物相组成。通常情况下，在古陶瓷的胎、釉显微结构观测中，一般可观测到瓷胎中的主要物相为石英、长石、云母、莫来石、铁钛矿物和少量的残留石英、气泡，而在某些种类的古陶瓷釉中还存在一些析晶（如铁的氧化物析晶、钙长石析晶等）。根据这些显微结构观测结果进而可对古陶瓷的胎釉配方、原料种

---

[1] 吴隽. 古陶瓷科技研究与鉴定. 北京：科学出版社，2009：28-37.

类、原料处理尤其是烧结状态等进行印证分析。例如，胎中莫来石晶体的大量出现就意味着烧成温度较高，而胎中玻璃相的出现也是胎体烧结的重要条件[1]。

（2）透射电子显微镜 / 能谱分析 / 选区电子衍射

透射电子显微镜（TEM）是一种高分辨率、高放大倍数的显微镜，是观察和分析材料的形貌、组织和结构的有效工具。其工作原理是把经加速和聚集的电子束透射到非常薄的样品上，电子与样品中的原子碰撞而改变方向，从而产生立体角散射。散射角的大小与样品密度、厚度相关，因此可以形成明暗不同的影像。

TEM 观察使用的样品很薄，需放在专用的电镜样品铜网上，然后装入电镜样品杯或样品杆中送入电镜观察。样品可以是块状或粉末颗粒，在真空中能保持稳定，含有水分的试样应先烘干除去水分。块状材料是通过减薄的方法（需要先进行机械或化学方法的预减薄），制备成对电子束透明的薄膜样品。由于古陶瓷样品大多为多相、多组分的非导电材料，需采用离子轰击减薄装置，将试样制备成为薄膜样品。TEM 可以与 X 射线能谱分析（EDS）相结合，在观测样品组织结构特征的同时，还可得到其元素分布信息。

随着 TEM 的发展，把成像和衍射有机地联系起来后，为物相分析和晶体结构分析研究开拓了新的途径。选区电子衍射（SAD）就是对样品中感兴趣的微区进行电子衍射，以获得该微区电子衍射图的方法。它是通过移动安置在中间镜上的选区光栏（又称中间镜光栏），使之套在感兴趣的区域上，分别进行成像操作或衍射操作，实现所选区域的形貌分析和结构分析。单晶体的衍射花样为对称于0 中心透射斑点的规则排列的斑点群；多晶体的衍射花样则为以透射斑点为中心的衍射环；非晶则为一个漫散射的晕斑。

（3）扫描电子显微镜 / 能谱分析（SEM/EDS）

扫描电子显微镜（SEM）与透射电镜的成像方式不同，它是用聚焦电子束在试样表面逐点扫描成像。成像信号可以是二次电子、背散射电子或吸收电子。其

---

[1] 杨南如. 无机非金属材料测试方法. 武汉：武汉理工大学出版社，1990：116-157.

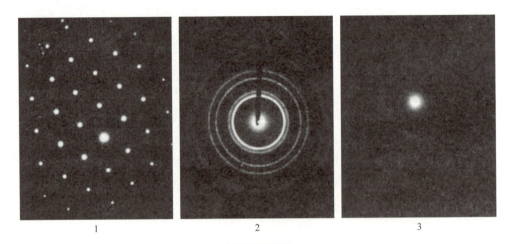

电子衍射花样

1. 单晶　2. 多晶　3. 非晶

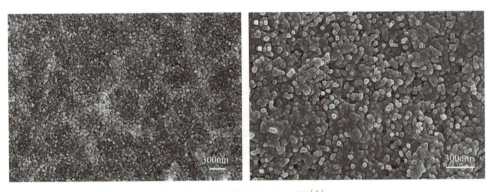

五代天青瓷样品的 SEM 图[1]

注：右图为左图的放大图

中，二次电子是最主要的成像信号。

SEM 具备以下的特点：

① 可以观察直径为 10～30 毫米的大块试样，且制样方法简单。对表面清洁的导电材料可不用制样，直接进行观察；对于表面清洁的非导电材料（如古陶瓷），只要在表面蒸镀一层导电层后即可进行观察；有些试样的表面、断口需进

[1] Shi P, Wang F, Zhu J F, Zhang B, Zhao T, Wang Y, Qin Y.Study on the Five dynasty sky-green glaze from Yaozhou kiln and its coloring mechanism.Ceramics International, 2017, 43: 2943-2949.

行适当的侵蚀，才能暴露某些结构细节。

② 场深大，适用于粗糙表面和断后的分析观察，图像富有立体感、真实感，易于识别和解释。

③ 放大倍数连续可调且变化范围大，对于多相、多组成的非均匀材料便于低倍下的普查和高倍下的观察分析，上图所示为耀州窑五代天青瓷样品的低倍和高倍图。

④ 对比分析，TEM 的分辨率虽然更高，但对样品厚度的要求十分苛刻，且观察的区域小，在一定程度上限制了其使用范围。

⑤ 与 X 射线谱仪（EDS）配接，可在观察形貌的同时进行微区成分分析。

「85」 古陶瓷的性能有哪些？如何测定？

在古陶瓷的研究中，通常关注的性能指标主要包括：密度、气孔率、吸水率、色度、白度、硬度、抗折强度等。这些性能的测定可以直接有助于我们了解古陶瓷的制备工艺技术的发展，以及其阶段和地域性特点。这里重点就显气孔率、吸水率及体积密度，色度，白度等指标进行介绍[1]。

（1）显气孔率，吸水率及体积密度

显气孔率、吸水率及体积密度是古陶瓷科技研究中的常规测试内容，这三者的测定主要有煮沸法和抽真空法[2]。

① 煮沸法。将试样放入有线框的容器内，再注入蒸馏水，使其完全置于蒸馏水中，煮沸 3 小时，煮沸过程中，液面应保持超过试样 20±5 毫米。冷却至室温，用饱和蒸馏水的棉巾轻轻拭去试样表面多余的水，立即称重（m_1），精确至 0.001 克。

② 真空法。试样放入用线框隔开的容器内，置于真空装置中，在不低于 0.095 兆帕的真空度下抽真空 10 分钟，注入蒸馏水，直至液面超过试样的 20±5 毫米为止，在真空度不低于 0.095 兆帕下保持 30 分钟，打开真空装置，取出试样，用饱和蒸馏水的棉巾轻轻拭去，立即称重（m_1），精确至 0.001 克。

将线框悬挂于天平一端，沉没在盛放水的容器中，校准天平零位；然后将饱含水的试样放入线框内，并不与容器的任何部位相接触，液面应保持超过试样约 60±5 毫米，称重（m_2），精确至 0.001 克。

显气孔率按式 1 进行计算；体积密度按式 2 进行计算。

［1］ 吴隽. 古陶瓷科技研究与鉴定. 北京：科学出版社，2009：45-53.

［2］ 中华人民共和国国家标准（GB/T3810.3—2006）陶瓷砖试验方法第 3 部分：吸水率、显气孔率、表观相对密度和容重的测定. 陶瓷，2013（10）：37-39.

$$P_a = \frac{m_1 - m}{m_1 - m_2} \times 100\% \tag{1}$$

$$D_b = \frac{m}{m_1 - m_2} \times d_m \tag{2}$$

式中，P_a 为显气孔率，D_b 为体积密度（克／立方米），m 为干燥试样的质量（克），m_1 为试样饱吸媒液后的质量（克），d_m 为媒液的真密度（克／立方米）。

对于陶瓷吸水率分为磨釉试样和不磨釉试样两种情况。磨釉试样按式 3 进行计算；不磨釉试样按式 4 进行计算。

$$W = \frac{m_1 - m}{m} \times 100\% \tag{3}$$

$$W = K \frac{m_1 - m}{m} \times 100\% \tag{4}$$

式中，W 为试样吸水率，K 为换算系数（根据不同瓷种定为：日用白瓷为 4.0，日用青瓷为 2.5，日用炻器为 2.0，日用精陶为 1.2）。

根据陶瓷标本的密度、吸水率、气孔率等性能指标可以从侧面了解古代先民们对制瓷原料的选择和加工处理的部分信息，也从某种程度上反映该陶瓷标本的烧成温度是否适当。中科院上海硅酸盐研究所的郭演仪[1]等通过测定相关样品的体积密度、显气孔率和吸水率等物性判定历代南、北方青瓷的烧结瓷化状态和程度，为深入了解我国南、北方青瓷的演变发展提供了宝贵的信息积累。

（2）色度

色度学是一门研究颜色度量和评价方法的学科，现代色度学已经初步解决了对颜色作定量描述和测量的相关问题[2]。国际照明委员会采用 CIE 表色系统进行颜色标定。他是基于 CIE-XYZ1931 年标准色度观察者光谱三刺激值而建立的一种色度学系统。光谱三刺激值是对 380～780 纳米内可见光波长进行等能光谱匹配所需要的红、绿、蓝三原色的数量，CIE 在 1931 年通过 317 位标准色度观察者进行颜色匹配实验，测定和统计出光谱三刺激值平均数据$\bar{x}(\lambda)$、$\bar{y}(\lambda)$、$\bar{z}(\lambda)$，按下列公式转换成光谱刺激色度坐标。

---

[1] 郭演仪，王寿英，陈尧成. 中国历代南北方青瓷的研究. 硅酸盐学报，1980（3）：232-243.

[2] 殷向东，李伦，董桂英，唐元芹，王继瑧. 日用陶瓷颜料色度测量方法的研究. 陶瓷学报，1996，17（4）：57-61.

$$x = \frac{\overline{x}(\lambda)}{\overline{x}(\lambda) + \overline{y}(\lambda) + \overline{z}(\lambda)}$$

$$y = \frac{\overline{y}(\lambda)}{\overline{x}(\lambda) + \overline{y}(\lambda) + \overline{z}(\lambda)}$$ （5）

$$x + y + z = 1$$

由 x、y 确立在平面直角坐标系中的色度点，再将各色度点连接起来即为
CIE1931 标准色度学系统的色度图，如下图所示[1]。

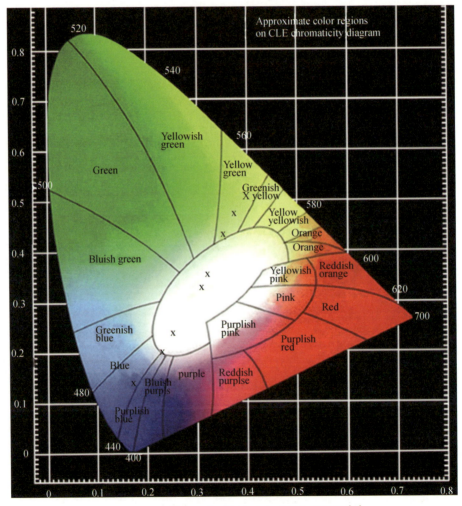

CIE1931 色度图及各种颜色在色度图上的位置[1]

---

[1] 张静，孙洪魏，李园霞等. 钧瓷釉色分析. 材料导报，2008，22（31）：198-200.

对于陶瓷釉色的颜色测量而言，三刺激值的计算基本公式为：

$$X_0 = K \int_{380}^{780} S(\lambda)\,\overline{x}(\lambda)\,\mathrm{d}\lambda$$

$$Y_0 = K \int_{380}^{780} S(\lambda)\,\overline{y}(\lambda)\,\mathrm{d}\lambda \qquad (6)$$

$$Z_0 = K \int_{380}^{780} S(\lambda)\,\overline{z}(\lambda)\,\mathrm{d}\lambda$$

式中，X_0、Y_0、Z_0 分别为颜色样品的三刺激值，$\overline{x}(\lambda)$、$\overline{y}(\lambda)$、$\overline{z}(\lambda)$ 分别为 CIE 标准色度观察者光谱三刺激值，$S(\lambda)$ 为待测颜色样品的颜色刺激值函数，K 为调整因子。

陶瓷颜色样品属于反射体，则：

$$S(\lambda) = E(\lambda) \times R(\lambda) \qquad (7)$$

式中，$E(\lambda)$ 为照明光源相对光谱功率分布，$R(\lambda)$ 为陶瓷光谱反射率。

因此，只需要测量出陶瓷样品的光谱反射率 $R(\lambda)$，代入式（2）、（3）中可得出该陶瓷样品的三刺激值 X_0、Y_0、Z_0 值，再代入式（4）中求出它的色度坐标，据此在 CIE 色度图上可以标出对应陶瓷样品颜色的色度点。

$$x = \frac{X_0}{X_0 + Y_0 + Z_0}$$

$$\qquad (8)$$

$$y = \frac{Y_0}{X_0 + Y_0 + Z_0}$$

（3）白度

白度在古代白瓷研究中具有非常重要的意义。一般来说，当物体表面对可见光谱所有波长的反射比在 80% 以上，即可认为该物质的表面为白色。白度的测定方法如下：

① 试样要求

测试样品平整面大小应满足仪器探头的测定要求，且待侧面必须清洁、平整、无彩釉、无裂纹及其他伤痕。

② 测试操作

先预热稳定仪器，然后用工作白板校准仪器，每件试样表面应测量三次。

③ 计算公式

a. 计算各件试样三刺激值的算术平均值。

$$X=\frac{X_1+X_2+X_3}{3}$$

$$Y=\frac{Y_1+Y_2+Y_3}{3} \tag{9}$$

$$Z=\frac{Z_1+Z_2+Z_3}{3}$$

式中，X_1、X_2、X_3 分别为三次测量的 X 刺激值，Y_1、Y_2、Y_3 分别为三次测量的 Y 刺激值，Z_1、Z_2、Z_3 分别为三次测量的 X 刺激值，X、Y、Z 分别为试样的三刺激值平均值。

b. 根据所得的 X、Y、Z 值，计算色品坐标和色品指数。

$$x=\frac{X}{X+Y+Z}$$

$$y=\frac{Y}{X+Y+Z}$$

$$a^*=500\left[\left(\frac{X}{X_n}\right)^{\frac{1}{3}}-\left(\frac{Y}{Y_n}\right)^{\frac{1}{3}}\right] \tag{10}$$

$$b^*=200\left[\left(\frac{Y}{Y_n}\right)^{\frac{1}{3}}-\left(\frac{Z}{Z_n}\right)^{\frac{1}{3}}\right]$$

式中，x、y 分别为色品坐标，a^*、b^* 分别为均匀色品指数，X_n、Y_n、Z_n 分别为标准照明体的三刺激值（$X_n=94.81$，$Y_n=100.00$，$Z_n=107.32$）。

c. 按 1976CIELAB 色调角公式计算试样的色调。

$$h_{ab}=arc\cot\left(\frac{b^*}{a^*}\right) \tag{11}$$

式中，h_{ab} 为色调角（当 $135°\leqslant h_{ab}\leqslant315°$ 时，为青白；当 $h_{ab}<135°$ 或 $h_{ab}>315°$ 时，为黄白）。

d. 分色调计算试样的白度值 W。

当 $135°\leqslant h_{ab}\leqslant315°$ 时，按下式计算青白试样的白度值：

$$W=Y-250（x-x_n）+3（y-y_n） \tag{12}$$

式中，$x_n = 0.3138$，$y_n = 0.3310$

$$W = Y + 818(x - x_n) - 1365(y - y_n)$$

e. 按 1976CIELAB 彩度公式计算试样的彩度 C_{ab}^*。

$$C_{ab}^* = (a^{*2} + b^{*2})^{\frac{1}{2}} \qquad (13)$$

f. 陶瓷产品的白度以 W 表示。陶瓷产品的彩度以 C_{ab}^* 表示：当 $C_{ab}^* \leqslant 4.0$ 时，为无彩色；当 $C_{ab}^* \geqslant 4.0$ 时，为有彩色。

「86」 古陶瓷的器型如何测定？有何用途？

古陶瓷不仅是一种技术产品，同时也是一种文化艺术载体。传统鉴定模式所关注的艺术表现形式和特点（器型、纹饰等）对于古陶瓷的时空定位同样有非常重要的参考价值。因此，如果能借鉴、吸收和利用古陶瓷传统鉴定模式的精髓，充分利用现代信息处理技术和数理分析方法，尽可能把感官信息、经验进行准确的量化和系统化，以尝试获取明确的数字化特征和规律，这将有力地推动我国古陶瓷类文物科技鉴定的发展。

古陶瓷类文物器型结构特征是古陶瓷传统鉴定中的重要信息之一。研究的角度多为直接测量器物的通高、口径、底径等参数或采用"切片法"等间距的提取某些部位的直径尺寸，这些方法仅能提取古陶瓷器型结构的部分信息，难以全面反映出古陶瓷器型结构的特点。随着近年来计算数学以及计算机技术的蓬勃发展，使得全面提取古陶瓷器型结构特征，进而利用古陶瓷器型结构的数字化特征进行鉴定评估成为可能。

下面就这两种方法进行简单介绍。

（1）"切片法"基本原理[1]

"切片法"中，器物被分成许多高度相等的切片 ΔX，并用每一切片的直径或半径所构成的一维数组（见方程 1）来表示器物。如果一维数组所表示的器型与实际器型有较大误差时，可通过减少切片 ΔX 厚度来获得新的一维数组，直至误差小于某一临界值时为止。

$$D_i = (D_1, D_2, D_3, \cdots, D_n)$$
$$或 R_i = (R_1, R_2, R_3, \cdots, R_n)(i = 1, 2, 3, \cdots\cdots, n, n 为切片数) \quad (1)$$

---

［1］ 罗宏杰，杨云，王芬，苗鸿雁，梁宝鎏. 不同历史时期耀州窑碗器型结构特征之研究. 中国陶瓷工业，2003，10（6）：1-4.

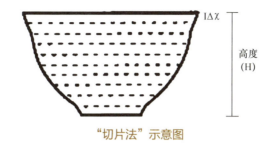

"切片法"示意图

另外，为避免器物绝对尺寸对比较结果的影响，可用 $d_i = D_i/H$（H 为器物总高度）对一维数组（方程1）进行标准化，得下列方程：

$$d_i = (d_1, d_2, d_3, \cdots, d_n) \tag{2}$$

（2）器型图像数字化

吴隽等[1]利用 Matlab 等方法进行器型数字化的特征提取研究，提升了基于传统经验积累、目测感官的古陶瓷类文物传统鉴定模式的准确性和有效性，为古陶瓷断源断代及科技鉴定提供了新的科学依据，进一步完善了古陶瓷科技鉴定体系。该研究借助 Matlab 软件在图像增强、边缘提取、曲线拟合等方面的巨大优势，以五代、宋、元时期景德镇湖田窑出土撇口碗样品为研究对象，探索建立古陶瓷器型结构数字化的方法体系。通过图像采集，并基于 Matlab 的数字图像预处理和古陶瓷图像器型边缘轮廓的提取，得到其器型边缘轮廓曲线，通过器型轮廓曲线计算出的不同时期我国景德镇湖田窑撇口碗类器物，其口沿处斜率、曲线曲率最大值、曲线拐点数目等特征参数可作为断代分期的关键性指标，解决其普通外观参数（口径、底径、通高等）所无法解决的断代分期问题。针对古陶瓷图像的特点及器型轮廓特征提取的要求，Matlab 软件处理过程主要包括图像变换、图像增强、图像识别等，处理流程如下图所示。

图像变换的意义在于，通过平移和旋转等处理手段，不仅可以增大古陶瓷器型在图像中的比例，还能矫正拍摄过程中由于手抖等因素影响，导致古陶瓷类器型的部分变形，保证后期获取数字信息的准确性和可靠性。而图像增强的目的是

［1］ 吴隽，熊露，唐敏，张茂林，吴军明，李其江，黄梦璇，李家治. 古瓷类文物器型结构的数字化特征鉴定. 中国科学：技术科学，2012，42（9）：1097-1102.

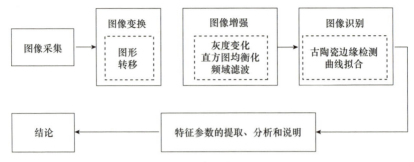

图像数字化流程图

为了消除或减弱古陶瓷器物图像在产生、传输和变换过程中，由于相机像素、背景等因素影响而与原始器物之间产生的某些差异（通常称为变劣或退化）[1]，通过采用灰度变换、直方图均衡化、频域滤波等方法，以改善图像的视觉效果，提高图像的清晰度，使得古陶瓷类文物的器型边缘轮廓更容易被识别，有利于其特征的提取。

这一研究的创新之处在于首次对古陶瓷器型边缘轮廓进行曲线拟合[2]，基于曲线函数提取并分析器型边缘轮廓潜在信息，有助于把古陶瓷类文物传统鉴定模式中的感官信息和经验进行更为有效的定量化和系统化，有助于古陶瓷类文物鉴定经验数据的积累和传承，提高古陶瓷类文物综合鉴定的准确性及可靠性。

［1］ 阮秋琦. 数字图像处理学（第三版）. 北京：电子工业出版社，2013.

［2］ 熊露，吴隽，张茂林，唐敏，李其江，吴军明. 基于特征提取的古陶瓷鉴定研究. 中国陶瓷，2013，
49（7）：49-53，56.

「87」 古陶瓷表面的纹饰如何提取？有何用途？

古陶瓷的装饰纹饰作为一种普遍的艺术形式和文化现象，从陶器出现之日起，就受到制作者的重视和运用。早在新石器时代的仰韶文化和马家窑文化的陶器，便出现了简单的几何、动物纹样；到了夏、商、周时期，陶器上的纹饰装饰就显得非常普遍了，开始发展成一些圆圈纹、涡纹、云雷纹、方格纹等几何纹饰；秦汉时的弦纹、水波纹、绳纹；南北朝时的莲花瓣纹、卷叶纹等[1]。历代陶瓷器纹饰都有着令人惊服的成就。而当我们仔细审视它们间的变化演进时，会发现其中有着非常密切的关系。一种纹饰图案的出现，不仅受到当时社会风俗、宗教信仰、帝王喜好等原因的影响，也与当时的制造工艺水平密不可分。在古陶瓷专家对古陶瓷断源断代的传统鉴定依据中，古陶瓷表面的纹饰特征占有举足轻重的地位。但传统鉴定存在感官局限，亟须引入科学方法进行定量化、系统化表征与研究。

Matlab 在图像处理方面具备强大的功能，近年来已经在地质样本分析、医学图像处理等方面得到了广泛的运用[2]，有学者已经使用该方法对古陶瓷器型进行数字化研究，取得了初步成果[3]。显然，Matlab 在图像增强、边缘提取、曲线拟合等方面的巨大优势，为我们开展古陶瓷纹饰特征数字化表征与深入研究提供了便利条件。当然，纹饰数字化是一个复杂的过程，在运用 Matlab 对古陶瓷纹饰进行数字化研究与鉴定的过程中，检测出清晰完整的纹饰边缘是保证我们鉴定结果真实性和可靠性的首要一步。在 Matlab 的图像边缘提取的工具箱中有着许多适用于不同图像处理的算子，其中最常用的算子大致有 Roberts 算子、Sobel 算子、Prewitt 算子、Log 边缘算子以及 Canny 边缘算子这五类。由于 Sobel 算子本身的运算特性，使得该算子在空间上的实现非常简单，对图像进行边缘检测的

［1］ 张栋. 中国陶瓷装饰纹样艺术初探. 辽宁师范大学硕士学位论文，2008.

［2］ 苗得雨. 基于 Matlab 的土体 SEM 图像处理方法研究. 太原理工大学硕士学位论文，2014.

［3］ 熊露，吴隽，张茂林，唐敏，李其江，吴军明. 基于特征提取的古陶瓷鉴定研究. 中国陶瓷，2013，49（7）：49-53，56.

时候可以产生非常好的检测效果。同时，使用该种算子对图像样本进行处理的时候，可以使得噪声的干扰变得非常的细微。因此，Sobel 算子在提取古陶瓷纹饰边缘上是一种比较好的算子选择[1]。

Sobel 算子提取纹饰的具体过程：

① 选取样本，样本要求断代明确，陶瓷表面纹饰清晰；

② 在对图片进行边缘提取时，要对图片进行前期的处理；

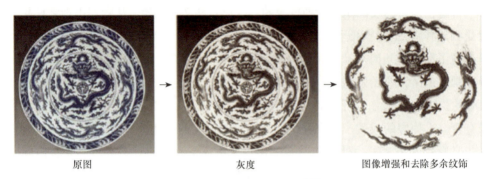

原图　　　　　　　　灰度　　　　　　图像增强和去除多余纹饰

图像的前期处理示意图[1]

③ 得到了经过图像增强和多余纹饰去除之后的效果图后，就可以利用 Matlab 工具箱中的 Sobel 算子对图像的边缘进行提取。

运用 Sobel 算子检测后的图像边缘[1]

由上图可以看出，Sobel 边缘检测效果图中纹饰图样完整，且纹饰的边缘清晰、连续，基本无断点。可以在保证目标边缘清晰度的情况下最大程度地抑制图像中的噪声，且该算子的运算原理简单，目标实现容易。

［1］ 吴隽，洪俊，张茂林，吴军明，李其江. 古陶瓷纹饰数字化过程中图像边缘提取的 Matlab 算子选择. 中国陶瓷，2016，52（4）：112-116.

「88」 青花玲珑是如何制造的?

青花玲珑瓷是在玲珑瓷上加以釉下青花装饰的一种，而玲珑瓷被称为景德镇的四大传统名瓷之一。它始创于宋代，是影青瓷衍化而成的产物。

北宋中期的影青瓷釉白显青，暗雕花纹。据传，当时烧制一种"香熏炉"，由于室温过高，瓷釉流泻而将香熏炉的空洞填平了。对光明视，其孔斑斓透明，平滑晶莹，青花玲珑瓷便从此得到启迪，萌芽而生。据历史记载，明永乐时，景德镇窑已有青花玲珑产品。隆庆、万历年间，玲珑瓷风行一时。清代乾隆时期，御窑厂也曾仿烧[1-2]。

玲珑瓷的制备方法是，在器物的坯体上，按设计的位置以金属刀镂刻出若干米粒状孔眼，称为"米花"或"米通"，用毛笔蘸特制的釉填满孔眼（有些器物孔眼不填釉），然后通体施釉，入窑高温一次烧成。孔眼处充满玻璃状透明釉汁，具有玲珑剔透的装饰效果。玲珑瓷的装饰分为青花玲珑和彩绘玲珑。青花玲珑即是在玲珑瓷上加以釉下青花装饰；彩绘玲珑即是在玲珑瓷上加以釉上彩或描金等装饰。

景德镇传统玲珑瓷的釉料，通常是以釉果和釉灰为原料配制而成。由于石灰釉

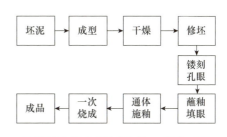

景德镇传统玲珑瓷的制备工艺流程图

有诸多缺点，熔融温度范围较窄，气氛稍控制不当，易产生起泡、烟熏。实验证明，玲珑釉要求长石、石英、滑石的用量比其他釉低，釉果、石灰石则须高些。为增强抵抗气氛变化的能力，而加入 1%～3% 的碳酸钡。

传统的雕眼、施釉方法工效很低。通过技术改革，现在已采用半自动化的雕眼机，雕出的玲珑眼，排列均匀合理，工效提高了几十倍。填釉亦被灌釉法所取

［1］ 过斌. 玲珑瓷的制作技术. 河北陶瓷，1991（6）：10-12.

［2］ 余振泰. 浅谈玲珑瓷. 景德镇陶瓷，2009，19（4）：11.

代，在一定程度上降低了"鱼眼""凹凸眼"等缺陷的发现。灌釉后，大约2～4分钟，即要倒出多余釉浆，并随即用洗水笔洗尽吸附在坯体上的玲珑釉层。

玲珑瓷在烧成过程中，要特别注意氧化阶段的充分氧化，以防玲珑釉在烧成后起泡。在还原阶段，要控制窑内气体介质，在防止制品烟熏的情况下，适当加强还原气氛，对玲珑的呈色是很有利的。现今，玲珑瓷迅速发展，产品除中西餐具、茶具、酒具、咖啡具、文具等日用瓷外，又精制成各种花瓶、各式灯具等陈设瓷。近年来，更发展出彩色玲珑、薄胎玲珑皮灯等非常精美的工艺美术瓷。

「89」 景德镇的脱胎瓷器是怎么制造的?

脱胎瓷,学名薄胎瓷,亦称"蛋壳瓷",是景德镇著名传统瓷器品种中久负盛名的特种工艺产品之一。它是在北宋影青瓷基础上发展起来的,始于明永乐时,成化时已有较高成就,万历时有卵幕杯、流霞盏等著名产品。脱胎瓷的瓷胎薄如蛋壳、透光,胎质用纯釉制成,胎体厚度大多在1毫米以内,人称之为"薄似蝉翼,亮如玻璃,轻若浮云"。[1]

《景德镇陶录》记载:"脱胎器,镇窑专造此者。有半脱胎极薄,有真脱胎更如纸薄。"脱胎瓷的制作,难度很大,技术性极强。其坯体薄、强度低,制作过程中极易破裂和变形。制作时,需具备高超熟练的操作技艺,执行严格的工艺规程[2]。

(1)配料

为了防止薄胎制品在烧成中产生变形,以及提高制品釉面的白度和透明度,需增加坯料中的Al_2O_3含量和釉料中的MgO含量。

(2)拉坯

拉坯时用力要匀,不能有空气,一有空气就会起泡。泥量的控制也是关键。

(3)修坯

要通过粗修与精修操作,将较厚的粗坯修成各部位厚度小于1毫米的精坯。

---

[1] 瓷海中的一朵奇葩——薄胎瓷的艺术. 陶瓷研究,2009(3):118-119.

[2] 唐文丽. 传统薄胎瓷工艺的创新与运用. 大众文艺,2011(10):291.

（4）素烧

将精坯在 750～800℃温度中素烧。

（5）上釉

上釉时，内釉用淌釉法，外釉用喷釉法，釉层厚度约为 0.1 毫米。要做到造型中各部分的釉层均匀一致，厚薄适当，还要注意到各种釉流动性的不同。

（6）烧成

装匣需采用特制的垫饼，使精坯平稳地装入匣钵内。烧成温度为 1280～1320℃。

中华人民共和国成立以后，薄胎瓷工艺得到继承与发展，许多产品的薄度、透光度、白度都达到或超过历史最高水平。除景德镇以外，湖南醴陵、广东枫溪、河北唐山、江苏江阴等地现在也能生产薄胎瓷。

为使制品实现全釉，攻克薄胎陶瓷产品粗口或粗脚的技术难题，需对经过一次釉烧后的成品口部或脚部进行抛光打磨，使其圆滑、平整，然后在其口部或脚部再施一次釉，并进行二次釉烧，釉烧温度为 950～1000℃。要使得二次釉烧后的釉面具有更好的透明度和光泽度，在保证成品的釉面与口部或脚部的釉能相融的条件下，加入一些化工原料，以进一步降低全釉的二次釉烧温度，并使制品釉面光泽玉润、釉色一致。经多次试验和优化，确定二次釉的配方为在原基础釉上加入 3%～8% 碳酸钡[1]。

下图为全釉薄胎陶瓷的生产工艺流程图。采用该生产工艺制备的全釉薄胎陶瓷色彩柔和，器型超薄透亮，透光性能极好，釉面润泽、柔和、硬度高，具有较高的机械强度，产品档次高。

---

[1] 邓国舟，杨云山. 全釉薄胎陶瓷的研制. 佛山陶瓷，2010，20（7）：15-18.

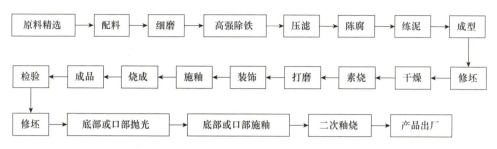

全釉薄胎陶瓷的生产工艺流程图

「90」 德化窑明代猪油白瓷器的形成原理?

明代是德化窑陶瓷生产的又一个高峰期，主要生产白瓷，产品在国际市场上以其品质的绝对优势备受世人的喜爱而大量外销。由于原材料配方的不同，使德化白瓷产品的质地和釉面色泽效果也不同。在民间叫法和学术上，明代德化窑白瓷按其品质的不同，被分为"乳白""象牙白""猪油白""葱根白""鹅绒白"等，这些瓷种被法人统称为"中国白"。

"猪油白"是德化窑明代白釉瓷的精品，半透明似白玉，选料讲究，制作精细。从窑址出土的标本上看，"猪油白"瓷器造型厚实丰满，装饰部分讲究民间艺术的粗犷手法，堆贴、手拉坯、捏塑等部位的接口处过渡流畅。胎体细腻，胎质坚硬，这是德化窑明代中低温材料配方所独有的瓷质特征。同时，釉层均匀，釉面莹厚，玻璃相好，釉色洁白光亮，透光折射犹如油脂，这种滋润油脂感是釉面所独有的特征。它的烧成工艺与同一时期的"象牙白"瓷一样，叠烧器物内壁有支钉痕迹，其他器物足底有谷壳或匣钵砂的痕迹。该瓷种的瓷雕作品同样深带艺术匠师的个性风格[1]。

德化窑的猪油白瓷的形成原理如下所示：

① 德化白瓷的胎、釉中含铁和钛量均低，含钾量自宋至明、清则升高达6%～7%，这与所用德化地区瓷石原料的特点有密切关系。德化白瓷的特征主要取决于所用当地瓷石原料的特点。

② 德化地区瓷石主要含石英和绢云母以及一定量的高岭石和长石之类的矿物成分。高岭石和长石含量主要取决于原矿风化程度。瓷石是一种天然混合好的适于制造白瓷的优质原料。从瓷石成分和胎的分析相比，推知古代可以采用一种瓷石原料制胎。

③ 德化白瓷釉中镁和钠的含量均甚低，是一种典型的钾-钙质釉。宋代和元代的钙含量高达12.8%，而明、清则降至几乎一半，含钾量则升至6%以上。

---

[1] 陈建中. "中国白"的骄子——明代德化窑"猪油白"瓷. 德化陶瓷研究论文集，1993：156-157.

从宋至明、清在配釉中所使用的瓷石和釉灰的比量逐渐减少。

④ 宋代德化窑烧还原焰，元代兼烧氧化焰，明代主要烧氧化焰，清代则兼烧氧化和还原焰。各时期烧成技术的变化与窑的构造和技术的掌握都有一定关系。

⑤ 明代著名的"猪油白"白瓷主要是由于胎中钾熔剂含量与釉接近，甚至高些，加之釉层十分薄，胎、釉结合为一体，形成了通体半透明的玉石感。胎、釉中 P_2O_5 的含量均甚低，故玉石感之美并非 P_2O_5 乳浊效果所构成[1]。

近代德化白瓷在成分上与古代有差别，含 Al_2O_3 量高，因此烧成所需的温度高于古代，应适当减低胎中 Al_2O_3 含量以节约燃料。

明代德化窑猪油白釉刻花玉兰纹尊（故宫博物院藏）

［1］ 郭演仪，李国桢. 历代德化窑白瓷的研究. 硅酸盐学报，1985，13（2）：198-207.

「91」 倒流壶水倒流的原理是什么?

在漫长的陶瓷烧造历程中，古代制瓷工匠曾经创造了许多奇思妙想、令人叹为观止的精巧之作，倒流壶就是其中很具代表性的器物。

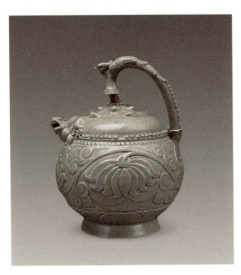

五代耀州窑青釉剔花花卉纹倒流壶
（陕西历史博物馆藏）

倒流壶，又有倒装壶、倒灌壶、内管壶之称，这一名称的得来，与其独特的使用方式有关。倒流壶虽然具有壶的形貌，但壶盖却与器身连为一体，无法像普通壶那样从口部注水。原来，在这种壶的底部有一个小孔，使用时把壶倒转过来，才能注水入壶，所以有倒装之称。注水时，水不会从口部流出来；注满水后，将壶放正，也不用担心下边的小孔漏水。

倒流壶的设计制造，体现了古代工匠所具有的较高科技知识。倒流壶之所以具有这样的功能，是因为其壶内设计有特殊结构——两只隔水管，其中一管与壶底部的孔洞相连，另一管由壶的流口向下延伸。这一结构看似简单，却运用了物理学连通器的原理，设计严密、构思巧妙。向壶内注水时，水如果从壶嘴往外流，表明水已灌满，因为这时液面的高度取决于与流口相连的隔水管的高度；将壶翻转过来，如果液面不超过流口和内管的高度，水就不会流出来，这就是倒装壶的神奇之处。如此设计可谓浑然天成，匠心独具。

倒流壶只有一个小小的流口，液体晃动时不易洒出，倒酒水时也不用担心壶盖脱落。由于早期倒装壶多为提梁式，这种壶式便于外出携带，因此倒装壶的产生，很可能首先是从使用功能的需要出发而设计的。当然，在今天人们看

倒置注酒状态

正常斟酒状态

倒流壶剖面简单示意图[1]

来，由于其巧妙的结构特点，使用时具有浓郁的情趣，可以为人们的饮宴欢聚增加不少乐趣[2]。

［1］　陈振耀. 倒装壶的结构特点及其源流发展. 中国文物报，2011-12-21（006）.

［2］　刘少华. 耀州窑青釉刻花提梁倒流壶的设计思想. 大观，2018（8）：71-72.

「92」 中国古陶瓷科技发展与演变的规律是什么？

中国陶瓷具有连续不断的长达万年的历史，为世界上独一无二。它的发展过程蕴藏着十分丰富的科学技术内涵，基本上可以用五个里程碑和三大技术突破来总结。

（1）五个里程碑

中华民族的先民们在世界东方这片广阔富饶的大地上，用勤劳智慧的双手创造了灿烂辉煌的中华文化。融科学技术和艺术于一体的陶瓷，它的烧制成功及其不断发展就是中华文化的一个重要组成部分。

①第一个里程碑：新石器时代早期陶器的出现

根据目前考古资料，继发现仰韶文化及与仰韶文化同时代文化遗址中的陶器之后，人们又先后发现了距今约7000年左右的浙江余姚河姆渡文化陶器、磁山裴李岗文化陶器；距今约8000年左右的湖南沣县彭头山文化和河南舞阳县贾湖文化；距今约10000年左右的湖南道县玉蟾岩遗址、江西万年仙人洞遗址陶器和河北徐水南庄头遗址陶器。这些早期陶器所用原料都是就地取材。特别是那些距今万年左右的陶器，它们共同的特点都是粗砂陶，质地粗糙疏松，出土时都碎成不大的碎片，只有个别能复原成整器。它们的烧成温度也就是在700～800℃之间。

②第二个里程碑：新石器时代晚期印纹硬陶和商、周时期原始瓷的烧制成功

一般认为印纹硬陶始见于距今约4000多年前的新石器时代晚期，原始瓷始见于距今3000多年前的商代。印纹硬陶及原始瓷与陶器最大的不同就是前两者都含有较低的 Fe_2O_3 和能在1000℃以上的高温烧成。原始瓷内、外表面都施有一层厚薄不匀的各种色调的青釉。釉中 CaO 含量较高，一般称为钙釉。它是我国独创的一种高温釉，也是世界上最早的高温釉。

③第三个里程碑：汉晋时期南方青釉瓷的诞生

东汉（25～220年）晚期，以浙江越窑为代表的青釉瓷在我国南方烧制成

功，标志着中国陶瓷工艺发展上的又一个飞跃。从此世界上有了瓷器，青釉瓷在我国南方烧制成功，首先应归功于南方盛产的瓷石。由于当时只用瓷石作为制胎原料，因而就形成了我国南方早期的石英、云母系高硅低铝质瓷的特色。其次，应归功于南方长期烧制印文硬陶和原始瓷的成熟工艺。

④ 第四个里程碑：隋唐时期北方白釉瓷的突破

隋唐时期（589～907 年），北方白釉瓷的突破是我国北方盛产的优质制瓷原料与长期积累的成熟的制瓷技术相结合的必然结果。它的出现是我国制瓷工艺的又一个飞跃，使我国成为世界上最早拥有白釉瓷的国家。以邢、巩、定窑白釉瓷为代表的技术成就可归纳为以下 3 个方面：

a. 在制胎原料中使用了含高岭石较多的二次沉积黏土或高岭土，因而使得胎中 Al_2O_3 的含量高达 30% 以上。同时，釉中的 K_2O 含量大大提高，降低了 CaO 含量，从而形成一种碱钙釉。

b. 将烧成温度提高到了 1300℃以上，有的甚至达到 1380℃。

c. 在隋末唐初已使用了匣钵装烧，是我国最早使用匣钵的窑场之一，而且能根据器形创制各种各样的匣钵和多种装烧工艺。

⑤ 第五个里程碑：宋代到清代颜色釉瓷、彩绘瓷和雕塑陶瓷的辉煌成就

宋代到清代（960～1911 年）的各大名窑，诸如官窑、哥窑、钧窑、汝窑、耀州窑、临汝窑、磁州窑、吉州窑、龙泉窑、建窑、长沙窑、德化窑、宜兴窑以及后来兴起、但又集各窑之大成的景德镇窑，无一不是以颜色釉瓷、彩绘瓷或雕塑瓷而著称于世，使我国陶瓷的科学、工艺和艺术的辉煌成就达到历史的高峰。

自东汉晚期始，浙江就一直烧制以 Fe_2O_3 着色的青釉瓷。到了南宋，其官窑和龙泉窑所烧制的黑胎青釉瓷都是一种裂纹析晶釉瓷。它们都是以釉中析出钙长石微晶以增强玉质感，并利用胎釉的膨胀系数不同使得釉裂成大小不一的纹片，从而成为一种独特的装饰而享誉世界。至于龙泉窑烧制的白胎青釉瓷则更是量大面广，流传到世界各地，为各大博物馆所珍藏。

我国北方河南宝丰的汝官窑、临汝窑青釉瓷和陕西铜川的耀州窑青釉瓷亦都是以 Fe_2O_3 着色。特别是汝官窑青釉瓷更是以首创析晶—分相乳浊釉瓷而闻名于世。

差不多与青釉瓷同时出现的黑釉瓷，同样是我国陶瓷百花苑中的一朵奇葩。入宋以后，福建建阳的兔毫盏和江西吉州的黑釉盏尤为突出。除了在当时盛行的饮茶之风所起的特殊作用外，它们还蕴藏着极为复杂的科学技术内涵，在国际上

是独一无二的。

河南禹县钧窑瓷釉是一种首创以铜的化合物着色的红釉，也是一种在不同色调的蓝色乳光釉面上分布着大小不等的红色斑纹的多色釉。钧窑瓷釉的分相是在一定化学组成范围内，烧成温度、气氛和时间的综合作用而导致的一种物理化学过程。由于影响因素复杂，在知其然而不知其所以然的情况下，人们很难掌握它们的形成条件，因而也就很难掌握制品的外观形象，故称之为窑变。

景德镇自五代开始烧制瓷器以来发展到宋代烧制的青白釉瓷，无论在质量上、数量上和影响上都已成为我国最大的窑场之一。至元代和明初，景德镇制瓷工艺获得突破性的进展。它所烧制的枢府白釉瓷和永乐甜白釉瓷，不仅在质量上和外观上都属上乘，而且也为进一步烧制颜色釉瓷和彩绘瓷提供了良好的工艺条件和物质基础。自元代开始景德镇即烧制以 CoO 着色的釉下彩青花和以 CuO 着色的釉下彩釉里红，以及二者相结合的青花釉里红，开创了多彩高温釉下彩先例。特别是青花瓷一直是景德镇烧制的最大宗和最具特色的长盛不衰的产品。以 Fe_2O_3、CoO、CuO、MnO 等金属氧化物以及它们之间相互搭配着色而成的各种颜色共同形成了景德镇五光十色的颜色釉瓷。与此同时，景德镇的釉上彩绘瓷也逐渐兴起。到了明代中期即烧制成一种以釉下青花和釉上彩相结合的所谓斗彩。成化斗彩瓷即是以色彩鲜艳丰富、釉面洁白滋润、纹饰生动和制工精细而成为明代彩绘瓷最高水平的代表，一直为各大博物馆及私人所珍藏。到了清代又出现了全以低温釉上彩绘画的五彩瓷，其中以康熙五彩瓷最为著名，随后的雍正粉彩瓷亦同样受到重视。

明清以来，我国其他生产颜色釉瓷的各大名窑都衰微或停烧，只有景德镇不仅大量生产它自己所创烧的各种颜色釉瓷，而且对各大名窑都能仿制，至于彩绘瓷则只有景德镇一直在大量烧制。因此景德镇这时已成为我国的瓷业中心，被称为中国的瓷都。

上述五个里程碑，即继承又发展，清楚地表明了我国陶瓷工艺的发展过程和取得的突出成就。

（2）三大技术突破

纵观上文所述的五个里程碑，是既继承又发展，清楚地展现了我国陶瓷工艺的发展过程和取得的突出成就。但它们之所以能随着历史的进程逐一得到实现，

全依赖于制瓷技术上不断取得的重大突破。归纳起来，可概述如下:

① 原料的选择和精制

一般说陶器，特别是早期的陶器，所用的原料都是就地取土，因此先民们居住周围的泥土也就是他们用来烧制陶器的原料。由于他们都是傍山近水而居，所采集的原料一般都是含有各种砂粒的泥土，故而早期陶器多数都是砂质陶，它们都含有大小不等的各种砂粒。严格说这种泥土是不适合于烧制陶器的。经过相当长的时间，先民们从烧制陶器的经验中逐渐认识到某些泥土可能更适合烧制陶器，所以就在其居住地附近选择那些更适合的泥土来烧陶器。更确切地说，这是就地选土。因此，就出现了泥质陶。在发现单独使用某些泥土还不能满足成形、干燥、烧成时的要求时，他们又会有意识地在所选的泥土中加入各种不同的砂粒、草木谷壳灰和贝壳灰等而烧成夹砂陶、夹炭陶和夹蚌陶等。

印纹硬陶、原始瓷、甚至青釉瓷和白釉瓷所用的原料也还是就地选土，但由于他们对原料已有更高的要求，已不是任何地方都有适合于烧制它们的原料，因此就出现了印纹硬陶、原始瓷和青釉瓷首先在我国南方某些地区烧制成功，而白釉瓷首先在我国北方某些地区烧制成功的事实。因为各地所产的原料只适合于烧制某类陶瓷。

原料的变化必然反映在陶瓷化学组成上的变化。从中国古陶瓷化学组成数据库中检索出自新石器时代至清代的近 700 个古陶瓷胎，以作为多元统计分析的样本，对其进行相关分析。当因子方差累计贡献大于 80% 时，选取前 3 个因子 F1、F2 和 F3。下图即为古陶瓷胎化学组成的 F1 和 F2 因子载荷图，可以看出我国南方的陶瓷胎的化学组成变化规律十分明显。由陶器经印纹硬陶和原始瓷而发展成为瓷器，胎中 SiO_2 含量逐渐增多，作为助熔剂的 CaO、Fe_2O_3、MgO 则逐渐减少，主要是 Fe_2O_3 的减少;Al_2O_3 的含量则变化不大，只是到了宋代以后由于掺入高岭土才有所增加。陶瓷胎化学组成分布的区域都有部分相互重叠，说明了它们之间密切的渊源关系。但北方陶瓷胎的化学组成则不存在这种规律。陶器的区域处在高助熔剂和低 SiO_2 区域，而瓷器则处在高 Al_2O_3 和低助熔剂区域。这是因为前者使用的原料是易熔黏土，后者使用的原料则是部分高岭质黏土。两个区域相互分离，不存在重叠部分，说明它们之间无渊源关系。北方出土为数不多的印纹硬陶和原始瓷的化学组成也未能在陶器和瓷器所处的区域之间形成过渡中间区域，看不出它们之间在化学组成上有任何关系。因此可以说我国南北方从陶发展到瓷的途径是不同的。但有一点是完全可以肯定的，不管是南方还是北方，

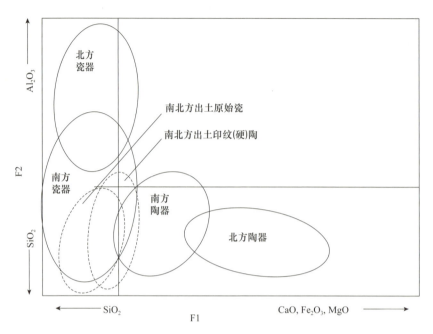

中国古陶瓷胎化学组成 F1 和 F2 因子载荷图[1]

它们能从陶器发展到瓷器，而且在质量上不断有所改进，首先应归功于原料的选择和精制，因为这是烧制陶瓷的物质基础。

② 窑炉的改进和烧成温度的提高

根据对大量古代陶瓷碎片烧成温度的测定数据，可以认为在我国陶瓷烧成温度的整个工艺发展过程中曾有过两次突破。第一次突破是在商周时期的印纹硬陶烧制工艺上实现的。它从陶器的最高烧成温度1000℃、平均烧成温度920℃提高到印纹硬陶的最高烧成温度1200℃、平均烧成温度1080℃，最高温度提高了约200℃之多，实现了我国陶瓷工艺史上的第一次高温技术的突破。第二次突破是在隋唐时期北方白釉瓷烧制工艺上实现的，它从原始瓷的最高烧成温度1280℃、平均烧成温度1120℃提高到白釉瓷的最高烧成温度1380℃、平均烧成温度1240℃，最高烧成温度又提高了约100℃，达到了我国历史上瓷器的最高烧成温度，实现了第二次高温技术的突破。

从考古发掘的窑炉资料来看，新石器时代早期的陶器可能经历一个无窑烧成

---

[1] 李家治. 简论中国古代陶瓷科技发展史. 建筑材料学报，2000，3（1）：7-13.

阶段，也就是所谓平地堆烧。到了贾湖文化和裴李岗文化才发现了陶窑，开始了有窑烧成。在我国南方有窑烧成可能要晚得多。经过相当长时间的发展和改进，在我国南方的浙江和江西直至商代才分别出现了龙窑和带有烟囱的室形窑。印纹硬陶原始瓷就是在这种窑内烧成的。龙窑向上倾斜的坡度和长度，以及室形窑的烟囱都使这两种窑具有更大的抽力，从而有利于温度的提高，实现了自有窑以来在窑炉结构上的第一次突破。

正是有了这种在窑炉结构上的第一次突破，才促使了烧成温度的第一次突破。在窑炉的不断改进和发展中，到了隋唐时期，在我国北方的河北又出现了大燃烧室、小窑室和多烟囱的小型窑。这种窑更有利于温度的提高，这是继第一次窑炉结构突破后的又一次突破，遂使我国窑炉可以达到最高的陶瓷烧成温度。

不难看出烧成温度的提高和窑炉的改进是密切相关的，它们共同为我国陶瓷的不断发展和进步创造了非常必要的条件。

③ 釉的形成和发展

根据现有资料，3000 多年前商代的原始瓷釉是至今发现的最早的具有透明、光亮、不吸水特点的高温玻璃釉，说明这一时期中国的瓷釉已经形成。因而可以推论中国瓷釉的形成过程必然开始于商代之前，而且有它自己的发展过程和规律性。众所周知，中国南方是烧制原始瓷和最早出现瓷器的地方。近代，在南方的古遗址和墓葬中不时发现有相当数量早于商代的泥釉黑陶，并发现新石器时代的彩陶上涂有陶衣。把以上这些情况联系起来，就可以根据它们的化学组成、显微结构和外观大致把中国瓷釉的形成和发展分成 4 个阶段：

a. 商前时期，釉的孕育阶段；

b. 商周时期，釉的形成阶段；

c. 汉、晋、隋、唐、五代时期，釉的成熟阶段；

d. 宋到清代，釉的发展阶段。

从 3000 多年前的商代到清代，我国瓷釉历经形成、成熟、发展到高峰的历史阶段，它的科学技术内容十分丰富，艺术表现非常多彩，共同形成了我国瓷釉百花争艳、流传千古并独步天下的局面。

三大技术突破也和五大里程碑一样，从新石器时代早期开始到清代的长达万年的历史长河中不断创造、不断发展，从而取得一个又一个的进步和成就[1]。

---

[1]　李家治. 中国古陶瓷工艺发展过程——五个里程碑和三个重大技术突装饰，1993（4）：50-51.

「93」 什么是热释光、¹⁴C、化学组成断源断代？如何提高科技鉴定的准确性？

古陶瓷的断源断代一直是古陶瓷科技研究领域的一个重要组成部分。除了目测，从古陶瓷的器型、纹饰等艺术考古的角度确定不同时代、窑口产品的差异外，也可用科技手段对古陶瓷进行断源断代的研究，目前现代自然科学技术手段应用于古陶瓷断源断代研究的主要形式有热释光断代、¹⁴C 断代、化学组成断源断代。下面对这三种科技鉴定手段的原理和在古陶瓷中的应用进行分别介绍。

（1）热释光断代

热释光是指晶体在受辐射作用后积蓄的能量在加热过程中以光的形式释放出来的一种物理现象。这种现象是一次性的，也就是固体在受辐射作用后，只有第一次被加热时才会有光被释放出来。在以后的加热过程中，除非重新再接受辐射作用，否则将不会有发光现象。

热释光断代的基本原理，是利用陶瓷内部所含放射性杂质长期发出的非常稳定的辐射线与该器物烧成后所经过的时间成正比的关系，来测定该器物从生成开始至测定时的年龄。陶瓷器中有许多矿物晶体，如石英、长石、方解石等，同时还有一些极微量的放射性杂质，如铀 U、钍 Th 和钾 -40 等。其中一些天然放射性核素的半衰期很长，每年可发出固定剂量的 α、β 射线。这些射线同时与一定量的宇宙射线、周围土壤中的 γ 射线一起被陶瓷中的矿物晶体吸收。当这些矿物晶体受热时，这些能量就会变成可见光放射出来。由于陶瓷器物烧制时温度可达数百至上千摄氏度，这时矿物晶体内的辐射贮能就会全部释放掉，因此器物形成的起始时间就可以从此时开始，即计时从"零"开始。经过一定的年期后，当加热从该器物中取出的样品，使其中矿物晶体发光，并测出光的强度，就可以计算出对应年期中被贮存的辐射能量，这个能量即为该陶瓷器物吸收的总剂量——"古剂量"。再测定并计算出这件器物每年吸收的来自自身杂质的 α、β 射线的能量、器物存放周围土壤的放射剂量以及宇宙射线年剂量之总和，就可以计算得到该器物的年龄：年龄＝古剂量／年剂量总和。这就是热释光断代的方法[1]。

从热释光断代的原理中可以看出，热释光断代标本使用量少，测试速度快，测年跨度大，而且不需要依靠标准器进行比对，是一种绝对断代的方法。热释光在古陶瓷断代方面经过近五十年的发展已取得了许多重大的成绩，但整个技术仍存在许多复杂因素和尚未解决的问题。这是由于中国古陶瓷的复杂性，生产时间跨越数千年，生产地域达几百万平方千米。随着研究和实践的进展，现在和将来都必然会发现某一窑口或某一类型的器件是现有的热释光技术所无法准确检测的，这就要求进一步改进热释光检测方法。目前的热释光是一种有损检测技术，不需要取样的热释光无损检测技术是目前热释光的一个热门方向。其中一个无损检测可行的方法是使用由光纤导引的二氧化碳激光（10.6pm）的红外辐射直接对瓷器加热，利用激光的聚焦特性令样品在 0.01 秒内无损地发出热释光。这种无损技术在原理和技术上均已取得有意义的进展，并有着远大的发展前景[2]。

（2）^{14}C 断代

^{14}C 断代最早是由美国芝加哥大学 Libby 教授在 1950 年提出的，现在在考古学中已是一种最常见、应用最广泛的确定考古样品年代的技术。该方法断代的基本原理是，利用 ^{14}C 的放射性和半衰期长（5730 年）的特点，计算出样品与大气停止交换的年代，进而推算出样品的年代。因此，^{14}C 断代适用于研究有机生物质文物，如骨片、贝壳、木质器具、焦炭木等的年代[3]。

中国社会科学院考古研究所在 ^{14}C 断代工作上的成绩尤为突出，是全国同类实验室中建立时间最长、公布数据最多的一个实验室。理论上 ^{14}C 可以测定古陶瓷的年代，但除加碳陶外由于古陶瓷样本几乎不含碳，其他文物也存在碳污染的问题，所以 ^{14}C 断代法在古陶瓷断代方面并未广泛应用。

[1] 李虎侯. 热释光断代. 香港：Scientist Press International，Inc. 1999.

[2] 刘有延，罗荫权. 热释光方法在古陶瓷鉴定中的应用. 物理，2006，35（5）：438-442.

[3] 钱瑞. 论碳十四测年法在考古学的应用和发展. 齐齐哈尔师范高等专科学校学报，2014（4）：112-113.

（3）化学组成断源断代

历史上形成的古陶瓷窑场产区制品的制作一般都是就地取材，可以说，资源条件是决定不同地域、时期影响我国各种类型古陶瓷发展的一个关键性因素。不同地区的陶瓷产品由于其所用原材料的区别而在其胎、釉的化学组成上自然会留下"烙印"；同样，不同时期的相同窑系和同一时期的不同窑场的产品，其胎、釉化学组成也有一定的规律性可循[1]。因此，综合利用古陶瓷由于原料来源、配方的差异以及工艺制度的改进等所产生的不同地域和年代的古陶瓷样本体现在胎、釉和彩的元素组成模式（包括主、次及微量元素的组成）的变化来进行古陶瓷的断源断代成为可能。这也是利用古陶瓷的元素组成进行科技鉴定的基础。

随着古陶瓷科技研究的逐步深入，一些现代核分析技术如：X射线荧光分析、中子活化分析、原子吸收光谱分析等方法被大量应用于古陶瓷的科技鉴定中。以X射线荧光分析为例，能量色散X射线荧光分析（EDXRF）技术具有不破坏分析样品，并能快速进行主、次及微量元素组成的同时分析，以及分析浓度范围宽，精度高等特点，尤其适合极其珍贵的古陶瓷完整文物样品的分析与鉴定。利用EDXRF获取大量古陶瓷样本化学组成后，通过寻找"指纹元素"，或引入多元统计分析方法（对应分析、判别分析和聚类分析等）对数据变量进行筛选和组元确定，归纳提取，并参照古陶瓷信息数据库或已确定的标准样进行断源断代。能量色散X射线荧光分析仪和测试谱图如下图所示。

 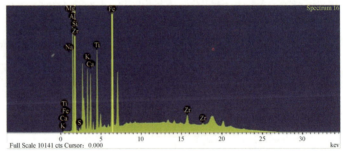

能量色散X射线荧光分析仪及测试谱图

---

[1] 周少华，付略，梁宝鎏. EDXRF微量元素分析在文物断源断代中的研究. 光谱学与光谱分析，2008, 28（5）: 1181-1185.

93　什么是热释光、^{14}C、化学组成断源断代？如何提高科技鉴定的准确性？

由于不同时期和不同地区陶瓷制作配方改变、制作工艺中的技术进步以及原料的来源的变化等，古陶瓷样品的化学组成尤其是微量元素组成模式存在相应的差异。针对古陶瓷这一珍贵和不可再生的特殊研究对象，X射线荧光分析作为一种无损和快捷准确的分析方法，是利用古陶瓷元素组成进行古陶瓷断源断代的一种比较理想和有效的检测手段。但是，利用X射线荧光分析进行古陶瓷的断源断代是一个非常复杂的系统工程，必须要有扎实的工作积累。首先是要建立一个可靠、完备的古陶瓷数据库；第二要有一套适合于古陶瓷无损测试的设备和成熟的测试标准、方法；第三要求分析者掌握数据的专业技术处理方法和基本的陶瓷专业知识[1]。

[1] 吴隽，罗宏杰，李家治，王海圣，鲁晓珂，吴军明. 中国古陶瓷的断源断代. 硅酸盐学报，2007，35（S1）：39-43.

「94」 拉曼光谱在古陶瓷研究中有哪些应用？其能否作为古陶瓷真伪鉴定的手段？

拉曼光谱是与分子振动和转动能级有关的光谱，因此用拉曼光谱可以得到分子结构的信息。拉曼光谱和红外光谱相互补充，是分子结构研究领域不可缺少的两种测试分析手段。

拉曼光谱的优点在于它的快速，准确，测量时通常不破坏样品（固体、液体或气体），样品制备简单甚至不需样品制备。拉曼光谱在分析珍贵文物时有很多优势：首先它是无损分析，实验过程不需要样品制备；其次它能对样品的晶相和玻璃相进行微区分析。近年来，拉曼光谱作为一项无损分析技术在考古与艺术品领域的应用发展迅速，由于激光对瓷釉的穿透能力不强，所以其在对古陶瓷整器无损研究中的应用主要涉及釉上彩的颜料分析和瓷釉玻璃相结构两方面[1]。

釉玻璃相拉曼谱图中弯曲、拉伸振动对应的特征峰强弱与釉的原料组成、烧成温度等都有相关性。应用拉曼光谱技术对古陶瓷釉上颜料进行分析，可以得出相关瓷器的制作工艺、生产技术水平等信息。英国伦敦大学第一次运用显微拉曼技术研究了氧化铁红和陶瓷上的红色和蓝色物质，证明了氧化铁为红颜料的主要成分，蓝色物质为天青石。对于混合颜料、叠加颜料的分析，可以将单色颜料的拉曼特征峰与混合颜料、叠加颜料的拉曼特征峰进行比对、参照，就能判断出这些复杂颜料的成分[2-3]。

拉曼谱线的聚合指数（The polymerisation index，简写为 Ip）被定义为：$Ip = A500/A1000$（A 表示面积，数值表示宽带的中心位置），即拉曼光谱上 500cm^{-1}，

［1］ Colomban P.Raman spectrometry, a unique tool to analyze and classify ancient ceramics and glasses. Appl Phys A, 2004, 79: 160-170.

［2］ Liem N Q, Sagon G, Quang V X, Tan H V, Colomban P.Raman study of the microstructure, composition and processing of ancient Vietnamese (Proto) Procelains and celadons (13-16th centuries). J Raman Spectrosc, 2000, 31: 933-942.

［3］ Clark R J H, Curri M L.The identification by Raman microscopy and X-ray diffraction of iron-oxide pigments and of the red pigments found on Italian pottery fragments. J Mol Struct, 1998, 440:105-111.

$1000cm^{-1}$两个宽带的面积比，Ip值与瓷釉的釉烧温度相关，Ip值越大所对应陶瓷的釉烧温度越高，以此区分不同的硅酸盐网络结构[1]。

古陶瓷有着现代仿品难以企及的成岩过程，时间是成岩过程的第一要素。通过漫长的历史过程，古陶瓷发生的物理、化学变化是造假者不易仿制的。所以，古陶瓷釉面发生"水解反应"生成的含羟基类物质作为古陶瓷鉴定的一个定性的标准。羟基又称氢氧基，由氢和氧两种原子组成的一价原子团（-OH）。羟基与水有某些相似的性质，羟基是典型的极性基团，与水可形成氢键。羟基在烧造过程中的高温环境下是不稳定的，在此过程中，陶瓷釉质中的羟基含量可以归零。羟基在正常的地表环境下是比较稳定的，其在陶瓷釉面中的含量随着陶瓷烧造出窑时间的增长而增长。羟基在鉴定古陶瓷真伪方面是起到判定标准的物质。

古陶瓷在地表环境下其釉面将会发生如下水解反应：

$$Si\text{-}O\text{-}R + H\text{-}OH \rightarrow Si\text{-}OH + R + OH- \tag{1}$$

$$Si\text{-}O\text{-}Si + OH- \rightarrow Si\text{-}OH + Si\text{-}O- \tag{2}$$

H＋置换R＋后形成硅凝胶薄膜$Si(OH)_{4n} \cdot H_2O$或者$SiO_{2x} \cdot H_2O$。上述的反应进行得很慢，需要成百上千年的积累。这些反应生成物中既有氢氧根（羟基）、也有结构水。用拉曼光谱技术对于此类含硅羟基的物质进行检测，根据采集到的拉曼光谱图中的拉曼位移、特征峰及其强度等信息，可以作为分析判断被测样品的物质构成、所含官能团的依据。"Si-OH"是由"H⁻"与SiO_4四面体中硅氧骨架所形成的键，由于环境不同，四面体相互共用顶点而连接成各种结构形式。Si处于配位数为4的SiO_4四面体的中央，SiO_4四面体的每个顶点上O^{2-}至多只能共用两个四面体，或被（OH）⁻所占据，其中"O-H"键的拉曼光谱特征峰位为$3000\sim3650cm^{-1}$。但根据笔者的研究结果，"Si-OH"的形成与釉面质量、器物贮存环境有很大关系。五代耀州窑青瓷基本找不到$3000\sim3650cm^{-1}$的拉曼光谱特征峰位，而汝窑青瓷则很容易找到，这即是釉面质量不同造成的结果。另外，化学反应与介质（如果是水）的酸碱性、温度、杂质的性质等都有相关性，因此，"O-H"键的拉曼特征峰能否判别古陶瓷真伪还有待更为深入的研究。

[1] Colomban P, Tournie A, Bellot-Gurlet L. Raman identification of glassy silicates used in ceramics, glass and jewellery: a tentative differentiation guide.J Raman Spectrosc, 2006, 37: 841-852.

「95」 古陶瓷科技鉴定与眼学的差异是什么?

古陶瓷是一种内涵丰富的载体,承载的信息十分广泛。对它进行深入全面的研究,需社会科学工作者和科技工作者的通力合作,采用综合的方法去获取丰富的历史内涵、艺术内涵和科技内涵。

在古陶瓷研究中,传统方法多注重造型、纹饰、款识、胎釉颜色等肉眼能觉察的直观外在特征,俗称"眼学",再将这些细化的特征因子比照自己凭经验积累起来的陶瓷知识(大脑里的"数据库"),然后做出判断。个人能感受到的经验特征因子越多,对器物的判断就越接近原状,这属于定性分析范畴。受个人能力和人类大脑"数据库"所限,一个人往往难以穷尽所有这些有效的特征因子,因而得出的结论也有待进一步完善[1-2]。

科技手段为定量分析,它可以利用现代仪器获取器物内部人无法察觉的大量有效数据,可以分析成千上万的特征因子,通过电脑分析处理后,再与标准器数据库相对照,得出更加接近事实的结论,从而弥补传统鉴定的不足。当然,有时不同器物的测试数据也可能完全一样,这就需要专家凭经验排除干扰,慧眼识珠。现代科技可以补人力之不足,传统经验可以佐数据之刻板,两者须相辅相成,互相补充。

对科技与传统两者的关系,专家们有一个形象的比喻。传统鉴定方法像是中医,用"望、闻、问、切"等办法来综合考察古陶瓷的窑址、年代;科技鉴定法是西医,通过用"CT、核磁共振"等先进仪器来详细分析古陶瓷的具体特质因子,从而完成鉴定,不能简单地下结论说谁比谁更高明。传统鉴定方法只能看到器物的表象特征,无法看到器物的内里结构,这就需要科技测试手段来解决。科技靠现代仪器检测出数据,还要依靠科学的方法对数据进行处理分析,再对照标准器物数据库。联系到器物的具体情况,就需要靠多年的经验积累,才能做出科

---

[1] 戴春燕,杜锋. 浅谈古陶瓷的鉴定方法. 山东陶瓷,2005,28(3):40-43.
[2] 刘晓军. 古陶瓷鉴定不再完全依靠"眼学". 科技日报,2018-04-02(003).

学的判断。有时即使测试数据完全相同,因个人的分析经验不一样,分析结果也会大相径庭[1]。

曾经有位华侨拿了一对"明代"青花瓷瓶委托上海一权威科技机构测定,承诺说如果是真的,他将把其中一只捐给国内一著名大博物馆,另一只进行拍卖,并答应从拍卖款中划拨300万元捐赠给这家研究机构做研究经费。测试数据出来后,经过分析,青花瓷瓶的年龄比清代还清代。这位华侨又把瓷瓶拿到另一家单位做测验,测试出的各类数据完全相同,而分析结果却认为瓷瓶就是明代的。这种面对数据各执一词的情况,就需要"中西医结合",用传统的方法来解决科技不能解决的问题。

古陶瓷鉴定在传统基础上,必须引进科技手段,两者相结合是将来的必然趋势。传统方法需要深厚的功力积累,需要比较、揣摩、分析的经验,是行之有效且是难以替代的。科学鉴定则重视实践数据,即时得出科学的判断,但测试数据是死的,分析思路是活的。传统经验虽然难能可贵,但个人的积累总是有限的,所以两者合理的利用,互为应证的方法才是最科学的[2]。

科学测定的原则是对的,也是完全可能的,向这个方向发展没有错,但应用数据时应持谨慎的态度。一般说来,科技鉴定结果有二到三项重要数据与标准数据库的数据不一致时,就可以说被鉴定的器物不可靠,有可能是假的,有时甚至可以"一票否决",凭借一个数据不符就确定其为赝品;相比之下,若要单靠科技鉴定来说明一个器物是真品就要困难得多,通常需要结合传统经验反复斟酌,只有所有的元素构成指标都和标准数据库相符才是真的。因此,与其说科技鉴定能识别真品,还不如说它更擅长"打假"。如今市场上伪造陶瓷太厉害、有时甚至会直接伪造测试数据报告单,这就更需要我们加倍警惕。科技手段虽然前途光明,是未来的方向,但需要走的路还很远。

---

[1] 李文君. 科技鉴定陶瓷,能否一锤定音. 紫禁城,2006(1):87-92.

[2] 李辉柄. 陶瓷鉴定学与方法论. 紫禁城,2004(1):110-114.

「96」 陶瓷常见的做旧手法有哪些?

在 19 世纪甚至 20 世纪之前，中国的制瓷技术一直领先于世界其他国家，成为这些国家争相研究和模仿的对象。古陶瓷是一种会随时代变迁而不断增值的财富，其中的珍贵品种更是价值连城，甚至是无价之宝[1]。为了满足普通人欣赏古陶瓷的需求，陶瓷的仿古做旧在中国陶瓷史上古已有之。其实早在明代中后期，即成化、正德以后，后代仿前代就已在景德镇官、民窑中逐渐形成规模。清康、雍、乾三朝、晚清道光、光绪直至民国官窑和民窑仿古一直方兴未艾，但只是作为一种传统工艺形式的延续[2-3]。古陶瓷做旧，就是利用各种手段使新烧制好的陶瓷或者是近代烧制的陶瓷具有"岁月感""沧桑感"。仿古瓷的做旧技术可以通过消化、吸收、改进，应用到仿古砖新产品的研发中。

古陶瓷的旧貌主要具有以下特征，可根据其进行仿古研究[4]。

① 古陶瓷器因年深日久而"火光"下降，釉面温润柔和。

② 长期埋在地下的陶瓷，其表面多粘附着一些灰白色、铁红色或铜绿色的沉积物，多显水痕形状，俗称水锈。其主要成分是碳酸钙、碳酸镁盐类物质、氧化铁或碳酸铜等。同时，由于受到地下水及酸、碱、盐等物质的长期侵蚀，陶瓷器物的表面、彩绘层或胎体的表面或局部失亮，这种现象就是土蚀。有些泥土变得坚硬板结，牢固地粘结在器物表面，凝固成不同形状的土疤，这种土疤便是土锈。

③ 低温铅釉和含铅釉上彩受外界物质的侵蚀以及本身的脱玻化现象，会在其表面形成碳酸铅和硅酸盐类膜状物。这种透明无色膜状物，随着时间的推移会不断地增厚，其外观形状类似于天然云母。当他们达到一定厚度时，会对光线产

[1] 龚德才，何伟俊. 古陶瓷常见作伪手法及鉴别. 东南文化，2000（6）：103-105.

[2] 罗学正. "谈虎色变"的仿古瓷. 艺术市场，2005（7）：62-63.

[3] 黄萍. 关于仿古瓷的几个热门话题——与罗学正教授对话. 艺术市场，2006（1）：56-57.

[4] 毛晓沪. 解读古陶瓷旧貌. 收藏家，2003（6）：59-66.

生干涉作用，这就是人们常说的"蛤蜊光"。

④ 产生"蛤蜊光"的透明无色膜状物进一步增厚时，对光线的干涉作用也不断增强，以至于会有一层银白色金属光泽的物质出现，这就是"银釉"。它的层次多少不一，多则二三十层，少则八九层，每层厚度约 3 微米，用刀轻轻刮几下，就可以刮去。银釉不同于器物上的其他污垢，一般不予清除。

⑤ 剥釉即釉面剥落，最易发生在那些胎釉结合不牢的品种上。如：汉绿釉、唐三彩、磁州窑器等。自然的釉面是由里向外发生的，首先是釉与胎之间产生自然分离后才有可能剥落。自然剥釉有两大特征，一是剥釉后的露胎处表面光滑平整，无明显凹凸现象；二是剥落后的釉面边缘与胎骨之间相互垂直。

⑥ 浸色是向釉的开片内浸染特有的颜色，如仿哥窑釉的"金丝铁线"。污染是将器物表面浸染上陈旧的黄褐颜色。

古陶瓷的做旧方法主要有物理方法和化学方法，不同的形貌特征需要采用不同的方法处理。比如以下光泽处理、土锈、水锈等特征的制作[1-2]。

（1）古陶瓷表面的光泽处理

① 压光法

压光法多用于无釉陶器表面的上光。具体方法是：先用热吹风机或烘箱把着色部位加热到 60～70℃，涂上一层石蜡或川蜡。首先把蜡涂在布上，再用布摩擦着色或仿釉部位；然后用坚硬光滑的工具（如玉碾子、玛瑙碾子）在其表面擀压，直至出现理想光泽；最后再用绸布擦拭。这种办法会留下细微的痕迹，细心观察便能发现。最近几年，又新采用一种高细砂来打磨，做旧的仿古釉面需在高倍放大镜下才可发现。

② 抛光法

抛光法使用得最多，分手工抛光和机械抛光两种。手工抛光是用绸布蘸取磨膏，在仿釉表面柔抛处理，然后用汽油和乙醇分别清洗抛光部位，必要时可再上点石蜡或川蜡，并用绸布进行抛打。用这种方法抛打出的光泽比较柔润。另外，还可以用技工打磨机和高速涡轮牙钻机进行抛光，这多用于明清瓷器的修复。机

---

［1］ 毛晓沪. 古陶瓷鉴定的基本方法与步骤. 收藏家，1994（6）：47-50.

［2］ 李伟君. 仿古瓷与古瓷的鉴别. 中国商检，1994（10）：47.

械抛光不仅可以提高工作效率，而且能提高抛光质量，抛出来的光有较好的釉质感觉。顺着太阳光线，用十倍以上的放大镜探视瓷器表面釉层，古陶瓷表面的磨损纵横交错，粗细深浅不一，新陶瓷则无这一现象。

③ 罩光法

罩光法是在仿釉涂层表面喷涂一层上光涂料，目前比较好的上光材料是热固型丙烯酸上光漆，涂层透明无色光亮。喷涂后要烘干固化，固化后的涂层可用抛光膏打磨，效果会更理想。采用这种方法加工过的瓷器表面，在显微镜下可以清晰地看到加工时留下的有规律的运动轨迹。

④ 磨蚀法

磨蚀法有多重过程可实现。手磨法是瓷器出窑后，以汗手盘磨数月，直至消去刺眼"火光"。但此种手法耗时费工，且须仔细周到，现已不多见。水磨法是将器物放在不断流动的水下，用流动的水摩擦釉面，消去"火光"；油磨法是先用浆砣轻轻擦磨，复用牛皮胶舵沾油磨之以消除细痕，使釉面平滑润泽；涂抹油渍法就是将厨房中油烟机里面的油渍，用海绵蘸取，涂抹在陶瓷表面，一个小时之后再擦干净，重复操作数次可以使陶瓷釉面哑光，而且没有磨损的痕迹，此办法成本非常低廉。

⑤ 化学腐蚀法

化学腐蚀可利用酸碱、氧化、自然腐蚀等方法实现。因为陶瓷的釉为硅酸盐，形成光泽美丽的透明玻璃感釉面，用醋酸、氢氟酸、硝酸、草酸等能与硅酸盐起反应的酸液浸泡瓷器就能造成釉面腐蚀，使釉面黯淡，出现混浊感，从而消去"火光"。有的不浸泡，直接用沾酸的抹布反复擦釉面，也能达到效果。此种手法弊病在于酸对釉面腐蚀过于强烈，使釉色失透，光泽过于黯淡，甚至呈乳浊状，与自然形成的"蛤蜊光"有天壤之别。在高倍放大镜下可显现出无数个被酸腐蚀过的小孔。混合浸法是将几种溶液混合在一起使用，例如，用醋酸浸后再用茶叶水、草木灰水等浸泡。这样不仅能消去"火光"，还能浸出各种各样的污渍，让人误以为是长期使用所至。釉陶和吸水率较高的瓷器经乙酸处理后，其残留物极易被胎体吸收。用热水浇洗器物表面，就会散发出辛酸气味。氧化法是用强氧化剂高锰酸钾使釉面氧化，除表面呈微微红色外，其余特征与酸浸法处理后一致。用水将器物冲洗干净，过多使用高锰酸钾，会使水呈紫色。有时用手指蘸点水一摸，手指也会被染成紫褐色。消光剂消光法是在配置的釉料中添加一定比例的氧化锌、氧化锆等消光剂，可以起到事半功倍的效果。采用能量色散 X 射线荧光分析，只要发现器物釉中的某些金属氧化物含量超出正常值，就可断定它是现代仿品。土埋法就是将新瓷埋入细泥，经过数天取出用干布擦去，如此往复数次后可见釉面有发黄的老色。高压蒸煮法就是用茶水加少许碱把瓷器久煮去掉浮光。近几年则是将新仿品放到高压锅内蒸煮，也可达到釉面失光做旧的目的。

（2）制作水锈

明清以后的瓷器上很少有水锈，做水锈的主要对象是距今年代较远的出土陶瓷器。其方法有铺撒法、复分解法。铺洒法，用毛笔蘸取适量稀释的硝基清漆，在需要做水锈的部位薄薄地涂一层（如水锈显流挂状，可把料液蘸得饱和一些形成留痕），未完全干时，将滑石粉或其他体质颜料粉末铺撒在上面，干燥后把浮粉清除干净即可。在做水锈时，也可以适当加入其他颜料或撒上一点黄土，与土锈同时进行。虽然表面很像，但用刀具一刮，便知真伪。复分解法，在需要做水锈的部位涂上一层硅酸钠水溶液，待涂层干燥后，用5%的稀盐酸在涂层表面刷一遍，硅酸钠遇盐酸后会发生复分解反应，生成白色盐类物质，最后用清水冲洗一下做锈部位，除去没有反应的化学物质和多余的盐分即可。

（3）制作土锈

将仿制的陶器埋入地下水丰富的黄土中，埋数月后，取出晾干，反复数次，便可生成土锈。埋在古陶烧制旧址或古墓中，则效果尤佳。此种手法弊病在于，土锈生成时日尚浅，与陶器结合不紧密，用指甲或刀刃轻刮就会脱落，而真土锈决不会有如此现象。加热法，将陶器烤热，再将取自古陶旧址或古墓的土掺以白矾，趁热反复涂抹，直到颜色与出土无异为止。此种手法的弊病也存在结合不紧密现象。另外，若以加碱开水冲洗，土锈会全部脱落。涂泥法，将泥土放到特制的中药中煮20小时，然后将得到的泥浆涂抹在陶瓷表面。经过这种处理的土锈与出土土锈极为相似，且与陶瓷紧密结合，即使用利刃刮削，也不易脱落。胶泥法，先将陶瓷玻璃胶和泥土混合搅拌成黏稠状，涂抹在陶瓷表面，然后将燃烧的报纸加热、扑打陶瓷表面。所制成的土锈与陶器紧密结合，而且黑色的纸灰会深入泥土中，更显岁月的痕迹。因为有玻璃胶的存在，遇高温会发出玻璃胶燃烧的气味。上色法，首先在陶器表面先涂刷两遍虫胶漆，然后以虫胶漆调矿物颜料，浸泡于陶器作成底色，最后表面施白芨汁作土锈。此种手法作出的陶器遇热水，作伪痕迹便一览无遗。至于补修器、拼接器，其接缝处土锈不会与原物凝结为一，细加辨别，不难看穿。

（4）制作"蛤蜊光"

可以使用先进的真空镀膜法制作"蛤蜊光"，类似于光学眼镜片上的金属镀层，只要将两种不同性质的金属交替镀在釉面上，当镀膜达到一定厚度时，就会出现漂亮的"蛤蜊光"。或者用"电光水"制作"蛤蜊光"，它比真空镀膜法更简便易行。因为人造"蛤蜊光"的电阻值与天然"蛤蜊光"的电阻值是不同的，可使用表面电阻仪器来鉴别。

（5）制作"银釉"

复分解法做"银釉"，可以采用复分解法，并结合喷涂、刷漆等着色法，综合加工而成。其方法是：在器壁需要做银釉的部位，先涂上一层加有适当云母粉的硅酸钠溶液，再涂稀盐酸，硅酸钠与盐酸发生复分解反应后，会产生一层带有云母光泽的盐类物质，然后用清水冲洗一下。按上述方法反复做2～3次，使附着物逐渐加厚。如果感觉涂层表面的金属光泽强度还不足，可制取少量微粒银粉，加在稀释的醇酸清漆中制成涂料，在"银釉"表面再涂一道，可提高涂层的金属光泽。涂料法，使用指甲油和白色涂料可以制作"银釉"。鉴别时可向上擦一点水，真正"银釉"遇水后会自然褪色，露出釉质的本来颜色，涂料做的"银釉"则不会褪色。

（6）制作"剥釉"

采用人工手段用钢或电动刻刀强行将釉面剥离胎骨也是人们常用的做旧方法。自然剥釉由里向外发生的，首先是釉与胎之间产生自然分离后才有可能剥落，而人工剥釉的作用力是由外向里，釉与胎之间并未产生分离现象。人工剥釉的特征有：一是剥釉处的露胎部位，表面凹凸不平，有许多麻坑；二是剥落后的釉面边缘与胎骨之间呈梯形，下窄上宽。如果釉质较厚，在显微镜下观察釉面边缘，还会发现有类似玻璃受硬物冲击破裂后所产生的波浪形贝壳纹。

（7）浸色与污染

浸墨法。即用墨汁浸染釉面，并使之进入开片的缝隙中，然后再将表面墨汁用水清洗干净，产生"铁线"效果。目前，用浸墨法制作的"铁线"，色泽单调缺少变化，与古代真品"铁线"存在一定差别，容易鉴别。高锰酸钾浸染法，先将器物浸泡在天然树脂中，经过数天饱透后取出，用水清除表面浮胶，再用高锰酸钾溶液浸染。高锰酸钾与天然树脂相互作用、会在器物表面形成黄褐色污垢。如果釉面有开片，其缝隙可呈现黄褐色"金丝"效果。做旧时间在一年以内的器物，釉面的气泡和开片中往往会有高锰酸钾残留物存在。用显微镜观察器物釉面，如果气泡和开片中有紫红色物质，即为高锰酸钾残留物。用棉签蘸取草酸溶液，轻轻涂于黄褐色旧渍或"金丝"上，如果颜色迅速退去，即为高锰酸钾浸染的旧貌。

「97」 古陶瓷大数据分析的萌芽以及发展趋势是什么？

数据分析是古陶瓷科技研究中十分重要的环节之一，它是利用各种分析方法获取古陶瓷胎、釉的化学组成数据，通过建立适当的数学模型，将隐藏在一大堆杂乱无章的数字中的信息集中、萃取、提炼出来，进行归纳、分类，以期求得这些数据之间的函数关系，比较其异同，从而获得一些有关陶瓷制作工艺、产地和年代的信息[1]。

常用的古陶瓷数据分析方法有多元统计分析（聚类分析，判别分析和主成分分析等）、人工神经网络、支持向量机算法和粗糙集理论。与此配套，提取化学组成的测试方法也非常丰富，早期有经典的湿化学方法以及发射光谱（OES），后来原子吸收光谱（AAS）、中子活化（INAA）、X 射线荧光（XRF）和电感耦合等离子体发射光谱和质谱（ICP-AES 和 ICP-MS）等都被应用。此外质子激发 X 射线荧光（PIXE），同步辐射 X 射线荧光（SRXRF）等使用粒子加速器的核技术也被用于此[2]。

20 世纪 20 年代，周仁先生率先在我国开展了利用自然科学方法进行中国古陶瓷研究的工作，为我国古陶瓷的研究和一些名窑陶瓷产品的恢复做出了不可磨灭的贡献，这些工作被认为是我国古陶瓷大数据分析的萌芽。继周仁先生之后，许多科技工作者在古陶瓷的研究领域中都曾或正在进行着大量的工作，取得了许多令人鼓舞的成绩。

自 20 世纪 80 年代开始，陕西科技大学罗宏杰将数据库及多元统计分析方法引入中国古陶瓷的研究中，建成了我国首个古陶瓷胎釉化学组成数据库，详细收录了中国历代各窑口约 600 个陶瓷胎和约 500 个陶瓷釉的化学组成、物理性能、

---

［1］ 尹丽. 不同数据处理方法在古陶瓷断源断代研究中的对比分析. 景德镇陶瓷学院，2014.

［2］ 陈铁梅，王建平. 古陶瓷的成分测定，数据处理和考古解释. 文物保护与考古科学，2003，15（4）：50-56.

产地、种类及烧造年代[1-2]。

2001 年,谢建忠、赵维娟、高正耀等人介绍了一种具体的模糊聚类分析数学模型和程序设计方法,对古钧瓷胎和釉的 36 种微量元素进行了分析,得到了古钧瓷胎和釉的原料产地和分类的信息。聚类分析的结果表明,这些时间跨越几百年,釉色迥异,众多古窑生产的瓷器有着长期、稳定、基本相同的原料来源。对于宋代和元代的两种名瓷——钧瓷和汝瓷的起源关系也给出了有价值的信息[3]。

人工神经网络在古陶瓷研究领域的应用工作还比较少。1999 年,马清林等利用人工神经网络方法对我国新石器时代黄河流域、长江流域和南方地区的陶器进行了分类研究。该工作测试了三地 77 片陶片的 9 个主、次量元素氧化物的百分含量,使用其中的 49 片陶片的数据利用误差反传学习法来训练网络。所建立的人工神经网络分为三层,分别是输入层、隐蔽层和输出层。其中输入层有 9 个神经元,分别对应于所测试的 9 个元素含量。输出层有 3 个神经元,分别对应于黄河流域、长江流域和南方地区。使用经过训练的人工神经网络对剩下的 28 个陶片进行判别归类,正确率达 96%。另外,该网络还把 24 片甘肃的新石器时期陶片全部正确地归到黄河流域一组中。2005 年,董和泉等在《人工神经网络在古陶瓷研究中的应用》一文中,用人工神经网络算法,构建了区分宋代汝瓷和民窑钧瓷的数学模型[4]。

支持向量机在古陶瓷断源断代的研究方面仍属新秀。2008 年,付略、周少华等人选取南宋官窑出土瓷片采用最小二乘支持向量机算法对其进行分类研究,结果表明支持向量机分类结果较好,且具有较快的求解速度。2009 年,崔鹏飞等人选取汝官窑和钧官瓷样品采用支持向量机算法对古名瓷的分类进行研究,结果表明只要正确选择核函数和 SVM 算法,胎釉样品的分类结果就会比较理想,且支持向量机是一种很有价值的处理古陶瓷数据的新方法。2012 年,余庆、周永正等人采用支持向量机多变量样本图方法对古陶瓷进行分类研究,实现了三角

[1]　罗宏杰. 中国古陶瓷与多元统计分析. 北京:中国轻工业出版社,1997:10.

[2]　罗宏杰,高力明,游恩溥. 中国古陶瓷胎釉化学组成数据库初步建成. 西北轻工业学院学报,1989,7(2):91.

[3]　吴隽. 陶瓷科技考古. 北京:高等教育出版社,2012:8.

[4]　吴隽,尹丽,张茂林,吴军明,李其江. 人工神经网络与多元统计判别分析在古陶瓷断源断代中的对比研究. 陶瓷学报,2014,35(4):429-435.

多项式图、星座图、等高线图、树形图的做法，结果除了将其分类以外还通过变量样本图方法可视化。

从发展趋势上看，关于古陶瓷断源断代的研究探索是当前国际科技考古的前沿课题，其成果不仅可成为考古文化理论的基础之一，而且可为研究古代不同地区和时期间的文化交流提供有价值的信息，在古窑起源研究、古陶瓷真伪鉴别、现代仿古瓷的研制甚至机理研究等有着广阔的应用前景。但在利用数据处理方法分析时，根据不同的目的选择不同的数据处理方法，以及相同目的选择不同的数据方法来处理数据，其产生的结果是存在差异的，不同数据处理方法有其自身特点，常有需要结合不同方法的使用情况，因此对不同数据处理方法的研究在提高判别成功率、高效性以及微量元素的鉴别方面都是非常有意义的。然而在古陶瓷断源断代的研究中，如何运用不同数据处理方法来提高分析的可靠性，以及出于什么目的而选择什么数据分析方法更为有效也十分值得探讨，其所得结果对推动不同数据处理方法技术应用于古陶瓷分析和科技考古领域有着积极的作用。

「98」中国古陶瓷的"古为今用"有哪些?

中华文化博大精深,源远流长。陶瓷,在我国是一门古老、文明、科学、发展、进步的艺术。中国的制陶工艺可追溯到公元前4500年,我们的祖先很早就运用智慧将泥、沙等作为原料制作成各种各样的器皿,后来慢慢发展到现在的建筑领域,如质量较好的琉璃瓦、仿古砖等,釉色多样、规格齐全、款式时尚新颖。现代陶瓷与古时候的不同,但制作技术变化不大,以前的制陶条件虽然没有现代条件先进,但制陶的原理是相通的,都是在拉坯台制作而成。古代的能工巧匠还为后人总结出了丰富的制陶技巧,使得后人的制陶工艺不断地前进与创新。中国古陶瓷对当下陶瓷制品产生深远影响的主要体现在陶艺方面。

现代陶艺的创作要求陶艺家具有现代审美观念,在艺术观念的前提下,更突出对材料的运用,如材料的粗细、杂质的多少及其颜色的明暗变化等。古代的陶艺工人就不需要考虑这些因素,他们制作的陶器只是满足日常使用,实用是主要标准,并不需要太多的审美元素,所以制作方法也就不需要太复杂,只要在拉坯台上拉坯成型即可。

(1)功能性

现代的陶艺已经不同于古代的陶艺,在功能上,古代的陶器是日常用品,特别是在新石器时代,陶器是重要的生活必需品,所以,现在发现的大量的陶器基本上就是那个时代的产物。他们用陶器煮饭、盛水、祭祀、喝酒。在新石器时代,陶器为他们的生活提供了很多帮助。现代陶艺继承了传统陶艺的制作方法,但是现代人已经很少使用陶器了,更多的是以陶艺表现一些现代艺术观念,甚至体现出反传统的艺术特征。现代陶艺的特性一是反传统,不像古代陶艺只是重视功能而不在意外表。二是去功能性,现代的陶艺注重精神上的审美需要而不是物质需要,以表现社会精神。三是张扬个性,所谓张扬个性,就是不拘束传统的陶艺造型。现代陶艺千变万化,可以是具象的,也可以是抽象的;可以是生活中的场景，也可以是天马行空的想象。四是注重创新，进一步发展陶艺。总之，现代陶艺与传统陶艺大不相同，基本上脱离了功能性，丰富了艺术性，这是时代进步的表现，也是艺术大发展的结果。

（2）装饰风格

古代陶艺装饰基本上是具象的装饰，如人面鱼纹彩陶盆的装饰就是鱼，表示先民的美好愿望。在新石器时代，人们的审美意识还没有完全形成，所以陶器的装饰就比较简单，如舞蹈的人、鸟、一些简单的植物纹等。现代陶器的装饰相对于古代要复杂得多，风格也各式各样。现代陶艺甚至可以做成挂毯式的壁画，装饰性较强，充分发挥了艺术家的手工技巧和鲜艳华丽的釉色，以曲线为主，具有流动感，格调优美。

（3）器形特点

现代陶艺的器形多样，大都用来装饰，具有装置艺术的风格特点，如各种形态的人物、变异的沙发、造型夸张的动物、方体或圆形的建筑形体等。现代陶艺的表现形式十分多样，作品可以是单体的抽象或者具象形式，也可以是由单体重复构成的不同形式的组合形态。单体包括常见的拉坯成型的碗、盘等形式，也是现当代的陶艺表现形式，在造型上并没有严格的划分。由于创作理念不同，陶艺家投入的创作感情和制作工艺往往会远大于陶器的实用价值。陶艺家在创作的各个阶段中不断发现新型陶瓷材料的特性，采用新颖的创作方式加以表现。现代陶艺已经超越了普通工艺品的层次，成为独具特色的艺术创作，越来越受到人们的关注和喜爱，陶瓷工艺美术在科技进步的今天得以丰富和发展。传统陶瓷在中国有着悠久的历史和辉煌的成就。由此可见，我国陶艺有雄厚的先天基础，但我们不能满足于此，而应该在继承优良传统的同时整合理念，勇于革新，走出一条符合现代陶艺发展规律、体现民族文化底蕴、彰显民族特色的新路子[1]。

此外，现代建筑陶瓷的装饰许多沿用了古陶瓷的装饰风格，仿古砖就是其中的代表。仿古砖是一种仿造以往样式典藏古典的瓷质砖，又称为"古典砖""复

---

[1] 赵亚. 浅析陶瓷艺术的"古为今用". 美术教育研究，2015（3）：57.

古砖""泛古砖",它蕴藏的文化、历史内涵和丰富的装饰手法在国内也得到了迅速的发展,其拥有的独特古典韵味,模仿出素雅、沉稳、宁静的感觉,还原了瓷砖本身的古朴和自然。仿古砖具有仿古效果,唯一不同的是在烧制过程中,技术含量要求相对较高,经过精心研制的仿古砖兼具了防水、防滑、耐腐蚀的特性。砖本身就是人造物,只有"仿"才能达到"真"的效果,达到追求"自然"的目的。现今各地已成功仿制出汝窑、耀州窑、南宋官窑、邢窑及高丽青瓷等古瓷釉色和装饰技法,通过将古代著名的艺术釉装饰技术用到现代墙地砖及装饰瓷上,使现代瓷的综合装饰效果大大提高。其他许多古陶瓷经现代技术再开发,成果已应用于工业生产,在现代陶瓷生产生带动作用[1]。

---

[1] 王芬. 石韫玉而山辉——陕科大古陶瓷研究所今昔. 中国高等教育,2003,24(6):40-41.

⌈99⌋ 古陶瓷科技考古包括哪些内容?

陶瓷科技考古是指采用现代科技分析手段和方法来研究古陶瓷相关的资料，以探讨陶瓷的产生、发展和演变规律以及蕴涵其中的古代经济、文化信息，为全面复原古代人类社会历史提供必要素材的一门学科。这是一门全新的交叉学科，与历史学、考古学、陶瓷材料等学科皆有紧密的联系。作为考古学的一个重要分支，陶瓷科技考古的最终目标同考古学的最终目标保持一致，即阐明人类社会的发展历史及其规律，大致可分为三个方面：研究文化历史、重建古代人类的生活方式和阐明社会演变规律。当然，陶瓷科技考古只能从古陶瓷的角度研究、揭露这些问题的一个侧面。因而，陶瓷科技考古学需要尽可能深入地攫取相关信息，探讨陶瓷的产生与发展演变规律及其与人类的关系，最终为实现完成人类社会演化规律和发展渊源的探索添砖加瓦。

陶瓷科技考古包括以下几点。

（1）古陶瓷物理化学基础研究

陶瓷的物理性能是体现陶瓷产品质量的一个非常重要的方面，因此在陶瓷科技考古研究中，物理性能的测定成为主要的表征内容之一。通常所关注的物理性能指标主要包括密度、气孔率、吸水率、色度、白度、硬度、抗折强度等。这些性能的测定直接有助于人们了解古陶瓷的制备工艺技术的发展，以及其阶段和地域性的特点。例如：从陶瓷标本的密度、吸水率等可以让人们从侧面了解古代先民们对制瓷原料的选择和加工处理的部分信息；从气孔率与透光度等可以在某种程度上反映该陶瓷标本的烧成温度是否适当；从陶瓷标本的白度等可以在一定程度上说明古代陶工对原料拣选的精细程度，如铁、钛等着色杂质的去除等；针对某一地区或某一类古陶瓷，从古陶瓷标本的色度、白度等可以初步推断其烧制的气氛，如采用还原气氛还是氧化气氛，以及其气氛的强弱等。

研究古陶瓷的技术造诣，开展古陶瓷的科技发展史研究，以及进行古代名瓷的复仿制、优秀传统工艺的再现，均离不开古陶瓷的胎、釉、彩及原料的化学组成特点研究。所谓化学元素组成分析是指对样品中不同的元素所占比例的分析。分析内容主要包括古陶瓷的胎、釉、彩的常量元素（＞2%）、微量元素（0.1%～2%）和痕量元素（＜0.1%）的组成和含量。古陶瓷中的常量元素和微量元素主要包括 Na、Mg、Al、Si、P、K、Ca、Ti、Mn、Fe 等，这些元素的含量是可以受人为控制的，可反映古陶瓷的原料配方、产地、烧制工艺的演化以及产品流通等多方面的信息。而古陶瓷中痕量元素的含量是古代先民所不能控制的，一般由制作古陶瓷的原料决定，所以痕量元素被广泛应用于古陶瓷的断源研究和科技鉴定[1]。

由于陶瓷器再烧成过程中会发生一系列非常复杂的物理化学变化，即使相同的配方、相同的化学组成，受原料处理、烧成温度、烧成气氛、升降温速率等的变化影响，其决定陶瓷制品最终外观的内在结构也会大不相同。因此通过对古陶瓷样品的显微结构的深入研究，为推测古陶瓷的烧制工艺、揭示我国古代名瓷的呈色机理、再现我国古代名瓷的制作奥秘提供了有力的数据支撑。

（2）古陶瓷测定标准的建立

化学组成的测定是许多古陶瓷研究的基础，但由于长期缺乏测试标准参考物（简称标准物）与测定标准方法，致使同一单位不同研究人员以及不同单位的测试数据很难相互比较，这严重地限制了测试数据的共享性能。如果这一问题还不能引起我们注意并立即采取行动，必将严重影响古陶瓷研究工作的良性发展，从而会造成巨大的人力、物力以及有限文物资源的严重浪费。鉴于此，国内多家单位如中国科学院上海硅酸盐研究所、中国科学院高能物理研究所、景德镇陶瓷学院等机构开展了古陶瓷测试标样的研制工作，并取得了初步的进展。

① 标准物质

依据古陶瓷的化学组成和物相结构特点，进行标准物的化学组成设计，并按照下图所示的流程制备标准物。在制备过程中，采取特殊的措施以保证标准物化学组成的均匀性和稳定性，同时要防止样品被污染。

② 测试标准方法

除标准物外，测试方法也是影响测试精度的重要因素之一。为此，需从以下

---

[1] 吴隽. 古陶瓷科技研究与鉴定. 北京：科学出版社，2009：45.

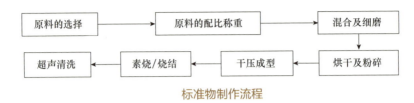

标准物制作流程

几方面入手，寻求影响测试精度的关键因素，并在此基础上，建立测试标准方法。

仪器参数的设置：包括最佳激发电压、电流及采集时间等；

样品的预处理、检测区域等：针对不同密度、组成均匀性、表面形状的古陶瓷，合理选择测试部位，测试层次以及测试光板；

分析处理：对一些常见的逃逸峰，如 Ba/Ti、As/Pb 及 Fe/Co 等，要加强分离定制[1-2]。

（3）古陶瓷数据库的建立及应用

数据库是"按照数据结构来组织、存储和管理数据的仓库"。在古陶瓷研究中，常需要把某些能够表征古陶瓷特性信息的相关数据放进这些"仓库"，并根据实际应用的需要进行相应的处理。有了这个"数据仓库"，我们就可以根据需要随时查询各个古陶瓷样品的基本情况，并可以查询这一类陶瓷的元素组成特征信息，从而为这类古陶瓷的研究和鉴定提供可靠的信息资料。如果这些信息都能录入到数据库中，那么这些工作就都能在计算机上自动进行，方便了古陶瓷样品信息的共享，可为古陶瓷科技研究与鉴定提供必需的信息资料。

古陶瓷信息数据库主要指以古陶瓷的各特征信息为元素的有效集合，并可以方便地存储、读取、调用的数据管理系统。古陶瓷基础信息数据库结构如下图所示，它主要包括五个子数据库，分别为：古陶瓷化学组成子数据库、显微结构子数据库、物理性能子数据库、器型结构子数据库和外貌特征子数据库。其中各个子数据库又下分了许多次数据库，如古陶瓷化学组成子数据库又包括胎的主、次量化学组成，釉的主、次量化学组成，以及彩的主、次量化学组成等。

古陶瓷基础信息数据库的特点是：

① 所收集的标本应是考古发掘中有可靠地层的遗址或窑址出土的古陶瓷碎

［1］ 吴隽. 古陶瓷科技研究与鉴定. 北京：科学出版社，2009：45.

［2］ 罗宏杰. 中国古陶瓷与多元统计分析. 北京：中国轻工业出版社，1997：22.

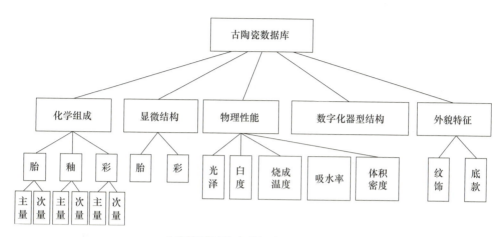

古陶瓷基础信息数据库结构示意图

片标本或有明确档案记录或带有纪年的传世品。

② 内容不仅包括主、次量化学组成，还包括样品的微量元素组成、工艺参数、显微结构、形貌特征和物理性能等，可提供多方面的信息。

③ 库内所有数据都是专人测试所得，非常重视它们的精确性和重复性，以保证其可比性和通用行。[1]

（4）古代名瓷复仿制及古为今用

古陶瓷的制作工艺研究是陶瓷科技考古研究的重点内容之一。传统的制瓷工艺是宝贵的历史文化遗产，在长达万年的陶瓷文明史中对推动人类社会的进步起到了不可磨灭的积极作用。此外，古陶瓷制作工艺的演变、发展和传播也可以在一定程度上反映古代经济、文化交流与社会变迁。因此，古陶瓷制作的工艺技术是陶瓷科技考古需要研究的重要内容。

古代名瓷复仿制，意在用现代科学技术和传统制陶工艺相结合的方法，探索及验证古陶瓷制作工艺中蕴含的科学规律。为了能确切地反映制品胎、釉的各方面情况，以手工拉制碗、盘、樽、炉等器形。经过成型、素烧、浸釉、烧成等工序后，观测制品胎、釉的显微结构、物理性能、釉色和开片。[2]

---

［1］ 吴隽. 古陶瓷科技研究与鉴定. 北京：科学出版社，2009：45.

［2］ 罗宏杰. 中国古陶瓷与多元统计分析. 北京：中国轻工业出版社，1997：22.

「100」 什么是陶瓷田野考古和水下考古？

陶瓷考古学即是以与陶器和瓷器有关的文化遗物为研究对象的考古学分支。陶瓷考古不仅要鉴别陶瓷的真伪，还要判断陶瓷的年代，要通过对陶瓷的器形、纹饰、窑口等考察，研究古代陶瓷的历史和工艺技术，从而反映出当时的等级制度、社会面貌、风俗习惯和生产力发展情况，以及各地区经济贸易和文化交流的情况。

（1）田野考古

田野考古是为了研究人类历史而进行实地考察、获取实物资料的学科。古代的实物遗存遍布各地，有的暴露于地面，有的深埋于地下，有的则被水浸盖淹没。要使它们为人所知，为研究人类历史服务，就必须利用科学的方法去发现、观察、揭露、记录和搜集它们，还必须对得到的实物资料进行科学整理，并把它们发表公布，供科研人员和公众利用。

新石器时代以后的居住址附近常有窑场，居住址内也会遇到零散的陶窑。陶窑虽然是小型遗迹，但结构较复杂。陶窑形式多样，基本可分为升焰式陶窑和半倒焰式陶窑两大类。升焰式陶窑是火焰由窑室（装坯件的穴室）底部进入，从窑顶排烟口排出余烟。升焰窑有横穴窑和竖穴窑之分。横穴窑的火膛（燃料燃烧的坑穴）与窑室横置，二者以横向火道或坡向火道相连。竖穴窑的火膛进入窑室之下，二者以竖火道相同；或无火道，火焰直接进入窑室，升焰式窑有窑墩或窑箅支撑陶器坯件，有的在箅下设置支撑的窑柱。半倒焰式窑的火膛位于窑床之前，火焰是从窑床前侧进入，由后侧烟道排出。半倒焰式窑是较先进的陶窑，从战国时才开始出现。

瓷窑是由陶窑发展而成，基本结构与半倒焰陶窑相似，但规模远比陶窑大，使用的时间长，在周围能形成很厚的堆积层，瓷窑址处往往高起，形成"窑包"。瓷窑址发掘采用探方法或探沟法。一般采用纵向发掘法发掘堆积层，堆积层内含

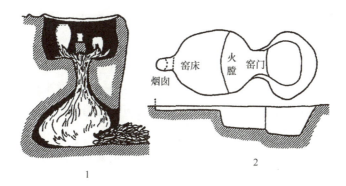

陶窑结构示意图

1. 新石器时代竖穴窑　2. 战国半倒焰式窑[1]

有大量瓷片，是研究窑址使用时代、沿用时间、各期烧成品的特点、种类、风格的重要依据资料。发掘瓷窑最好全面揭露成组遗迹。在窑前常有烧坑、通风沟，附近还有储柴或煤、备料、作坊等相关遗迹，发掘时要注意寻找，并给予横向揭露。瓷窑和作坊的结构细节都与烧出的瓷器质量、品种有直接关系，必须详细记录。例如窑床各段坡度、窑墙材料及厚度、投柴孔数量和位置、烟道设施、通风设施等。垫具、支具（隔具）、匣钵等窑具的分布位置和使用方法、水井、燃料、窑汗、作坊、取土坑等也要记录。

（2）水下考古

水下考古是田野考古学在水域的延伸，指对水下古代遗存的勘探、发掘和研究工作。中国水下考古事业自 1987 年起步，经历了 20 余年的发展历程，在此期间做了大量的水下考古调查工作，并对一些重要的水下历史文化遗存进行了成功的抢救性水下考古发掘，取得了一批重要的考古发现和大量珍贵的水下文物资料。

迄今为止的大多数水下考古活动，都是以沉船为主要的工作对象，对其进行的研究包括沉船本身的结构、性质、年代以及沉船中的物品等。古代外销瓷在作为其载体的沉船上的发现，不仅对这几个方面的研究提供了十分重要的准确的资料，同时通过与这些外销瓷在海外的发现（如港口、遗址、收藏等）相联系，还

---

[1]　冯恩学. 田野考古学. 长春：吉林大学出版社，2008：156-157.

可能揭示出沉船的方向、路线或航线，从而也成为海外交通史研究的重要依据。例如，西沙群岛水下考古打捞的宋元时期青白瓷，在东南亚国家如菲律宾就发现不少，它们又同是德化盖德窑的产品。因此，它们很可能是由泉州港出发、经西沙群岛（南海）而到达东南亚（或菲律宾）的。同样的，建窑和福建其他窑址黑釉盏在日本的出现，再联系到连江定海和韩国新安沉船的发现，可以说明它们可能的出发港口和大致的航线以及目的地。

外销瓷作为一种商品，也包含着它的生产、贸易和消费三个部分的信息。对古窑址的考古调查和发掘，可解决外销瓷的生产（即窑口、产品及品种、烧造技术等）问题；从古遗址发掘出土和各地的收藏，可反映这些陶瓷器的消费地点及其使用的情况；作为联结生产和消费二者的贸易，现在则可以通过水下考古的发现而得以再现和复原。正是这些从水下打捞的陶瓷器，将其自身的生产、贸易、消费的三大环联系起来，而只有通过对这三大环节及其相互关系的研究，才使我们能够对这些陶瓷器有一个全面、完整的认识。

因此，中国水下考古工作所发现的古代沉船遗址与其装载的中国贸易陶瓷，揭示了中国古代贸易陶瓷从窑址—沉船—海上目的地的方向与路线以及这些贸易陶瓷的生产—贸易—消费的完整历史过程，成为研究中国陶瓷史、贸易陶瓷史、海上交通史以及海上丝绸之路与东西方经济、文化交流的重要资料[1]。

---

[1] 栗建安. 从水下考古的发现看福建古代瓷器的外销. 海交史研究，2001（1）：98-106.

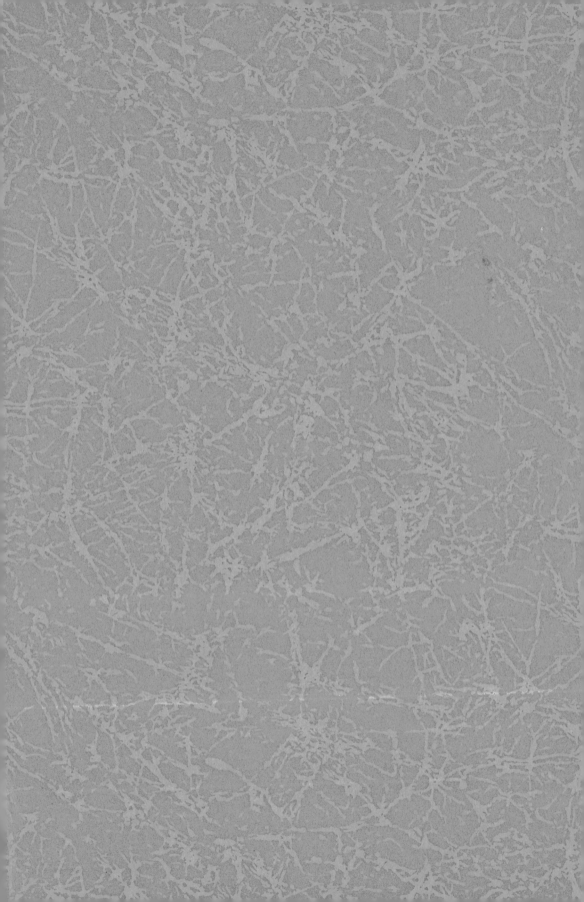